Susanne Scheibler
Mazurka in St. Petersburg

Susanne Scheibler

Mazurka in St. Petersburg

Die Lasarows
Eine russische Familien-Saga

Roman

KARL ■ MÜLLER

Susanne Scheibler, Mazurka in St. Petersburg

Sonderauflage für den Karl Müller Verlag –
Silag Media AG, Liebigstraße 1-9, 40764 Langenfeld

Printed in Germany, 2009
ISBN 978-3-940984-85-2

Sehr verehrte Leserin,
sehr verehrte Leser,

gerade in den hektischen Zeiten des Alltags ist ein Moment der Ruhe und Entspannung von großer Bedeutung.

Für mich persönlich ist solch ein Moment meistens mit dem Lesen eines guten Buches verbunden. Eine spannende und gut erzählte Geschichte hilft mir dabei schnell vom Alltag abzuschalten und in fremde Welten & Zeiten abzutauchen.

Die Suche nach einem guten Buch ist dabei gar nicht so einfach. Oft sind es doch die Klassiker, die ihre Leser schnell in ihren „Bann ziehen“ und in keinem Bücherregal fehlen sollten.

Die vorliegende „Karl-Müller-Bibliothek“ ist eine kleine Auswahl an beliebten und interessanten Büchern und beinhaltet die Klassiker der Film- und Literaturgeschichte. Diese 40 von uns sorgfältig zusammengestellten Bücher reichen von historischen Romanen, spannenden Krimis und Horrorgeschichten bis hin zu Liebesromanen. Damit ist eine vielseitige und limitierte Zusammenstellung entstanden, die wir auch gerne an Sie weitergeben möchten.

Ich wünsche Ihnen viel Entdeckerfreude und Entspannung beim Lesen.

Herzlichst
Ihr

Siegfried Lapawa
Verleger Karl Müller Verlag

1. Kapitel

Ihr erstes Ballkleid war aus meergrüner Atlasseide, auf die am Saum ein breites Band von silbernen und rosa Stoffrosen genäht war. Auch die Schleppe und der Cul de Paris waren damit besetzt.

Als Akulina Iwanowna, ihre alte Kinderfrau, Swetlana so sah, wie sie langsam die Treppe des Lasarowschen Stadtpalais an der Mojka hinunterkam, brach sie in Tränen aus. Es waren Tränen der Rührung, die Akulina oft und gern vergaß.

„Heiliger Dimitrij!" rief sie und wischte sich über die Augen. „Wie schön du bist, mein Schwänchen! Und so erwachsen wirkst du mit dem aufgesteckten Haar! Dabei kommt es mir vor, als wäre es erst drei oder vier Winter her, daß ich dich auf meinen Armen getragen und hin und her geschaukelt habe."

Swetlana Pawlowna drehte sich einmal vor ihr im Kreis. „Weißt du was, Akulina? Ich gefalle mir selbst. Und ich bin schrecklich aufgeregt. Was meinst du, wird der Zar ein paar Worte an mich richten, wenn ich ihm vorgestellt werde? Oder die Zarin? Vermutlich nicht, denn sie redet ja kaum mit Leuten, die ihr fremd sind, heißt es. Sie soll sehr hochnäsig sein. Aber vielleicht ist sie auch nur schüchtern wie Irina, die nie den Mund aufbekommt, wenn sie in Gesellschaft ist. Statt dessen macht sie ein Gesicht, als würde sie sich zu Tode langweilen, und das legt man ihr dann als Arroganz aus. Dabei ist Irinenka ..."

Sie brach ab, weil die Uhr auf dem Kaminsims schlug.

„Acht schon? Himmel, und Mama und Xenia sind immer noch nicht fertig! Keinesfalls dürfen wir zu spät ins Winterpalais kommen. Punkt neun Uhr erscheint die Zarenfamilie ..."

„Nur keine Aufregung!" rief eine dunkle, etwas spröde Mädchenstimme von der Galerie, die sich oben rings um die große Halle zog. „Wir können gleich fahren!"

Xenia Pawlowna, die um ein Jahr jüngere Schwester der siebzehnjährigen Swetlana, erschien am Treppenpodest und lief die Stufen hinunter.

Im Gegensatz zu der blonden Swetlana war Xenia brünett, mit dunklen Augen und bräunlicher Haut. Als sich ihr Fuß in der Schleppe ihres roséfarbenen Atlaskleides verfing, riß sie den Stoff recht undamenhaft hoch.

„Ich werde mir noch die Beine brechen in diesem verdammten Kleid! Ich glaube, die heutige Mode ist eigens gemacht worden, um jemandem wie mir die Freude am Tanzen zu verderben!"

„Laß das bloß nicht Madame Dufour, die Schöpferin unserer eleganten Kreationen, hören", neckte Swetlana sie. „Sie bringt es fertig und schneidet dir vor lauter Empörung die Schleppe ab."

Hinter Xenia erschien ihre Mutter, von der Swetlana das blonde Haar und den zarten, hellen Teint geerbt hatte. Allerdings war die Gräfin Wera Karlowna ein eher bläßlicher Typ mit hellen graublauen Augen und einem ständig wehleidigen Gesichtsausdruck, der seinen Ursprung in einem tyrannischen Vater und einem ebensolchen Ehemann hatte.

Wera Karlowna war zuerst von ihrem Vater – der ihr nie verziehen hatte, daß sie als sein einziges Kind kein Sohn geworden war – und später von ihrem Gatten Pawel Konstantinowitsch ständig gegängelt und bevormundet worden, und da sie sehr wenig Durchsetzungsvermögen besaß, hatte sie sich nie dagegen aufgelehnt.

Vielmehr gehörte sie zu den Menschen, denen die Stärke anderer, selbst wenn sie Unterdrückung mit sich brachte, ein gewisses Maß an Sicherheit verlieh und die sie darum willig ertrugen.

Swetlana war anders, heiter und warmherzig. Darum war auch ihre Schönheit viel lebendiger als die der Mutter.

Ihre Blondheit hatte etwas sehr Gesundes, Ursprüngliches, und ihre Augen, goldbraun mit kleinen dunklen Pünktchen in der Iris, verrieten viel von ihrer Vitalität und ihrer unbändigen Neugier auf alles, was das Dasein für sie bereithalten mochte.

Sie besaß den starken Willen ihres Vaters, gepaart mit einer ungewöhnlichen Sensibilität für das, was in anderen Menschen vor sich ging, und der Bereitschaft, jeden, der es ihrer Meinung nach verdiente, mit ihrer offenen, ungekünstelten Zuneigung zu beschenken.

Swetlana konnte weich, lieb und verständnisvoll sein, aber wehe, wenn jemand ihren Zorn erregte! Dann reagierte sie wie eine gereizte Katze, die kratzend und fauchend auf ihr Opfer losging.

Die ruhige, besonnene Xenia amüsierte sich oft darüber. ‚Vorsicht, meine Schwester hat Dynamit geschluckt', meinte sie dann wohl lachend. ‚Gleich sprengt es sie auseinander, und man weiß nicht, was dabei alles zu Bruch geht.'

Xenia war längst nicht so hübsch wie Swetlana. Sie war noch ein wenig pummelig, und ihr Gesicht wirkte etwas unregelmäßig mit den weit auseinanderstehenden lebhaften Augen und der eine Spur zu groß geratenen Nase. Aber wer sich länger als zwei Minuten mit ihr unterhielt, war von ihrer klugen, für ihr Alter erstaunlich ausgereiften Persönlichkeit gefesselt.

Im übrigen war sie nicht eitel und gönnte ihrer Schwester neidlos das Aufsehen, das sie durch ihre blonde Schönheit erregte.

Wera Lasarowa läutete nach einem Diener. „Unsere Mäntel", befahl sie, als er die Halle betrat. „Sind die Schlitten schon vorgefahren?"

„Sehr wohl, Euer Gnaden", erwiderte der ältliche Mann mit einer Verbeugung.

„Dann melden Sie Seiner Gnaden und meinem Sohn, daß wir fertig sind." Wera Karlowna warf ihren beiden ältesten Töchtern einen mütterlich-prüfenden Blick zu. „Reizend seht ihr aus", meinte sie zufrieden und ließ sich von Akulina in den bodenlangen Zobel helfen. „Habt ihr Irina schon gute Nacht gesagt?"

Die jüngste Lasarow-Tochter, gerade vierzehn geworden, lag mit einer fiebrigen Erkältung zu Bett. Aber natürlich hatte sie darauf bestanden, ihre beiden Schwestern vor ihrem Aufbruch ins Winterpalais zu begutachten.

„Haben wir", bestätigte Swetlana. „Sie fand, ich sähe aus wie ein Portion Pistazieneis, mit Marzipan garniert. Und Xenia verglich sie mit einer Kissel aus Himbeeren und Schlagsahne."

„Irina Pawlowna ist eine Schafsnase", mischte Akulina sich grollend ein. „Warten Sie nur, bis sie zwei Jahre älter ist und ebenfalls in die Gesellschaft eingeführt wird. Dann wird sie sich aufputzen wie ein Paradepferdchen auf dem Marsfeld."

Wera Karlowna unterdrückte einen Seufzer. Drei Töchter – und keine so sanft und fügsam, wie sie es gewesen war. Heilige Muttergottes, sie würde erst Ruhe haben, wenn sie die drei gut verheiratet hatte. Aber wer weiß – vielleicht wurde in dieser Petersburger Wintersaison ja der Grundstein dazu gelegt?

Zehn Minuten später saßen alle Lasarows – die kranke Irina ausgenommen – warm in Pelze verpackt in zwei Schlitten. Xenia fuhr mit ihren Eltern, und Swetlana hatte ihren ältesten Bruder Jurij, Leutnant bei der Preobraschenskijschen Garde, an ihrer Seite. Er war einundzwanzig, ein schneidiger junger Offizier, der schon seit drei Jahren in St. Petersburg lebte, während seine Schwestern in Kowistowo, dem Landgut der Familie in der Nähe von Kiew, aufgewachsen waren.

Graf Pawel Lasarow war Adelsmarschall der Provinz Kiew gewesen, aber zu Anfang des Jahres hatte Zar Nikolaus II. ihn in den Reichsrat berufen, so daß die Lasarows damals in ihr Petersburger Stadtpalais übersiedelt waren.

Nach Kowistowo würde man nur noch in den heißen Sommermonaten zurückkehren, um sich von dem feuchtschwülen Klima der Hauptstadt zu erholen.

Schlitten um Schlitten fuhr vor der von Fackeln hell erleuchteten Rampe des Winterpalais vor. Ordonnanzen und livrierte Diener halfen den Ankömmlingen beim Aussteigen und geleiteten sie auf Teppichen, die man über den Schnee gelegt hatte, in die große Eingangshalle. Währenddessen fuhren die Kutscher mit ihren Pferden in den für sie bestimmten Hof, wo die Tiere in den Stallungen untergebracht wurden und die Männer sich zu den anderen gesellten, die an großen Feuern saßen und sich am heißen Tee und einer Kascha wärmten.

Sie bereiteten sich auf eine lange Nacht vor, in der sie auf ihre Herrschaften warten mußten. Es sei denn, der gnädige Herr Graf oder die allergnädigste Frau Fürstin hatten ein Einsehen mit ihren Angestellten und schickten sie mit dem Befehl, pünktlich um zwei, drei oder vier Uhr morgens wieder hier zu sein, nach Hause zurück, wo es dann freilich auch nicht für einen erholsamen Schlaf reichte, weil man immer wieder hochfuhr, um nur ja nicht die vereinbarte Zeit zu verschlafen.

Aber was willst du machen, Brüderchen? Es sind lausige Zeiten im heiligen Rußland. Das Elend der Fabrikarbeiter und der kleinen Bauern, die für ein paar Kopeken schuften und damit kaum das Geld für ihre dürftige

Behausung, für Holz und Kohlen und das Essen für sich und ihre Familien verdienen, die Not der Arbeitslosen, die oft nicht einmal ein Dach über dem Kopf haben, sind viel ärger.

Dagegen geht's dir als Kutscher bei Seiner Gnaden, dem Fürsten Barjatynskij oder General Tscherewin, dem Grafen Lasarow oder Barschewskij und wie sie alle heißen mochten, doch hundertmal besser. Hast eine warme Stube und satt zu essen, und wenn du nicht säufst oder stiehlst, kann dir gar nichts passieren. Du kannst alt und grau werden, und wenn du einmal nicht mehr so schneidig herumkutschieren kannst, kriegst du Arbeit in den Ställen, bis du tot umfällst und das beschissene Leben hier gegen ein besseres bei Gott und seinen Heiligen eintauschen kannst.

Und immerhin bist du kein Leibeigener mehr, wie es dein Großväterchen und vielleicht sogar deine Eltern noch waren, bis der gnädige Zar Alexander II., Gott segne ihn dafür, die Leibeigenschaft aufgehoben hat. 1861 war das gewesen, also vor siebenunddreißig Jahren erst.

Also gib dich zufrieden, Brüderchen, setz dich zu den anderen ans Feuer und erzählt euch, was es so an Neuem gibt in den Palästen der feinen Herrchen. Oder fahr heim in deine Kammer, versorg die Pferdchen und droh deiner Frau eine Tracht Prügel an, wenn sie dich nicht rechtzeitig weckt, damit du zum Winterpalais fahren kannst.

Teufel auch, was für eine bitterkalte Dezembernacht! Und der Mond über der Newa hat einen Hof, was bedeutet, daß es wieder Schnee geben wird!

Die Lasarows hatten sich indessen in der Halle ihrer Pelze entledigt und stiegen nun die breite Treppe der Botschafter in den ersten Stock hinauf.

An den Wänden standen Kosaken, die mit ihren langen roten Mänteln einen prächtigen Kontrast zu den in Weiß und Gold gehaltenen Wänden und Statuen bildeten. Die Luft war geschwängert vom Parfüm der Damen und dem Geruch der aberhundert Kerzen, die an diesem Abend entzündet worden waren, obwohl das Winterpalais seit einiger Zeit über elektrisches Licht verfügte.

Da und dort begrüßten die Lasarows Bekannte, die mit ihnen dem St.-Georgs-Saal zustrebten, jener riesigen Prunkhalle, die mehr als fünftausend Gästen Platz bot.

Swetlana nahm alles mit wachen Sinnen auf: die eleganten Balltoiletten, die von Juwelen nur so strotzten, die farbenfrohen Uniformen der Eliteregimenter, die Fräcke mit den blitzenden, edelsteinbesetzten Orden.

Ihr Bruder Jurij winkte einem jungen Mann in der Galauniform der Preobraschenskij zu. „Hallo, mein Lieber, darf ich dich meiner Schwester Xenia vorstellen! Swetlana kennst du ja bereits, wie ich mich erinnere."

„Ja, wir sind uns bei der großen Parade zum dritten Geburtstag der Großfürstin Olga in Krasnoje Selo begegnet", erwiderte der Angesprochene und verneigte sich vor den beiden Mädchen. „Guten Abend. Schön, Sie wiederzusehen, Swetlana Pawlowna. Wie geht es Ihnen?"

„Oh, gut", erwiderte sie mit glänzenden Augen. „Wie sollte es anders sein bei einem so phantastischen Fest."

„Sie sehen auch ganz bezaubernd aus", versicherte der junge Offizier galant und wandte sich dann Xenia zu. „Gestatten Sie: Boris Petrowitsch Barschewskij, Rittmeister der Garde."

„Sie sind das also!" Xenia betrachtete ihn lächelnd und ungeniert. „Jurij hat schon viel von Ihnen erzählt."

„Tatsächlich? Ich hoffe, nur Gutes."

„Gäbe es denn auch etwas Schlechtes zu berichten?" erkundigte Xenia sich vergnügt, und Graf Barschewskij zwinkerte ihr zu.

„Ich sehe, vor Ihnen muß man sich in acht nehmen, Xenia Pawlowna. Sie sind eine Fallenstellerin im Fragen."

Die Plauderei wurde unterbrochen, weil Graf und

Gräfin Lasarow wieder zu der kleinen Gruppe stießen. Sie hatten sich in einer Fensternische mit Konstantin Pobjedonoszew, dem Generalbevollmächtigten des Heiligen Synod, unterhalten, einem hageren, finstergesichtigen Mann mit fanatischen Augen.

Swetlana und Xenia waren ihm vorgestellt worden, als er einmal zum Tee bei ihren Eltern gewesen war. Seitdem fanden sie ihn ‚gräßlich', was den beiden eine harte Rüge ihres Vaters eingetragen hatte.

Pobjedonoszew, einer der Erzieher von Zar Nikolaus II., sei ein ungeheuer einflußreicher Mann, der glücklicherweise nicht mit den liberalen Bestrebungen gewisser politischer Wirrköpfe sympathisiere, sondern die gottgewollte autokratische Ordnung aufrechterhalten wolle – eine Einstellung, der er, Graf Lasarow, nur aus vollem Herzen zustimmen könne. Es sei ein Segen, daß Seine Majestät solch einen Ratgeber habe, der ihn von schädlichen Experimenten zurückzuhalten verstehe.

„Also ist er noch gräßlicher, als wir dachten", hatte Swetlana später, als sie mit Xenia allein war, respektlos geäußert. „Puh – hoffentlich wimmelt es bei Hof nicht von solchen Mumien!"

Dieser Sorge wurde sie an ihrem ersten Ballabend in St. Petersburg enthoben.

Natürlich sah man da und dort ergraute Generäle und Minister, in enge Korsetts geschnürte Damen mit schlaffer Haut und gepuderten Gesichtern, was freilich nicht über die Falten und Runzeln hinwegzutäuschen vermochte. Es gab die Kriecher der Hofkamarilla, diese Emporkömmlinge, die unter zwei oder sogar drei Zaren ihr schmutziges Intrigenspiel betrieben hatten, genauso wie die ehrlichen Veteranen, für die das Zarentum etwas Heiliges und Unantastbares war, vor dem sie sich beugten.

Doch für Swetlana Lasarowa waren das an jenem Abend nur Randfiguren. Wirklich wichtig waren ihr die jungen Gardeoffiziere und Adligen, die ihr den Hof machten, ihr Komplimente sagten und mit ihr tanzten.

Pünktlich um neun Uhr flogen die breiten Flügeltüren des St.-Georgs-Saales auf, und das Orchester spielte die Nationalhymne: Bosche Zarja chranij ... Gott schütze den Zaren.

Seine Majestät Nikolaus II. von Rußland und seine Gemahlin, die Kaiserin Alexandra Fjodorowna, erschienen, gefolgt von den Mitgliedern der kaiserlichen Familie.

Die Herren trugen die Galauniformen ihrer Regimenter, die Damen über ihren weißen Satinkleidern mit roter Schärpe und goldbestickter Samtschleppe den traditionellen Kokoschnik, eine Art Diadem in Halbmondform mit langem Schleier.

Zarin Alexandra Fjodorowna sah an diesem Abend wunderschön aus in ihrer cremefarbenen Toilette und dem von Juwelen und Perlen strotzenden Goldschmuck, und sie schien strahlender Laune zu sein. Ihr Lächeln wirkte echt und herzlich, im Gegensatz zu dem wie aufgeklebt wirkenden Verziehen der Lippen, das sie für gewöhnlich bei offiziellen Anlässen zur Schau trug. Sie unterhielt sich lebhaft mit ihren Ehrendamen, und Swetlana dachte, als sie sie beobachtete: Man kann kaum glauben, was man über sie erzählt; daß sie kühl und hochmütig sein soll, von geradezu alberner Prüderie, und die Festlichkeiten bei Hof nur mit Widerwillen erträgt.

An diesem Abend war Zarin Alexandra eine junge Frau, die ihrem Gatten hin und wieder verliebt zulächelte und die Musik und die festliche Atmosphäre unbeschwert genoß.

„Vermutlich ist sie erleichtert, daß die Zarenwitwe heute nicht da ist", sagte Boris Petrowitsch Barschewskij und nahm Swetlana das leere Champagnerglas ab, um ihr ein neues zu besorgen. „Maria Fjodorowna weilt zur Zeit in Moskau, wo sie Vorsitzende mehrerer Wohltätigkeitsvereine ist. Wäre sie hier, hätte sie den Vortritt vor der Zarin, und das mißfällt Alexandra Fjodorowna fast ebenso wie die Tatsache, daß ihre Schwiegermutter weitaus beliebter als sie selbst ist."

„Außerdem soll Ihre Majestät wieder schwanger sein, wenn es auch noch nicht offiziell bekanntgegeben wurde", mischte Xenia sich ein.

Swetlana warf ihr einen entsetzten Blick zu. Die Schwester war wirklich manchmal unmöglich! Wie konnte sie nur vor Boris Petrowitsch von einer Schwangerschaft reden!

Gut, daß Mama und Papa das nicht gehört hatten. Die beiden hatten sich zu Gräfin Lasarowas verwitweter Cousine gesellt, die eine der ‚alten Damen' war, die zum Hofstaat der Zarin gehörten.

Die so Genannten trugen ein in Diamanten gefaßtes Miniaturbild der Zarin auf der Brust. Jekaterina Wladimirowna Karessowa war eine zänkische, altjüngferliche Person, schon seit dreißig Jahren verwitwet, aber Wera Karlowna erduldete bei jedem ihrer Petersburger Besuche deren Launen, weil die Cousine einflußreich und daher wichtig war.

Überhaupt teilte ihre Mutter zu Swetlanas Verdruß alle Menschen in wichtig, nützlich und darum zu hofieren und in unbedeutend und deshalb zu ignorieren ein. Und ihr Vater hielt es leider ebenso.

Xenia Pawlowna fuhr indessen fort, sich weiterhin ungeniert über eine mögliche Schwangerschaft der Zarin auszulassen.

„Hoffentlich bekommt sie dieses Mal einen Sohn, es wäre ihr zu wünschen", sagte sie, erhielt daraufhin einen Fußtritt von Swetlana und betrachtete die ältere Schwester mit hochgezogenen Augenbrauen. „Warum trittst du mich denn?"

„Verzeihung, es war ein Versehen", stammelte Swetlana verlegen, und Graf Barschewskij verbiß sich ein Lachen.

Der Oberhofmeister beendete das Geplänkel, weil die Debütantinnen dieses Winters dem Zarenpaar vorgestellt werden sollten.

Es waren zwanzig junge Mädchen, die nun zu Nikolaus II. und seiner Gemahlin geführt wurden. Swetlana und Xenia versanken in den vorgeschriebenen Hofknicks vor den Majestäten, nachdem der Oberhofmeister ihre Namen genannt hatte, nichts anderes als das übliche *Tres enchanté* des Zaren und ein freundlich-kühles Lächeln der Zarin erwartend. Doch zu ihrer Verwunderung wandte Alexandra Fjodorowna sich an ihren Gatten und sagte auf deutsch:

„Wie hübsch ihre Balltoiletten sind! Ich würde gern wissen, wer sie gefertigt hat."

„Es war Madame Dufour in der Großen Sadowaja", erwiderte Swetlana ebenfalls in Deutsch, und die Zarin hob erstaunt die Augenbrauen.

„Ach, Sie sprechen meine Muttersprache?"

„Ein wenig, Euer Majestät", erwiderte Swetlana. „Mein Schweizer Erzieher, Maurice Selbmann, hat mich und meine Geschwister darin unterrichtet, ebenso natürlich im Französischen."

„Und wie steht es mit Ihren Englischkenntnissen?" forschte die Zarin weiter, und Swetlana, wohl wissend, daß Alexandra Fjodorowna, obwohl deutscher Abstammung, den größten Teil ihrer Jugend am Hof ihrer Großmutter, der Queen Viktoria, verbracht hatte, erwiderte in bestem Oxford-Englisch: „Es ist mir fast so geläufig wie meine Muttersprache, da meine Eltern auch für eine englische Sprachlehrerin Sorge getragen haben."

Alexandra Fjodorowna reichte ihr die Hand zum Kuß und sagte die traditionelle Formel der russischen Zaren: „Ich bin Ihre gnädige Kaiserin." Dennoch hatte Swetlana das Empfinden, daß die Zarin dieses Mal ihre Worte beinahe herzlich und aufrichtig gemeint hatte.

„Sie ist eine wunderschöne Frau, finden Sie nicht?"

fragte Swetlana später Graf Barschewskij, während sie einen Walzer mit ihm tanzte.

„Nun ja ...", erwiderte er gedehnt. „Heute sieht sie wirklich gut aus. Aber das ist nicht immer so. Sie ist oft leidend, wissen Sie. Doch der Zar betet sie an."

„Werden Ihre Majestäten die ganze Wintersaison über in St. Petersburg bleiben?" fragte Swetlana, und er zuckte mit den Schultern.

„Keine Ahnung. Sie halten beide nicht viel von offiziellen Verpflichtungen. Am liebsten leben sie in Zarskoje Selo – und noch lieber wären sie wohl ein junges Ehepaar wie andere auch, das ein unbeobachtetes, zurückgezogenes Leben auf dem Lande führen kann. Nicht zu armselig natürlich", fügte er mit einem Lächeln hinzu. „Ein gewisser Rahmen müßte schon da sein, sagen wir – gutbürgerlich, mit ein paar Dienstboten und in einem hübschen, geräumigen Haus, aber im übrigen unbelastet von allzu großer Verantwortung."

Sie warf ihm einen verwunderten Blick zu. „Sie sagen das so verbittert. Fast so, als sähen Sie jemand anderen lieber an Zar Nikolaus' Stelle."

„Still ..." Für einen Moment zog er sie bei einer Drehung fester an sich. „So etwas darf man nicht einmal denken! Es gibt Leute, die Ihnen das schon als Hochverrat oder sogar Gotteslästerung auslegten. Schließlich ist Seine Majestät von Gott persönlich dazu ausersehen worden, über Rußland zu herrschen. Das macht ihn zu einer heiligen, unantastbaren Figur. Im übrigen sieht er sich selbst so und würde sich deshalb nie so ketzerischen Gedanken wie dem Zurückziehen in ein glücklicheres Privatleben hingeben. Nein, nein, er nimmt sein Gottesgnadentum sehr ernst und ist daher sorgsam darauf bedacht, zu tragen, was ihm auferlegt wurde, genau wie unsere allergnädigste Kaiserin. Sie sind beide davon durchdrungen, daß alles, was geschieht, Gottes Zulassung ist, die man hinnehmen muß. Es wäre nur wünschenswert ..."

„Was?“ fragte Swetlana, als er abbrach. „Was wäre wünschenswert?“

Er schüttelte lächelnd den Kopf. „Da Sie glücklicherweise in St. Petersburg bleiben, Swetlana Pawlowna, werden Sie es wahrscheinlich sehr rasch selbst herausfinden. Verlangen Sie bitte nicht von mir, daß ich Sie in Ihrer ersten Ballnacht einer wunderschönen Illusion beraube. Außerdem – müssen wir immer über den Zaren reden? Ich finde Sie viel interessanter und möchte gern mehr von Ihnen wissen. Erzählen Sie mir von sich. Sie sind siebzehn, hat Jurij mir verraten, und haben bis jetzt auf dem Landgut Ihrer Familie gelebt. Ist Ihnen der Abschied von dort schwergefallen? Gibt es vielleicht jemanden, dem Sie heiße Tränen nachweinen?“

„Ja“, erwiderte sie und freute sich darüber, daß sich sein Blick verdunkelte. „Peschko, unser alter Jagdhund. Als ich fünf war, hat er mich einmal aus dem Löschteich von Kowistowo gezogen. Peschko war damals zwei. Inzwischen ist er beinahe blind und sehr schwerhörig. Ich hätte ihn zu gern nach Petersburg mitgenommen, aber Mama war dagegen. Ich habe deswegen auf der halben Fahrt hierher geweint und gedacht, daß ich die hartherzigste und verständnisloseste Mutter der Welt hätte.“

Mit einer trotzigen Gebärde warf sie den Kopf zurück. „Und obwohl es hier natürlich himmlisch ist und ich sehr gern hier bin, trage ich die Sache mit Peschko meiner Mutter immer noch nach, auch wenn ich weiß, daß der Hund bei unserem Gutsverwalter Schterenko gut aufgehoben ist.“

Wieder zog er sie leicht an sich. „Wenn ich darf, werde ich Ihnen eines Tages einen neuen Hund schenken, Swetlana Pawlowna. Einen Barsoiwelpen vielleicht ... Und im übrigen gibt es in Kowistowo oder Kiew kein männliches Wesen, das Sie ins Herz geschlossen haben?“

Sie lachte. „Was Sie alles wissen wollen! Fragen Sie doch meine Schwester nach mir aus. Wie Sie gemerkt haben, ist sie sehr unbekümmert in ihren Äußerungen und wird Ihnen bereitwillig jede Auskunft geben."

Das Orchester auf der Empore hörte zu spielen auf, und Boris Petrowitsch machte ein bedauerndes Gesicht. „Schade, ich hätte stundenlang mit Ihnen weitertanzen mögen. Geben Sie mir Ihre Tanzkarte, Swetlana Pawlowna, und ich trage mich überall ein."

„Oh, viel ist da nicht mehr frei. Nur noch der Kotillon, die Mazurka und ein paar Tänze nach dem Diner ..."

„... die Sie alle für mich reservieren müssen", fiel er ihr ins Wort. „Das heißt, natürlich nur, wenn Sie mögen."

Swetlana nickte und wurde ein wenig rot. „Warum nicht? Sie tanzen sehr gut, Boris Petrowitsch."

Er brachte sie zu ihren Eltern zurück, die sich immer noch mit der Karessowa unterhielten, und schrieb tatsächlich auf ihrer Tanzkarte überall seinen Namen hin, wo sich noch kein anderer Tänzer eingetragen hatte. Für den nächsten Tanz forderte er Xenia auf und zwinkerte Swetlana dabei vergnügt zu.

„Um Auskünfte einzuholen", flüsterte er, während Xenia die Hand auf seinen Arm legte und sich dann von ihm zur Saalmitte führen ließ, wo die Paare Aufstellung für eine Polonaise nahmen.

Swetlana hatte diesen Tanz dem Fürsten Leonid Soklow versprochen, der sich gleich, nachdem sie und Xenia dem Zarenpaar vorgestellt worden waren, recht hartnäckig an ihre Fersen geheftet hatte. Soklow war Mitglied des Reichsrates und, wie es hieß, ein besonderer Freund des Zarenonkels Großfürst Michail Nikolajewitsch, der ein jüngerer Bruder des verstorbenen Zaren Alexander III. und Vorsitzender des Reichsrates war.

Das jedenfalls hatte die Gräfin Lasarowa ihrer Tochter rasch erklärt, nachdem Soklow den ersten Tanz mit Swetlana getanzt hatte.

„Er ist ein sehr einflußreicher Mann", hatte sie behauptet, „dazu immens wohlhabend. Er könnte jedes junge Mädchen aus guter Familie zur Frau bekommen. Aber er ist noch unverheiratet.“

Die Worte hatten Swetlana nicht sonderlich beeindruckt. Ihr gefiel Leonid Iwanowitsch Soklow nicht, und sie bedauerte insgeheim, daß sie ihm ein paar Tänze zugesagt hatte.

Zwar sah er ausgesprochen gut aus, groß, schlank, mit dunklem, leicht gelocktem Haar und einem scharfgeschnittenen Gesicht. Aber er hatte so merkwürdige goldbraune Augen, deren Blick ihr Unbehagen einflößte.

Jeder, der mit ihr tanzte, hatte Swetlana an diesem Abend Komplimente gemacht, aber Fürst Soklows Schmeicheleien empfand sie als aufdringlich und manchmal sogar zweideutig.

Sie mochte auch nicht, wie er sie beim Tanzen an sich zog und dabei über ihren Rücken strich, ihr mißfiel seine seidenweiche Stimme, mit der er ihr beteuerte, daß sie seit Jahren die schönste Debütantin der Petersburger Gesellschaft sei und daß er sich glücklich schätze, ihr begegnet zu sein.

Darum war sie erleichtert, daß der Tanzmeister während der Polonaise öfter einen Partnerwechsel ansagte, so daß sie ein paar Takte mit einem anderen Mann tanzen konnte.

Glücklicherweise saß Fürst Soklow während des Diners, das um ein Uhr nachts serviert wurde, weit entfernt an einem anderen Tisch, und Swetlanas Tischherr war ein junger Leutnant der Semjonowskijschen Garde, Grischa Sowtschenko, der sehr witzig zu plaudern verstand, so daß sie aus dem Lachen kaum herauskam.

Ach, es war herrlich, im Winterpalais zu dinieren, bewundert zu werden und all die Pracht und Eleganz um sich herum zu genießen!

Das Zarenpaar nahm nicht am Diner teil, sondern ging währenddessen in Begleitung des Oberhofmarschalls Graf Paul von Benckendorff und der Ehrendame

Anna Wyrubowa von Tisch zu Tisch, um sich mit den Gästen zu unterhalten.

Zarin Alexandra sah nicht mehr so frisch und blühend aus wie zu Beginn des Balles. Feine Schweißperlen standen auf ihrer Stirn, und sie wirkte erschöpft. Dennoch lächelte sie wiederum mit der bei ihr so seltenen offenen Herzlichkeit, als sie noch einmal ein paar Worte mit Swetlana wechselte.

„Ich hoffe, Sie haben viel Freude heute abend“, sagte sie. „Vorhin habe ich Sie eine Zeitlang beobachtet, meine Liebe. Offenbar machen Sie Furore in der Petersburger Gesellschaft – zumindest, was die jungen Herren angeht.“

„Euer Majestät sind sehr gütig“, erwiderte Swetlana, und ein Schatten glitt über das Gesicht der Zarin.

„Nur aufrichtig. Aber seien Sie auf der Hut, Swetlana Pawlowna. Auch hier ist längst nicht alles echt, das wie Gold schimmert. Es verbergen sich viel Hohlheit, Eigennutz und Lasterhaftigkeit hinter der glänzenden Fassade. Lassen Sie sich nicht davon blenden.“

Swetlana wußte nicht recht, was sie darauf erwidern wollte, doch die Zarin erwartete offenbar auch keine Antwort, sondern nickte ihr noch einmal zu.

„Ich werde mich jetzt zurückziehen. Diese Festivitäten strengen mich immer sehr an. Aber ich hoffe, daß wir uns bald Wiedersehen.“

Anna Wyrubowa, die hinter ihr stand, eine dickliche Person mit teigigem Gesicht und flinken schwarzen Augen, warf Swetlana einen finsteren Blick zu. „Kommen Sie, Euer Majestät“, sagte sie dann mit einer hellen, singenden Kinderstimme, die in seltsamem Kontrast zu ihrer massigen Gestalt stand. „Es ist spät, und Sie sind müde. Sie sollten sogleich zu Bett gehen.“

„Ja, meine Liebe“, erwiderte Alexandra Fjodorowna und stützte sich auf Annas Arm. „Das Stehen fällt mir schwer. Ich habe wieder Kreuzschmerzen.“

„Sehen Sie, sehen Sie ...“ Die Wyrubowa warf einen abschiednehmenden Blick in die Runde. „Aber ich werde beten, daß es Ihnen bald bessergeht. Für meine liebste, teuerste Zarin werde ich die halbe Nacht auf den Knien liegen.“

Damit führte sie Alexandra fort, und Leutnant Sowtschenko stieß einen tiefen Seufzer aus. „Ich weiß nicht, wieso, aber die Wyrubowa kann angezogen sein, wie sie will – auf mich wirkt sie immer wie eine glitschige Nacktschnecke.“

Er hatte die Worte Swetlana zugeflüstert, und sie versteckte hastig ihr Gesicht hinter ihrem Fächer, um ihr Lachen zu verbergen.

Ihre Mutter warf ihr einen irritierten Blick zu. „Was ist, Kind? Hast du dich verschluckt?“

„Beinahe“, erwiderte Swetlana und fächelte sich Luft zu. „Aber es ist noch einmal gutgegangen.“

„Wie kann man sich verschlucken, wenn man nicht ißt“, tadelte Wera Karlowna, verstummte dann aber glücklicherweise, weil der Zar quer durch den Saal auf seine Frau zukam.

„Alix?“ fragte er auf englisch. „Was hast du, mein Engel? Geht es dir nicht wohl?“

Alexandra lächelte zu ihm auf, und ihr eben noch angestrengtes Gesicht glättete sich auf wundersame Weise. „Ich bin nur müde, Nicky, weiter nichts. Darum werde ich mich zurückziehen.“

„Natürlich begleite ich dich.“ Er wollte ihren Arm nehmen, aber sie winkte ab.

„Nicht nötig. Meine gute Anna Alexandrowna bringt mich in mein Schlafzimmer. Und vorher werde ich noch einmal nach unseren beiden kleinen Mädchen sehen.“

„Gib ihnen einen Kuß von mir“, trug er ihr auf, und sie nickte lächelnd.

„Aber nur, wenn du ihn mir nachher zurückgibst.“

Swetlana hatte das kurze Gespräch mitgehört und

empfand Rührung. Es war ganz offensichtlich, daß die beiden einander zärtlich liebten. Es mußte schön sein, eine solche Ehe zu führen.

Bei ihren Eltern war das nicht so. Sie lebten nebeneinander her, ohne große Streitigkeiten zwar, aber auch ohne besondere Zuneigung, und Swetlana hatte sich oft gesagt: So will ich es später einmal nicht haben. Ich heirate nur, wenn ich einen Mann wirklich liebe und er mein Gefühl erwidert. Sonst bleibe ich lieber ledig.

Swetlana wußte, daß ihre Mutter vom heutigen Tag an nach einem geeigneten Ehekandidaten für sie Ausschau halten würde. Tun Sie das nur, Mama, dachte sie. Am Ende nehme ich doch nur den, der mir gefällt. Es ist mein Leben, und ich will es mit allem anfüllen, was schön und aufregend und voller Überraschungen ist.

2. Kapitel

Zwei Monate später war Swetlana mit Boris Petrowitsch Barschewskij verlobt.

Seit jener Ballnacht im Winterpalais war das Stadtpalais der Lasarows ein beliebter Treffpunkt der jungen Petersburger Adligen geworden. Die meisten kamen Swetlanas wegen, aber einige machten auch Xenia den Hof. Die jedoch fand das höchstens albern, sehr zum Verdruß ihrer Mutter, die am liebsten gesehen hätte, wenn beide Töchter noch in dieser Wintersaison eine gute Partie gemacht hätten. Aber Xenia hatte anderes im Kopf, als sich einen Mann zu angeln.

„Ich möchte Medizin studieren", vertraute sie eines Abends Swetlana an, als beide Mädchen von einer Teegesellschaft bei der Generalin Bogdanowitsch zurückgekehrt waren. Ihre Mutter, die sie begleitet hatte, litt unter Kopfschmerzen und hatte sich schon in ihr Schlafzimmer zurückgezogen. Graf Lasarow war auf einer Sitzung im Winterpalais.

Xenia und Swetlana saßen im sogenannten chinesischen Salon, während ihre jüngste Schwester Irina im Schulzimmer mit ihrer Englischlehrerin Miss Sheldon über der Übersetzung von Charles Dickens' Essay ‚American Notes' brütete.

Swetlana blickte ihre Schwester verblüfft an. „Im Ernst? Und was willst du dann tun? Ärztin werden?"

Xenia nickte lebhaft. „Rußland braucht Ärzte. Und ich denke, daß ich eine sehr gute sein könnte."

Swetlana erinnerte sich, daß ihre Schwester schon als

Kind mit Vorliebe ihre Puppen verbunden und ihnen alle möglichen Krankheiten angedichtet hatte, die sie dann kurierte. Auch alle Hunde, Pferde und Katzen, die sich Verletzungen zugezogen hatten, wurden von ihr versorgt – und oft genug die Dienstboten ebenfalls.

Für alles, was krank war, brachte Xenia größtes Interesse und eine für ihr lebhaftes Temperament ungewöhnliche Geduld auf. Dennoch hätte Swetlana nie geglaubt, daß ihre jüngere Schwester eines Tages daraus einen Beruf hätte machen wollen.

„Das wird Papa nie erlauben", sagte sie besorgt. „Deshalb schlag es dir lieber gleich aus dem Kopf."

Xenia preßte die Lippen zusammen. „Dann tue ich es ohne seine Erlaubnis. Ich bin nicht sein Eigentum, und er kann nicht über meine ganze Zukunft verfügen."

Sie lag bäuchlings auf dem Bärenfell vor dem Kamin und blickte in die Flammen. Draußen war es dunkel, nur der Schnee, der in großen Flocken vom Himmel fiel, verbreitete matte Helligkeit.

Swetlana legte das Journal zur Seite, in dem sie geblättert hatte, und kam zu ihrer Schwester. „He, Malenka, du bist ganz schön verrückt, weißt du das?"

Malenka ... Kleine, so hatte sie Xenia oft genannt.

Aber die Schwester erwiderte ihr Lächeln nicht. Ihr Gesicht war ernst und so entschlossen, wie Swetlana es selten gesehen hatte.

„Versprich mir, daß du weder den Eltern noch sonst jemandem etwas davon sagst. Ich werde es selbst tun, wenn es soweit ist."

„Gut, gut. Aber du bist dir doch darüber im klaren, daß Papa dir Stubenarrest geben und Mama ihre Migräne bekommen wird."

„Ich sage es ihnen ja auch jetzt noch nicht. Ich werde sie vorläufig nur darum bitten, daß ich ab dem Frühjahr die Xenia-Schule besuchen darf. Dagegen werden sie hoffentlich nichts einzuwenden haben; schließlich gehen Darja und Lara Nobokowa gleichfalls dorthin, und Staatsrat Nobokow ist neuerdings einer von Papas besten Freunden."

Swetlana stützte den Kopf in die Hände. „Aber Mama wird trotzdem dagegen sein. Sie hat, seit wir in St. Petersburg sind, doch nichts anderes im Sinn, als mit uns Gesellschaften zu besuchen, neue Kleider bei der Schneiderin zu bestellen und spazierenzufahren."

Xenia kicherte. „Sie will uns eben an den Mann bringen. Und wie es aussieht, hat sie bei dir mit ihren Bemühungen Erfolg."

„Unsinn", wehrte Swetlana ab und spürte zu ihrem Verdruß, daß sie rot wurde. „Bis jetzt hat mir jedenfalls noch niemand einen Antrag gemacht. Und überhaupt ..."

„Und überhaupt ist es Graf Barschewskij, der dir von deinen Bewunderern am besten gefällt!" trumpfte Xenia auf, nun wieder ganz der fröhliche Backfisch, der sie im allgemeinen war. „Er ist aber auch wirklich nett. Wenn du ihn magst, solltest du ihn heiraten." Sie stieß die ältere Schwester freundschaftlich in die Seite. „Gib es ruhig zu, daß du ihn magst. Habt ihr euch schon geküßt?"

„Nein", schwindelte Swetlana. „Was glaubst du denn?"

Dabei dachte sie daran, wie Boris Petrowitsch sie vorgestern während einer Abendgesellschaft bei den Bobrikows im Wintergarten für einen Augenblick umarmt und seinen Mund auf ihren gedrückt hatte. Es war nur ein sehr kurzer Kuß gewesen, weil im selben Moment jemand hereingekommen war und Boris sie hastig wieder losgelassen hatte, aber immerhin!

„Dann wird er es aber bei nächster Gelegenheit tun!" behauptete Xenia. „Man muß nur beobachten, wie er dich ansieht. Ich sage dir, Boris Petrowitsch ist unsterblich in dich verliebt."

„Ach, das sind andere auch", meinte Swetlana betont wegwerfend. „Leutnant Wasnjezow, zum Beispiel, oder Jewgenij Karsawin ..."

„Nicht zu vergessen Fürst Leonid Soklow", setzte Xenia die Aufzählung lachend fort, und Swetlanas Miene verfinsterte sich.

„Hör mir nur mit dem auf! Der ist doch viel zu alt – zweiunddreißig soll er sein! Und überhaupt – ich mag ihn nicht. Wenn er mir nur die Hand küßt, bekomme ich schon Gänsehaut."

„Und bei Boris Barschewskij nicht?" neckte Xenia sie.

„Ach, du!" Swetlana stand auf. „Ich finde deine Neugier wirklich albern!"

Sie ging zu den Fenstern und schloß die roten Seidenportieren.

„Gräfin Swetlana Pawlowna Barschewskaja", murmelte Xenia. „Das klingt gut, finde ich! Ihr werdet ein sehr hübsches Paar sein."

Swetlana drehte sich nicht zu ihr um. Sie dachte wieder an den Kuß, den Boris ihr gegeben hatte, und fragte sich, ob er sie beim nächsten Mal länger und intensiver küssen würde.

Morgen wollte er sie zu einer Schlittenfahrt abholen. Aber natürlich würden Miss Sheldon oder Akulina Iwanowna, ihre alte Kinderfrau, als Anstandsdame mitfahren. Ob sich da eine Gelegenheit zum Küssen bot? Recht unwahrscheinlich!

Wenn sie ehrlich war, mußte Swetlana zugeben, daß sie sich ganz gern von Boris Petrowitsch küssen ließe. Sie hatte sich zweifellos ein bißchen in ihn verliebt. Er sah gut aus und war schrecklich nett. Aber war er wirklich der Mann, den sie heiraten wollte?

„Willst du denn überhaupt nicht heiraten?" fragte Swetlana aus ihren Gedanken heraus. „Ich meine, es muß ja nicht gleich sein, aber später irgendwann ..."

Xenia setzte sich auf und legte die Arme um die angezogenen Knie. „Ich weiß es nicht. Vielleicht, wenn ich mein Studium abgeschlossen habe und mich ganz toll verliebe. Aber ich will in keinem Fall das typische nutzlose Dasein einer Dame aus unseren Kreisen führen – so wie Mama. Was tut sie denn schon? Die Dienstboten beaufsichtigen, ausfahren, Besuche machen, Gesellschaften geben, langweilige Konversation betreiben, sticken, musizieren, malen – nicht zu vergessen hin und wieder ein bißchen Wohltätigkeit ausüben, weil sich das so gut macht. Ich aber will selbst etwas leisten, auch wenn ich verheiratet bin, verstehst du?"

Swetlana runzelte die Stirn. „Ja – schon. Nur, es wäre ziemlich ungewöhnlich, findest du nicht? Ehrlich gesagt, kann ich mir überhaupt nicht vorstellen, daß du irgendwann in einem Hospital arbeitest, vereiterte Wunden aufschneidest, schmutzige Verbände wechselst, Kindern auf die Welt hilfst oder bei Sterbenden wachst. Ich finde das so trostlos!"

„Ich nicht", widersprach Xenia. „Immerhin würde ich ja vielen Menschen wirklich helfen können, und das würde mich sehr befriedigen. Und ich sage dir eines: Heute ist es vielleicht noch ungewöhnlich, wenn eine Frau einen Beruf ergreift, obwohl sie nicht darauf angewiesen ist, Geld zu verdienen. Aber eines Tages wird das anders sein. Warum sollen wir unsere Talente verkümmern lassen, nur um für einen Mann dazusein, der sich oft genug noch darüber beklagt, wie hart er arbeiten muß, um seiner Familie ein bequemes Leben zu bieten?"

Swetlana drehte sich um. „Ich fürchte, ich habe gar keine besonderen Talente", meinte sie betrübt. „Deshalb wüßte ich gar nicht, was ich für einen Beruf ergreifen sollte, und wenn ich noch so versessen darauf wäre."

„Oh, du bist mindestens so klug wie ich und könntest ebensogut studieren. Außerdem bist du sehr musikalisch und hast eine wunderschöne Stimme. Du könntest eine berühmte Sängerin werden."

Swetlana lachte. „An der Kaiserlichen Oper, was? Und Mama und Papa sitzen in einer Loge und schämen sich zu Tode über ihre ungeratene Tochter."

„Ich weiß nicht, vielleicht wären sie ja auch stolz, wenn der Zar sich erhebt und dir stehend applaudiert. Und am Ende bekommst du einen Orden verliehen." Xenia betrachtete ihre Schwester. „Aber vermutlich wirst du ohnehin berühmt werden, weil du die Familienschönheit bist. Ehrlich, Swetlana, du siehst hinreißend aus, und ich bin sicher, daß du, falls du Boris Barschewskij nicht heiratest, eine noch viel phantastischere Partie machst, am Ende sogar jemanden aus der kaiserlichen Familie."

„Und dann werde ich ein deiner Meinung nach ebenso nutzloses, ödes Leben führen wie Mama und Tante Agafja oder Großmama Natalja und alle anderen, die wir kennen."

Xenia goß sich aus dem Samowar Tee ein. „Das glaube ich nicht. Dazu bist du zu lebhaft und energisch. Du würdest immer irgend etwas tun, was dich ausfüllt. Das mußt du auch, sonst würdest du verkümmern."

Boris Barschewskij kam pünktlich am nächsten Vormittag um elf Uhr, um Swetlana und Miss Sheldon zu der verabredeten Schlittenpartie abzuholen. Er lenkte die Troika mit den drei Orlow-Trabern selbst, allerdings ließ er sich nicht dazu hinreißen, gewagte Überholmanöver oder Wettrennen mit anderen Pferdeschlitten zu veranstalten, sondern ließ die goldroten Tiere in einer zwar zügigen, aber gleichmäßigen Gangart laufen.

Sie fuhren über die zugefrorene Newa und die Kleine Newka zur Jelagin-Insel hinüber, wo Boris Petrowitschs verwitweter Vater eine Datscha besaß, unweit der Parkanlagen des Palastes, der einst von Jelagin, dem Hofmarschall Katharinas II., erbaut worden und später in den Besitz der Zarenfamilie übergegangen war.

„Inzwischen wohnt niemand mehr von der kaiserlichen Familie dort", erklärte Boris Petrowitsch seinen beiden Begleiterinnen, als er die Troika vor der Datscha, einem bezaubernd bemalten Holzhaus im altrussischen Stil, zum Stehen gebracht hatte. „Der Palast dient zur Unterbringung illustrer ausländischer Gäste. Aber die Petersburger kommen in der wärmeren Jahreszeit gern hierher, um zu beobachten, wie die Sonne im Finnischen Meerbusen untergeht."

Ein Diener nahm ihm das Gespann ab, um die Pferde zu versorgen, während in der Haustür eine dralle ältere Frau mit weißer Schürze erschien, um die Gäste willkommen zu heißen.

„Das ist Pelargeja Andrejewna", stellte Boris Petrowitsch sie vor. „Sie hält das Haus in Ordnung und richtet alles her, wenn mein Vater für ein paar Tage herkommt oder wir Gäste mitbringen." Er kniff sie freundschaftlich in die Wange. „Hast du Blinis gemacht, Pelargeja?"

„Sehr wohl, Euer Gnaden. Euer Bursche war gestern hier und hat mir alles ausgerichtet, was Ihr ihm aufgetragen habt. Es gibt heißen Tee, Blinis mit Lachs und feiner Pastetenfüllung und Kissel aus Sahne und gezuckerten Himbeeren. Außerdem habe ich noch Mandeltörtchen gebacken."

Er schnalzte genießerisch mit der Zunge. „Pelargeja, du bist ein Juwel! Niemand im ganzen heiligen Rußland macht so gute Blinis wie sie", setzte er hinzu, an Swetlana und Miss Sheldon gewandt. „Aber bitte, kommen Sie doch herein."

Er führte sie in einen behaglichen Wohnraum, dessen Fenster auf die verschneite Gartenfront hinausgingen. In der Nähe des großen Kachelofens, der angenehme Wärme verströmte, war der Tisch gedeckt.

„Ihr Herr Vater ist nicht da?" erkundigte Miss Sheldon sich in ihrem etwas holprigen Russisch, als sie bemerkte, daß nur drei Gedecke aufgelegt waren.

„Nein, er ist im Augenblick im Auftrag von Minister Goremykin in Smolensk, um dort einige Unstimmigkeiten zwischen der Leitung der dortigen Waffenfabrik und den Arbeitern zu schlichten. Sie wissen ja, die Streiks und Demonstrationen nehmen überhand, und dabei ist es leider zu blutigen Ausschreitungen auf beiden Seiten gekommen."

Graf Pjotr Barschewskij war Staatssekretär im Innenministerium, wie Swetlana wußte, und aus einigen Bemerkungen ihres Vaters hatte sie herausgehört, daß er ein sehr liberaler Mann sein sollte. Graf Lasarow mißfiel das. Er nannte solche Menschen Wirrköpfe und wirklichkeitsfremde Weltverbesserer. Man müsse jedes Aufbegehren der Arbeiter mit aller Härte im Keim ersticken, sonst brächen eines Tages Anarchie und totales Chaos über Rußland herein, pflegte er zu sagen.

Pelargeja Andrejewna füllte die Teetassen aus dem Samowar, brachte eine große Platte mit köstlich duftenden Blinis herein und legte noch ein paar Holzscheite in den Ofen, ehe sie knicksend verschwand.

Swetlana verrührte Honig in ihrem Tee. „Das ist sicher eine heikle Aufgabe, die Ihr Vater da übernommen hat, Boris Petrowitsch", meinte sie. „Hoffentlich hat er Erfolg."

Boris zuckte mit den Schultern. „Wenn die maßgebenden Direktoren auf ihn hören, bestimmt. Die Situation der Arbeiterschaft ist fast überall in Rußland unerträglich. Die Leute leben im größten Elend, trotz des gewaltigen industriellen Aufschwungs in unserem Land. Wir haben etwa drei Millionen Arbeiter, Swetlana Pawlowna, die zum allergrößten Teil in erbärmlichen Massenquartieren hausen. In den sogenannten Wohnheimen stehen aus rohen Brettern zusammengezimmerte Schlafgelegenheiten nebeneinander, ohne jede Trennwand, und sie sind niemals leer, da die Schläfer sich schichtweise abwechseln, je nachdem, wie ihre Arbeitszeit verläuft. Diese armen Teufel beneiden diejenigen, die wenigstens in einer Kamorka leben können. Aber auch dort sind mehrere Familien in einem einzigen

Raum zusammengepfercht. Lediglich ein paar Lumpen, die von der Decke herabhängen, teilen die einzelnen Bereiche voneinander ab."

Er schüttelte den Kopf, als könne er die Ungeheuerlichkeit eines solch armseligen Lebens nicht fassen.

„So vegetieren diese Menschen dahin, schlecht bezahlt, unterernährt und infolgedessen für Krankheiten eine leichte Beute. Und eine noch leichtere für die Verbreiter revolutionärer Ideen. Ein gewisser Uljanow hat schon vor drei Jahren die verschiedenen marxistischen Richtungen in unserem Land in einer ‚Union des Kampfes für die Befreiung der Arbeiterklasse' zusammengefaßt. Überall kommt es seitdem zu organisierten Protestbewegungen und Streiks, von denen einige Unbelehrbare immer noch glauben, man müsse sie mit eiserner Strenge unterdrücken. Aber das geht nicht mehr. Die Autokratie ist eine überholte Regierungsform, die den Bedürfnissen des russischen Volkes nicht mehr gerecht wird. Was wir brauchen, ist eine Verfassung, die dem Volk mehr Rechte und mehr Sicherheiten gewährt – und vor allem mehr Gerechtigkeit. Sonst wird hier eines Tages alles in einem blutigen Umsturz enden."

Er hatte sich in Eifer geredet, und Swetlana fühlte eine warme Welle der Sympathie für ihn in sich aufsteigen. Es gefiel ihr, daß er trotz seines adligen Standes und der Wohlhabenheit seiner Familie kein Hohlkopf war, der sich nur für ein vergnügliches Offiziersdasein interessierte. Er besaß Herz und Verstand, dieser Boris Petrowitsch Barschewskij, und hatte nur das ausgesprochen, was Swetlana zwar noch nicht so klar, aber doch immer deutlicher empfunden hatte, seit sie erwachsen genug war, um sich aus dem ein Bild zu machen, was um sie herum vorging und was sie den Tischgesprächen daheim entnommen hatte.

„Auf dem Land ist die Situation nicht viel anders, fürchte ich", sagte sie nun. „Wie Sie wissen, haben wir bisher in der Nähe von Kiew gelebt. Dort, wie überall, geht es den Bauern immer schlechter, und es ist in verschiedenen Provinzen bereits zu Aufständen gekommen. Man hat wie zu Zeiten der Leibeigenschaft die Besitzungen der Großgrundbesitzer geplündert und angezündet."

„Ich weiß", entgegnete Boris düster. „Unsere russischen Muschiks sind nicht mehr gewillt, die Ungerechtigkeit der Landverteilung hinzunehmen, die ihnen nicht mehr als die dürftigste Existenzgrundlage gewährt, während wir Adligen den Löwenanteil besitzen. Von hundertdreißig Millionen Deßjatinten Land in den Kommunen befinden sich hundertundeine Million in privater Hand – ein Mißverständnis, das dringend geändert werden muß. Wir brauchen eine neue Bodenreform ebenso nötig wie neue Sozialgesetze."

Er bemerkte, daß Miss Sheldon verstohlen hinter der vorgehaltenen Hand gähnte, und lächelte entschuldigend. „Verzeihung, das ist sicherlich kein Thema für einen unbeschwerten Nachmittag mit zwei so reizenden Damen. Möchten Sie nicht noch eine von diesen ausgezeichneten Fleischpasteten probieren, meine liebe Miss Sheldon? Und eine Tasse Tee trinken Sie gewiß auch noch. Er stammt aus Ostindien, wie Sie wohl schon gemerkt haben. Mein Vater zieht ihn dem russischen Tee vor, deshalb haben wir immer welchen im Haus."

„Ach ja", sagte Elaine Sheldon. „Wie interessant. Nun, ich muß gestehen, daß mir dieser Tee, den wir vorzugsweise in meiner Heimat trinken, ebenfalls besser schmeckt als der hiesige. Er ist milder, finden Sie nicht?"

Swetlana empfand leise Enttäuschung, daß sich das Gespräch nun einem so banalen Thema zuwandte. Sie hätte sich gern noch länger mit Boris Petrowitsch über die sozialen Probleme und Schwierigkeiten in Rußland unterhalten.

Daheim war das nicht möglich, denn ihr Vater vertrat den Standpunkt, daß junge Mädchen, ja, überhaupt alle Frauen viel zu törichte Geschöpfe waren, um bei einem ernsten Gespräch über Politik oder ähnliches mithalten zu können. Boris Barschewskij war der erste, der Swetlana überhaupt in eine solche Unterhaltung verwickelt hatte, und das machte sie ein klein wenig stolz.

Während er nun mit Miss Sheldon plauderte und ihr von seinem Englandaufenthalt vor drei Jahren erzählte, dachte Swetlana immer noch an das, was er gesagt hatte, und wünschte sich sehr, das Gespräch irgendwann fortzusetzen. Es gab so vieles, was sie noch nicht wußte oder nicht verstand, und er würde es ihr vielleicht erklären können. Und gewiß würde er nicht ungeduldig dabei werden.

Nach dem Essen zeigte er ihr und der Engländerin das Haus. Es war wunderhübsch eingerichtet, mit Möbeln aus karelischer Birke, bunten Webteppichen und Fellen und einer Küche mit einem großen gemauerten Herd und rauchgeschwärzten Kamin, in dem Schinken und Würste hingen. Allerlei Kupfergerät stand auf Simsen und Wandbrettern.

„Sie müssen einmal im Sommer wiederkommen", sagte Boris und öffnete die rückwärtige Tür, die in den Garten führte. „Dann ist es hier noch schöner. Unser Grundstück grenzt an das Jelaginsche Palais, und dort finden an allen Sonn- und Feiertagen Konzerte statt, die das Musikkorps der Garde veranstaltet. Dann sind die Palastgärten für alle geöffnet, und Sie treffen dort die interessantesten Leute, Universitätsprofessoren, Wissenschaftler, Schriftsteller, Künstler. Ich bin dort im vergangenen Sommer sogar einmal Leo Tolstoj begegnet, und wir haben uns am Abend sehr lange hier in der Datscha unterhalten."

„Wirklich? Oh, davon müssen Sie mir mehr erzählen", rief Swetlana. „Ich glaube, ich habe alles von ihm gelesen ... ‚Kindheit', ‚Drei Tode', ‚Krieg und Frieden', ‚Anna Karenina ...'"

Sie unterbrach sich, weil Miss Sheldon, die vor ihr die Stufen zum Garten hinuntergegangen war, plötzlich ausglitt und mit einem Schreckensschrei zu Boden stürzte.

„Um Himmels willen, Miss Sheldon, haben Sie sich weh getan?"

Die Engländerin richtete sich auf. „Ich fürchte, ja. Mein Fuß ... Ich kann nicht auftreten."

Boris Petrowitsch kauerte sich neben sie in den Schnee. „Darf ich einmal sehen?" Er untersuchte den Knöchel, bewegte ihn vorsichtig hin und her, was Miss Sheldon ein Aufstöhnen entlockte.

„Nun, gebrochen scheint er wohl nicht zu sein. Aber einen Bluterguß oder eine Verstauchung haben Sie sich sicherlich zugezogen. Kommen Sie ins Haus zurück, ich helfe Ihnen, sich niederzulegen. Und dann kann Pelargeja Ihnen kalte Kompressen machen."

Auf ihn gestützt, humpelte Miss Sheldon die Treppe wieder hinauf und ließ sich zu einem Diwan führen. Boris läutete nach Pelargeja, die gleich darauf erschien und Miss Sheldon erst einmal die Stiefel von den Füßen zog.

„So ein Unglück aber auch", jammerte sie. „Dabei habe ich meinem Mann noch gesagt: Iwan, habe ich gesagt, hast du auch ordentlich den Schnee von der Treppe gefegt? Aber was kann man von den Männern schon erwarten; sie erledigen selten eine Arbeit gewissenhaft."

„Ich hätte besser aufpassen sollen", sagte Miss Sheldon und betrachtete ihren Knöchel, der ein wenig angeschwollen war. „Aber es ist nicht so schlimm, denke ich. Wenn ich eine Weile ruhe, wird es sicherlich rasch besser werden."

Trotzdem bestand Pelargeja darauf, ihr kalte Umschläge zu machen. Sie lief in die Küche und kehrte kurz darauf mit einer Schüssel und einem Tuch wieder.

„Ich habe Schnee ins Wasser getan, damit es recht kalt

ist, und dazu einen Kräutersud zum Abschwellen", erklärte sie und wandte sich an Boris. „Sie sollte aber ihren Strumpf ausziehen, Euer Gnaden. Vielleicht geht Ihr solange hinaus."

Swetlana blickte Miss Sheldon mitleidig an. „Tut es sehr weh?"

Die Engländerin wehrte ab. „Nein, nein, ich kann es gut aushalten. Machen Sie sich keine Sorgen, liebes Kind. Wissen Sie was? Gehen Sie mit Graf Barschewskij ruhig in den Garten und lassen Sie mich hier ein Weilchen liegen. Pelargeja Andrejewna wird sich um mich kümmern."

Swetlana fand, daß Miss Sheldons Lächeln ausgesprochen verschwörerisch wirkte, und spürte, wie ihr eine leichte Röte in die Wangen stieg. „Ja, wenn Sie meinen ... Aber dann werde ich mir meinen Mantel holen."

Als sie und Boris das Haus verließen – diesmal half er ihr fürsorglich die Treppe hinunter –, begann es von neuem zu schneien. Weiche große Flocken waren es, die sich auf Swetlanas Pelzmütze festsetzten, so daß sie bald aussah, als sei sie aus sibirischem Feh.

Boris hatte ihr seinen Arm geboten, und so stapften sie nebeneinander zu dem schmiedeeisernen Gitter, das das Grundstück vom Jelaginischen Palais trennte.

Swetlana betrachtete die prächtige Gartenfront des imposanten Gebäudes. Es wies in der Mitte einen halbrunden, von Säulen umgebenen Vorbau auf und an beiden Seiten einen Portikus mit zweifach gekuppelten Säulen. Breite Treppen, auf denen riesige, jetzt allerdings dick verschneite Marmorvasen standen, führten zum Ufer der zugefrorenen Newka hinunter.

„Was sind das für Inseln dort drüben?" fragte Swetlana, und Boris antwortete:

„Die Kreuz- und die Steininsel. Übrigens war das Jelagin-Palais lange Zeit hindurch der Wohnsitz von Maria Fjodorowna, der Mutter von Zar Alexander I."

Swetlana wandte ihm das Gesicht zu. „Das war die Gemahlin von Zar Paul, nicht wahr? Er ist ermordet worden."

Boris nickte. „Aber seine Mörder haben Rußland mit ihrer Tat einen großen Dienst erwiesen. Dieser Zar war geisteskrank und unberechenbar. Zarin Katharina, seine Mutter, hat nie gewollt, daß er jemals den Thron bestieg. Sie hoffte, daß sie noch lange genug lebte, um ihren Enkel Alexander zum Zarewitsch zu machen. Paul sollte in der Thronfolge übergangen werden."

Sie vergrub die Hände in ihrem Muff. „In unserer Geschichte hat es einige Zaren gegeben, die man umgebracht hat – oder auch ihre Söhne. Und heute hört man wieder soviel von Mordanschlägen und Attentaten ... Aber es wird doch wohl niemand wagen, die Person unseres Zaren und seine Familie anzutasten?"

Barschewskij hob die Schultern. „Man kann es nur hoffen. Und man muß andererseits hoffen, daß Seine Majestät die Zeichen der Zeit erkennt und endlich von dem Gedanken abrückt, Rußland könne heute noch wie vor zweihundert Jahren regiert werden. Wenn er es nicht tut – und zwar bald tut –, ist es sehr wohl möglich, daß es eines Tages zu einer Revolution kommt. Und was danach geschieht ... Ich fürchte, ich würde dann nicht mehr gern in diesem neuen Rußland leben."

„Und warum nicht?"

„Weil dann vermutlich auch alles zerstört würde, was gut und schön ist an unserem Leben. Die alten Ideale, der Zauber, der jetzt noch über allem liegt, auch wenn sich viel Brüchiges darunter verbirgt ... Rußland ist krank, Swetlana Pawlowna, aber es kann wieder genesen, wenn der Zar es will. Er allein hat die Möglichkeit, Altes und Neues zu einem festen Gefüge zusammenzuschmieden."

Er verstummte und drückte ihren Arm. „Aber das ist wirklich kein Gesprächsstoff für diesen wunderschönen

Tag mit Ihnen. Ich bin so glücklich, daß ich einmal mit Ihnen allein sein kann, Swetlana Pawlowna. Ich möchte Ihnen so viel sagen und habe mir schon hundertmal die Worte zurechtgelegt. Aber jetzt sind sie wie fortgeweht aus meinem Kopf. Nur eines weiß ich noch: Ich habe Sie sehr lieb, und ich träume davon, Sie in die Arme zu nehmen und ganz festzuhalten."

Während er sprach, hatte er ihr die Hände auf die Schultern gelegt. Nun glitten sie tiefer, umfaßten ihre Taille, und Swetlana fühlte sich an seine Brust gedrückt.

Es war ein gutes Gefühl; sie verspürte Wärme und Zuneigung und die Sehnsucht nach etwas, das sie noch nicht kannte, von dem sie aber ahnte, daß es wunderschön sein würde.

Mehr, dachte sie, ich will mehr ...

Unwillkürlich hob sie den Kopf und öffnete leicht die Lippen. Da küßte er sie und hielt sie noch fester an sich gepreßt. „Swetlana", murmelte er, „meine Liebste ..."

Ihr Herz klopfte rascher. Es war schön, so geküßt zu werden, und die Zärtlichkeit in Boris' Stimme überwältigte sie. Sie legte die Arme um seinen Hals und erwiderte seinen Kuß. Und in diesem Augenblick war sie ganz sicher, Boris Petrowitsch Barschewskij zu lieben.

Er kam schon am nächsten Vormittag in das Lasarowsche Palais, um bei ihren Eltern um ihre Hand anzuhalten.

Graf Pawel Lasarow reagierte zunächst ein wenig zögernd. Swetlana sei gerade siebzehn geworden, und überhaupt – sie und Boris kannten sich doch erst wenige Wochen. Ob er denn tatsächlich sicher sei ...

„Vollkommen sicher", erwiderte Boris Petrowitsch. „So wie Sie, Graf Lasarow, es gewiß auch waren, als Sie Ihre Gattin heirateten."

Wera Karlowna, die der Unterhaltung bisher schweigend gefolgt war, während sie überlegte, ob man der Bewerbung zustimmen oder noch auf eine bessere Partie für ihre älteste Tochter hoffen konnte, kicherte verschämt. „Das haben Sie reizend gesagt, mein lieber Boris Petrowitsch."

Ihr Mann warf ihr einen irritierten Blick zu. „Wera, ich bitte Sie ..."

„Aber es ist wahr!" beharrte sie. „Es klingt wirklich hübsch. Die Frage ist nur, ob auch Swetlana ..."

„Ja!" sagte Boris glücklich. „Ich bin mir der Zuneigung von Swetlana Pawlowna gewiß. Wir haben uns gestern ausgesprochen."

Diesmal wandte er sich mehr an Wera als an ihren Gatten. „Ich bitte Sie von ganzem Herzen, stehen Sie unserem Glück nicht im Weg. Ihre Tochter soll es nie bereuen, mich geheiratet zu haben. Wie Ihnen vielleicht bekannt ist, lebe ich in absolut gesicherten finanziellen Verhältnissen. Ich bin das einzige Kind meiner Eltern und somit auch ihr einziger Erbe. Meine Familie besitzt große Ländereien, Anteile an diversen Bergwerken im Ural, Papierfabriken in Woronesch und Tula, eine Porzellanmanufaktur in Moskau, Webereien in Kasan und Nischnij-Nowgorod und ..."

„Schon gut, schon gut!" unterbrach Graf Lasarow die Aufzählung. „Ihr Herr Vater ist als sehr vermögender Mann bekannt. In diesem Punkt hege ich absolut keine Bedenken. Allerdings fühle ich mich ein wenig überrumpelt, das will ich Ihnen nicht verhehlen. Ich war der Meinung, daß Swetlana erst einen oder zwei Winter in der Petersburger Gesellschaft verbringen sollte, ehe sie sich bindet."

„Ach, Pawel Konstantinowitsch!" mischte Wera Karlowna sich wieder ein. Sie hatte sich entschieden, Swetlana diesem jungen und so angenehm reichen Mann zu geben. Außerdem war es sicherlich kein Fehler, wenn das Kind rasch in feste Hände kam. Dann war es keine Konkurrenz mehr für Xenia, die, Gott sei's geklagt, längst nicht so viele Bewunderer hatte wie Swetlana. „Wozu noch warten? Die beiden lieben sich, und wir sollten ihnen unseren Segen geben. Vergessen Sie nicht, ich selbst war gerade achtzehn geworden, als Sie mich heirateten. Und die Hochzeit braucht ja auch in diesem Fall erst im Spätsommer zu sein. Swetlana hat nämlich im August Geburtstag", wandte sie sich an Boris.

Er kam zu ihr und küßte ihre Hand. „Danke. Tausend Dank für Ihre Zustimmung, Gräfin."

Er warf einen bittenden Blick zu Lasarow hinüber. „Und Sie? Nicht wahr, Sie sagen doch jetzt ebenfalls ja?"

Lasarow erhob sich aus seinem Ledersessel. „Nun, ich denke, wir sollten erst einmal Swetlana hereinrufen."

Sie hatte in einem der Salons gewartet und kam sofort, als ihr Vater die Tür zur Bibliothek öffnete und nach ihr rief.

Sie trug ein goldbraunes Morgenkleid mit breiter Schärpe und das Haar mit einer Samtschleife zurückgebunden.

„Was höre ich denn da, mein Kind", sagte Graf Lasarow mit einer bei ihm ungewohnten Rührung. „Du willst diesen jungen Mann hier heiraten? Hast du dir das auch gut überlegt?"

Sie wurde rot, nickte und lächelte. „Ja, Papa, ich glaube schon."

„Ach, mein liebes, liebes Kind!" Wera Karlowna brach in Tränen aus. Sie liebte sentimentale Auftritte. Schluchzend zog sie Swetlana an die Brust. „Gott segne dich. Und Sie auch, mein lieber Sohn", wandte sie sich an Boris, um ihn gleichfalls zu umarmen. „Machen Sie mein Kind glücklich."

„Das werde ich", versprach Graf Barschewskij und blickte so strahlend drein, daß Swetlana nicht anders konnte, als ihm beide Hände zu reichen, die er an sein Herz drückte.

Und wieder war sie ganz sicher, ihn zu lieben. Es gab überhaupt nichts, das sich zwischen sie stellen konnte.

3. Kapitel

Die Verlobung, die nach orthodoxem Ritus fast ebenso bindend wie eine Trauung war, wurde in der Auferstehungskirche vollzogen.

Es war Abend, noch immer herrschte eisige Winterkälte, und der Schnee knirschte unter den Hufen der Pferde, die die Schlitten mit der Verlobungsgesellschaft nach der kirchlichen Zeremonie zum Lasarowschen Palais brachten.

An den Straßenecken brannten große hellodernde Feuer, an denen sich die Passanten wärmen konnten, und die bunten Dächer und Kuppeln der Petersburger Kirchen waren dick verschneit.

Wie es Tradition war, wurden an jenem Abend im Lasarow-Palais auch die Armen gespeist, die sich im Hinterhof des Wirtschaftstraktes eingefunden hatten. In langer Reihe standen sie da, Bettler und Obdachlose, aber auch solche, die krank und elend waren und keine Arbeit hatten.

Es gab Kohlsuppe aus großen Kesseln, mit viel Fleisch darin, Kascha mit dicker Sahne, Brot, Kwass und heißen Tee, und die Diener hatten Anweisung, die mitgebrachten Töpfe der Leute reichlich zu füllen und ihnen nicht zu verwehren, sich auch noch für morgen oder übermorgen Brot und Speck in die Taschen zu stopfen.

Auch hier brannte ein prasselndes Holzfeuer in der Mitte des Hofes, und darum drängten sich viele, wenn sie etwas zu essen ergattert hatten, um die vom Frost erstarrten Glieder zu wärmen.

„Gott segne Seine Gnaden“, sagten die Leute, bevor sie mit ihren vollen Näpfen zum Feuer schlurften, um sich erst einmal gierig satt zu essen. „Er schenke ihm und seiner Familie ein langes Leben.“

„Gott segnet ohnehin nur die Reichen“, erhob sich plötzlich eine scharfe, helle Frauenstimme über das demütige Gemurmel. „Deshalb ist es unnötig, daß ihr ihn noch darum bittet. Fluchen solltet ihr ihm, weil er blind und taub geworden ist für eure Not. Oder ist jemals für euch Brot vom Himmel gefallen, wenn ihr am Verrecken wart, oder aus Wasser Milch geworden, wenn eure Kinder an der Schwindsucht krepierten?“

Die Frau stand in der Nähe des Feuers, und der Flammenschein beleuchtete ihr hageres Gesicht mit den tiefliegenden Augen. Sie war in einen schmutzigen, löcherigen Kutschermantel gehüllt, und noch während sie sprach, waren etliche, die in ihrer Nähe waren, zurückgewichen, so daß sich auf einmal ein kleiner freier Platz um sie gebildet hatte.

Aber die Frau ließ sich dadurch nicht abschrecken. Furchtlos blickte sie in die Runde und fuhr in der gleichen Lautstärke wie vordem fort:

„Was seid ihr doch für Dummköpfe! Für ein bißchen Fressen kriecht und winselt ihr und küßt noch den Fuß, der sonst nach euch tritt! Was ist es denn schon, was der allergütigste, allergnädigste Graf Lasarow und seinesgleichen euch zukommen lassen? Ein elendes Almosen! Dort drinnen fressen sie Kaviar und saufen französischen Champagner. Sie tragen Samt und Pelze, und von einer einzigen Kette, die so ein adliges Hürchen um den Hals hängen hat, könnten ein paar Dutzend von euch ein ganzes Jahr lang leben!“

„Halt's Maul!“ mischte sich ein alter Mann ein und drohte ihr mit der Faust. „Willst du, daß man die Polizei ruft und uns hinausjagt? Die Leute, die noch nichts gekriegt haben, stehen bis an die Straße hinunter. Sollen sie leer ausgehen nur wegen der Hetzreden eines verdammten Frauenzimmers?"

Die Frau lachte und zog ihren Mantel enger um sich. „Hast du Angst, Ziegenbart? Dann geh und mach dir in die Hose. Aber vergiß nicht, noch ein paar Segenswünsche für Seine Gnaden, den Grafen Lasarow, anzufügen. Vielleicht verwandelt das deinen Gestank in puren Weihrauch!"

Einige Umstehende fielen in ihr Lachen ein, und ein jüngerer Mann in einer abgerissenen Uniform, dem der rechte Arm fehlte, rief: „Sie hat recht. Es ist wirklich nur ein Almosen, das wir hier kriegen, und dafür muß man nicht in Dankbarkeit zerfließen. Sie haben so viel, die Herren, und können jeden Tag Tausende von Rubeln verprassen, während wir vor Hunger nicht in den Schlaf kommen. Man sollte ihnen ihre Kohlsuppe ins Gesicht schütten und den Palast stürmen, um zu sehen, wie sie dort fressen und saufen. Erbärmliche Ausbeuter sind es, die durch unsere Not reich und immer reicher werden!"

„Stopft ihm die Schnauze, dem Aufwiegler!"

„Jagt ihn und das Frauenzimmer zum Teufel!"

„Weg mit den beiden, bevor die Diener die Hunde auf uns hetzen!" So erhoben sich laute, aufgebrachte Stimmen, doch andere widersprachen:

„Nein, laßt sie weiterreden. Wir sind ein paar hundert, und wenn man uns fortjagen will, können wir uns wehren! Viel zu lange haben wir gekuscht und uns ducken lassen!"

Die Frau im Kutschermantel hob den Arm. „So ist's recht! Laßt euch nichts gefallen! Wenn wir nur wollten, Brüder, wir könnten das reiche Pack zu Paaren treiben und aus seinem eigenen Palast hinausjagen. Tun wir's doch und feiern oben in den Prunksälen auf unsere Art das Verlobungsfest der Grafentochter. Ich wette, jeder von uns wird satt und besoffen und kann sich noch die

Taschen vollstopfen mit goldenem Tafelgerät und Juwelen. Wir brauchen nur zuzugreifen!"

Sie verstummte, weil einer aus der Menge – ein hünenhafter, bärtiger Kerl war es – ihr den Mund zuhielt.

„Willst du uns alle ins Unglück bringen, Hexe? Du weißt wohl nicht, wie sie mit Aufrührern umgehen? Oder bist du schon mal vor einer Schwadron Kosaken hergerannt, während sie hinter und neben dir die Leute niederritten? Sind dir schon mal Kugeln um die Ohren gepfiffen, und du hast dich in den Dreck geworfen, um ihnen zu entgehen? Ich sage dir, da lernst du beten!"

„Beten – ja, du krummbeiniger Idiot!" schrie die Frau. „Zu wem? Zu einem Phantom, das nur in deinem dämlichen Hirn existiert? Wann hätte dieser Gott dich, falls es ihn gäbe, denn jemals vor einem Übel bewahrt? Ich sage euch, es gibt keinen Gott, und wenn ihr euer himmelschreiendes Elend bessern wollt, dann müßt ihr euch selbst helfen!"

„Sie lästert Gott!" rief eine dicke Frau aus der Menge. „Stopft ihr das Maul! Schlagt ihr die Zähne ein! Heilige Schmerzensmutter, was für eine verkommene Hure!"

Die Frau im Kutschermantel wich zurück, als etliche mit erhobenen Fäusten sie bedrängten. Die dicke Frau spuckte ihr ins Gesicht, und in diesem Moment fiel der erste Schuß.

Einer der Diener war, gleich nachdem die Unruhe sich unter den Leuten ausgebreitet hatte, ins Haus gelaufen und hatte die Wachen alarmiert, die das Hauptportal bewachten, da das Zarenpaar erwartet wurde.

Nun drängte ein halbes Dutzend Uniformierte in den Innenhof. Ihr Anführer hatte zunächst nur in die Luft geschossen.

„Geht auseinander, Leute!" schrie er. „Es gibt nichts mehr zu fressen! Bedankt euch bei denen dafür, die die Freigebigkeit und Güte Seiner Gnaden mißbraucht haben, um euch aufzuwiegeln. Los, los, nehmt die Beine in die Hand und verschwindet!“

Angesichts der Soldaten liefen die ersten tatsächlich davon. Sie drängten zu der Seitenpforte, durch die sie eingelassen worden waren. Andere dagegen, die den Suppenkesseln am nächsten standen, reckten flehend ihre Töpfe und Schüsseln hoch.

„Habt Erbarmen!“ riefen sie. „Wir haben noch nichts bekommen, und wir haben Hunger! Gebt uns Kascha und Brot!“

Die Diener versuchten, sie zurückzuschieben, doch die Menge der Nachdrängenden war stärker. Ein Mann riß einem Diener die Schöpfkelle aus der Hand und füllte seinen Topf mit Suppe, den er sofort gierig an den Mund setzte.

Die Kelle wurde weitergereicht, während andere einfach ihre Töpfe in die Kessel tauchten oder sich an den Tischen die Taschen mit Brot und Speck füllten.

„Ja, nehmt euch alles! Nehmt, soviel ihr tragen könnt!“ rief jemand. Es war der Invalide, dem der rechte Arm fehlte. Er war auf einen Mauersockel geklettert. „Vorwärts, Brüder, gebt es dem verfluchten Gesindel, das euch nicht einmal für ein paar Stunden einen vollen Magen gönnt!“

Seine letzten Worte gingen im Lärm der Menge unter. Noch immer wollten etliche auf die Straße hinaus, doch sie wurden von denen, die sich nach vorn zu den Kesseln drängten, einfach mitgerissen.

„Zurück, ihr Idioten!“ schrie der Anführer der Wachen. Es war ein junger Leutnant, der noch nie auf Menschen hatte schießen müssen. Ihm graute davor. Andererseits gefiel er sich darin, forsch und schneidig aufzutreten. Er wußte, er durfte sich keine Blöße geben.

Zudem hatte er Angst. Was war, wenn die Meute der Hungrigen, Aufgewiegelten tatsächlich den Palast zu stürmen versuchte? Dann würde man ihm die Schuld geben, daß er sie nicht aufgehalten hatte.

„Zurück!" brüllte er abermals, und seine junge Stimme überschlug sich. „Seid ihr wahnsinnig, ihr stinkendes Lumpenpack? Ich zähle bis drei, und wenn ihr dann nicht kehrtgemacht habt, kriegt ihr Blei zwischen die Rippen! Eins – zwei ..." Er zögerte, sah, wie wiederum einige vergeblich versuchten, zum Ausgang zu gelangen, während die meisten immer noch vorwärtsdrängten, und fügte schreiend „Drei!" hinzu.

Seine Soldaten hatten schon angelegt, während er zu zählen begonnen hatte. Bei ‚Drei' schossen sie. Ihre Kugeln rissen die ersten zu Boden. Die hinter ihnen waren, wurden von den Nachdrängenden einfach weitergeschoben. Man trat auf die Verletzten, Wehklagen und Wutschreie erfüllten die Luft, wurden von einer erneuten Gewehrsalve übertönt.

Die Diener waren ins Haus geflüchtet, verriegelten die Türen und schoben Möbelstücke davor. Ein paar Fensterscheiben gingen zu Bruch, als die aufgebrachte Menge mit Töpfen und Kannen und was sie sonst noch bei sich hatte, auf die Wachsoldaten losging. Andere rissen brennende Holzscheite aus dem Feuer und schleuderten sie gegen die Schützen. Tische und Kessel kippten um, und Kascha und Kohlsuppe ergossen sich in den Schnee.

Bei der nächsten Gewehrsalve wandten sich freilich die meisten zur Flucht, und es wiederholte sich, was zuvor mit den von den ersten Kugeln Getroffenen geschehen war: Wer stürzte und am Boden liegenblieb, wurde niedergetrampelt.

Die Wachen schossen nun blindwütig in die Menschen. Der Einarmige in seiner zerrissenen Uniform, der noch immer auf dem Mauersockel stand und schrie: „So bleibt doch! Weicht nicht zurück!" wurde von einer Kugel in den Hals getroffen. Ein, zwei Sekunden stand er noch, schwankte wie ein Betrunkener hin und her, während das Blut, das aus seiner Kehle floß, seine Kleider benetzte, und stürzte dann in einer grotesken Drehung auf die verschneite Erde.

Die Frau im Kutschermantel hatte sich hinter einem umgestürzten Tisch verschanzt. Als sie versuchte, dahinter hervorzukriechen, um zur Pforte zu gelangen, traf sie gleichfalls ein Schuß.

Sie riß die Arme hoch, schrie gellend auf, ehe sie nach vorn kippte und auf Händen und Knien noch ein paar Schritte weiterzukommen versuchte. Sie schaffte es nicht mehr. Blut lief ihr aus Mund und Nase, und sie krallte die Hände in den Schnee und starb.

Später zählte man mehr als achtzig Tote, die erschossen oder niedergetrampelt worden waren. Man brachte sie nach draußen in eine dunkle Seitengasse neben dem Lasarowschen Palast, die zur Mojka hinunterführte. Polizisten sperrten das Gelände ab, untersuchten die Leichen, ob unter ihnen bereits bekannte subversive Elemente waren, und ließ sie dann auf großen Pferdeschlitten abtransportieren.

Es waren zu viele, um sie einfach in einem Eisloch in der Newa zu versenken. So würde man wohl weit draußen vor der Stadt ein neues Massengrab ausheben müssen. Verdammte Aufrührer! Selbst im Tod machten sie noch Scherereien. Die Erde war eisenhart gefroren. Man würde Sprengungen vornehmen müssen, um das Loch tief genug zu machen.

Von den Wachsoldaten war keiner ernstlich verletzt. Einige hatten Brandwunden von den brennenden Holzscheiten davongetragen, zwei oder drei ein paar Beulen und blutige Schrammen, und Graf Lasarow, den man von dem Zwischenfall unterrichtet hatte, verließ die Verlobungsfeier seiner Tochter, um den Männern persönlich zu danken und anzuordnen, daß sie auf das Beste versorgt wurden.

Der Haupttrakt des Palastes, wo sich die Gesellschaftsräume befanden, lag weit genug von den Wirtschaftsgebäuden entfernt, so daß man dort kaum etwas von dem Tumult gehört hatte.

Freilich meinten einige, es seien irgendwo Schüsse gefallen, doch niemand kümmerte sich darum. Neuerdings wurde häufig geschossen in St. Petersburg, um verbotene Demonstrationen aufzulösen oder irgendwelche anarchistischen Vereinigungen auszuheben.

Graf Lasarow legte Dienern und Wachen, die um die Vorgänge wußten, strengstes Stillschweigen darüber auf, damit kein Schatten auf das glänzende Fest fiel, und kehrte zu seinen Gästen zurück.

Gegen elf Uhr abends traf das Zarenpaar ein. In seiner Begleitung befanden sich außer den kaiserlichen Adjutanten und den üblichen Ehrendamen auch der jüngere Bruder von Nikolaus II., Großfürst Georg Alexandrowitsch, der vor vier Jahren offiziell zum Zarewitsch ernannt worden war, da Zarin Alexandra bis jetzt noch keinen männlichen Thronerben geboren hatte.

Georg war gerade von einer Auslandsreise zurückgekehrt und beugte sich mit einem charmanten Lächeln über Swetlanas Hand, als sie ihm vorgestellt wurde.

Er hatte die gleichen blauen Augen wie sein Bruder, war blond und breitschultrig und war, so hatte Swetlana schon vor der Begegnung mit ihm sagen hören, der bestaussehende Mann des ganzen Hofes.

Aber er sah nicht nur gut aus. Er wirkte klug und herzlich, und seine strahlende, offene Art machte ihn sogleich zum Mittelpunkt jeder Gesellschaft.

„Meine allerherzlichsten Glückwünsche zu Ihrer Verlobung, Swetlana Pawlowna", sagte er, und es klang keineswegs wie die erwartete Floskel, sondern warm und aufrichtig. Ungeniert betrachtete Georg ihr Gesicht. „Obwohl es andererseits natürlich ein Jammer ist, daß eine so bezaubernde junge Dame schon im ersten Winter ihres Petersburger Aufenthaltes eine feste Bindung eingeht. Wollen Sie sich die Sache nicht noch einmal überlegen?"

„Nein, Kaiserliche Hoheit", antwortete sie und fragte sich im selben Augenblick, ob sie sich nicht in der Tat zu schnell für Boris Petrowitsch entschieden hatte, viel zu schnell ...

Hastig blickte sie zu ihrem Verlobten hoch. Sie spürte den leichten Druck seiner Finger auf ihrem Arm und stieß den Atem aus.

Guter, lieber Boris! Wie konnte sie so etwas nur denken! Sie war doch ganz sicher gewesen, und natürlich würden sie sehr glücklich miteinander werden.

„Schade", sagte der Großfürst leichthin und wandte sich Swetlanas Verlobtem zu. „Ihnen muß man kein Glück wünschen, mein lieber Barschewskij. Sie haben es bereits. Halten Sie es gut fest."

„Das werde ich, Kaiserliche Hoheit." Boris schlug die Hacken zusammen und verneigte sich. Seine Augen glänzten, und er war offensichtlich sehr stolz darauf, daß der Großfürst seine Braut so reizend fand.

Später, als sie miteinander tanzten, sagte Boris ihr das auch. „Du hast großen Eindruck auf Seine Kaiserliche Hoheit gemacht, Swetlana. Aber das ist kein Wunder. Wer wäre nicht von dir hingerissen!"

Sie wehrte lachend ab. „Du übertreibst wie immer!" Aber in ihrem Inneren hatten seine Worte eine kleine Unruhe geweckt. Gefiel sie dem Großfürsten tatsächlich?

Georg Alexandrowitsch saß neben der Zarin auf einem Sofa in einer Fensternische des großen Ballsaales. Er hatte noch nicht getanzt, sondern unterhielt sich angeregt mit seiner Schwägerin. Swetlana sah, daß die beiden einander ganz offensichtlich zugetan waren. Die Art, wie die Zarin beim Gespräch die Hand auf seinen Arm legte, verriet viel freundschaftliche Vertrautheit.

Alexandra Fjodorowna sah kränklich aus an diesem Abend. Dazu mochte zwar auch ihr lindgrünes Samtkleid beitragen, das sie noch blasser machte, als sie ohnehin war, aber zudem hatte sie einen leidenden Zug um den Mund, und ihre Augen wirkten glanzlos und verschleiert, als hätte sie geweint.

Dennoch forderte sie nach einer Weile Swetlanas Vater zum Tanz auf und anschließend Boris Petrowitsch. Aber man sah ihr an, daß sie damit nur eine Pflicht erfüllte.

Auf Grund ihrer hohen Stellung wählten die Mitglieder der Zarenfamilie sich ihre Tanzpartner immer selbst aus; es wäre ein unglaublicher *faux pas* gewesen, wenn ein anderer sie dazu aufgefordert hätte.

Der Zar tanzte, wie es die Höflichkeit gebot, zuerst mit Wera Karlowna. Swetlana beobachtete, wie ihre Mutter in seinen Armen förmlich dahinschmolz. Sie genoß dieses Verlobungsfest in vollen Zügen.

Nachdem der Kaiser sie nach Beendigung des Tanzes zu ihrem Gatten zurückgebracht hatte, verneigte er sich leicht vor ihr und kam dann auf Swetlana zu.

„Werden auch Sie mir die Ehre eines Tanzes erweisen, Swetlana Pawlowna?" fragte er in seiner freundlichen, zurückhaltenden Art, und sie stand auf und spürte, wie ihr Herz vor Aufregung und Freude heftig zu klopfen begann.

Nikolaus II. war ein sehr guter Tänzer; es machte Spaß, sich von ihm führen zu lassen. Allerdings blickte er aus den Augenwinkeln immer wieder einmal zu seiner Frau hinüber, die noch mit Boris tanzte. Dann meinte Swetlana, Sorge und Unruhe in seinen sanften blauen Augen aufblitzen zu sehen.

Die Zarin und Boris beendeten den Walzer, und er führte sie zu ihrem Sofa zurück, wo sie sich wieder neben ihrem Schwager niederließ. Offenbar war ihr heiß geworden, denn sie tupfte sich ein paarmal mit einem Spitzentuch über Stirn und Oberlippe.

Dennoch setzte sie ein unbeschwertes Lächeln auf, als ihr Mann auf sie zukam. „Was für ein gelungenes Fest", sagte sie und nickte Swetlana zu. „Ich wünschte, Seine Majestät und ich hätten ebenfalls eine solch harmonische Feier gehabt, als wir uns verlobten. Leider war es nicht der Fall." Sie blickte zu ihrem Mann auf und schob ihre Hand in die seine. „Trotzdem waren wir sehr glücklich, auch, wenn wir lange darum kämpfen mußten, daß wir ein Paar werden durften."

Großfürst Georg Alexandrowitsch lächelte Swetlana zu. „Jetzt bin aber ich an der Reihe, mit der Braut zu tanzen. Oder möchten Sie erst eine kleine Pause einlegen, Swetlana Pawlowna?"

„Nein, absolut nicht", erwiderte sie. „Dazu tanze ich viel zu gern."

Er führte sie in die Mitte des Ballsaals und legte die Arme um sie. Und von diesem Augenblick an war ihr zumute, als sei alles, was vordem für sie von Bedeutung gewesen war und später einmal Bedeutung erlangen könnte, zu etwas Nichtigem, völlig Unwichtigem geschrumpft. Es gab nur diesen Mann, der auf sie hinunterblickte mit seinen unwahrscheinlich blauen Augen, dessen Bewegungen ihr unbegreiflicherweise so vertraut waren, als hätte sie ihn schon immer gekannt, und dessen Lächeln sie bannte, so daß sie gar nicht anders konnte, als ihn unaufhörlich anzusehen.

Irgend etwas in ihr dachte sehr deutlich: Du bist verrückt, Swetlana. Dies ist deine Verlobung mit Boris Petrowitsch, du wirst ihn heiraten und hast die Pflicht, ihn glücklich zu machen, weil er dir vertraut. Und der Mann, in dessen Armen du jetzt bist, ist der Bruder des Zaren. Er absolviert einen Pflichttanz mit dir, nichts weiter, und ganz gewiß hat er irgendwo eine Geliebte – oder es gibt sogar schon eine Frau, die er heiraten will. Aber dann schob sie diese Gedanken mit aller Vehemenz von sich, und als Georg sie bei einer Drehung eine Spur fester an sich drückte und sie auch danach nicht mehr losließ, dachte sie gar nichts mehr, sondern fühlte nur noch, wie sein Körper sich an ihrem bewegte, spürte seine Hand auf ihrem Rücken und meinte, in seinem Blick zu versinken.

Georg Alexandrowitsch lächelte nicht mehr. Seine Augen hatten sich verdunkelt, und Swetlana meinte, einen tiefen Ernst darin zu entdecken.

„Warum sind wir uns nicht früher begegnet?“ fragte er fast flüsternd. „Oder warum konntest du nicht warten, bis ich nach St. Petersburg zurückkam?“

Ja, warum nicht? Swetlana spürte, wie ein Zittern sie durchlief. „Bitte“, stieß sie hervor. „Das dürfen Sie nicht sagen!“

„Nein“, gab er mit einem flüchtigen Lächeln zu. „Aber ich sage es trotzdem ... obwohl es natürlich eine ganz unsinnige Frage ist.“

Für einen Moment gruben sich seine Finger fast schmerzhaft in ihren Rücken. „Bestimmt fragst du dich das gleiche. Willst du mir wenigstens das zugeben?“

O Gott, er sollte aufhören, sie so anzusehen! Oder warum hörte nicht wenigstens die Musik auf, und der Großfürst brachte sie zu Boris zurück.

Boris, dachte Swetlana, lieber, lieber Boris ... Sie dachte es, wie sie als Kind manchmal zu irgendeinem Heiligen gebettelt hatte, er solle ihr doch aus einer schlimmen Lage helfen oder einen Wunsch erfüllen.

Allerdings war das nie passiert, und auch jetzt nützte ihr der stumme Stoßseufzer nichts. Boris war ihr so fern gerückt, als hielte er sich in einer anderen Dimension auf. Alles war fern gerückt – bis auf diesen Mann, der mit ihr tanzte. Die Musik verstummte, aber Georg Alexandrowitsch gab den Spielern ein Zeichen, und sie setzten von neuem ein, wieder mit einem Walzer.

Swetlana war ein wenig schwindlig, und der Großfürst schien es zu merken, denn er hielt sie noch enger an sich gepreßt, so daß sie durch ihr Mieder die juwelenbesetzten Knöpfe seines Uniformrocks fühlte.

Eine Weile tanzten sie schweigend, und der weiß-goldene Saal, die Ballroben der Damen, die schimmernden Galauniformen und Seidenfräcke der Herren, das flirrende Licht der Kronleuchter – alles verschwamm vor Swetlanas Augen zu einem farbigen Wirbel, in dem der einzige feste Punkt Georg Alexandrowitsch war.

„Ich werde heute nicht mehr mit dir tanzen", hörte sie ihn sagen. „Es würde auffallen. Aber ich muß dich wiedersehen. Morgen nachmittag um vier ... an der Wladimir-Kirche? Du weißt, wo das ist?"

„Ja", flüsterte sie. Sie kannte die Gegend. Gleich hinter dem Platz, wo sich die Kirche ‚Unserer Lieben Frau von Wladimir' befand, gab es eine Reihe von Straßen mit dunklen, grauen Mietshäusern. Kein romantischer Ort für ein Stelldichein, aber bestimmt der richtige für ein heimliches Treffen des Thronfolgers und Zarenbruders. Wer würde ihn dort schon vermuten?

Schweigend beendeten sie den Walzer. Dann brachte Georg Alexandrowitsch Swetlana zu Boris zurück und verneigte sich vor ihr. „Es war mir ein großes Vergnügen, Swetlana Pawlowna."

Boris nickte er freundschaftlich zu. „Es bleibt dabei, mein Lieber: Sie sind ein echter Glückspilz!"

Boris' offenes, sympathisches Gesicht erhellte sich. „Ich weiß es, Kaiserliche Hoheit."

Er war erbarmungswürdig ahnungslos, und Swetlana empfand plötzlich tiefe Scham.

Ich werde morgen nicht zur Wladimir-Kirche gehen, nahm sie sich vor. Ich darf Georg Alexandrowitsch nicht wiedersehen.

Sie hielt sich an ihren Vorsatz. Aber natürlich ließ es sich nicht umgehen, daß sie den Zarewitsch bei anderen Gelegenheiten traf: bei einer Parade auf dem Senatsplatz, einer Ballettaufführung im Kaiserlichen Theater, die sie mit ihren Eltern und Boris besuchte, bei einem Ball im Hause des Fürsten Radolin, der am deutschen Kaiserhof als russischer Botschafter akkreditiert und für ein paar Wochen nach St. Petersburg zurückgekehrt war.

Georg merkte, daß Swetlana ihm auswich und respektierte das, indem er seinerseits nicht ihre Nähe suchte. Aber oft genug ertappte sie ihn dabei, daß er zu ihr hinsah – oder sich selbst, daß ihre Blicke selbstvergessen an seiner großen breitschultrigen Gestalt und dem blonden Haar hingen.

„Ja, er ist wirklich ein Bild von einem Mann", sagte Fürst Leonid Soklow bei einer solchen Gelegenheit. Es war während eines Konzertabends in der Eremitage, zu dem Swetlana mit ihren Eltern eingeladen war. Boris konnte sie nicht begleiten, er hatte Dienst bei der Garde. „Wenn man ihn so sieht, möchte man kaum glauben, daß er die Schwindsucht hat."

Der italienische Tenor, der gerade eine Arie aus Rimski-Korsakows Oper ‚Sadko' vorgetragen hatte, wurde mit einem freundlichen Applaus belohnt. Swetlana vergaß zu klatschen und wandte sich zu Soklow um.

„Von wem sprechen Sie? Wer hat die Schwindsucht?"

„Unser gnädigster Zarewitsch, Seine Kaiserliche Hoheit Großfürst Georg Alexandrowitsch. Wußten Sie das nicht?"

Ihr war zumute, als hätte jemand ein Eisenband um ihren Brustkorb gelegt und zöge es mit aller Unnachgiebigkeit zu. „Nein! Ist das wirklich wahr?"

Soklow lächelte mit dünnen Lippen. „So wahr, wie ich Sie liebe, Swetlana Pawlowna. Nein, nein, ziehen Sie nicht Ihre hübsche glatte Stirn kraus. Sagen wir besser, daß ich Sie aus der Ferne anbete, nachdem Sie Boris Barschewskij mir vorgezogen haben. Es war ein herber Schlag für mich, aber ich werde lernen müssen, damit zu leben. So wie Sie mit der betrüblichen Tatsache, daß

Georg Alexandrowitsch ein schwerkranker Mann ist, auch wenn man es ihm im Augenblick nicht ansieht. Ich kann verstehen, daß Sie ihn bewundern. Wer tut das nicht?"

Der italienische Tenor trat ab, und ein kleines Kammerorchester nahm auf dem sechseckigen Podium in der Mitte des Saales Platz. Während die acht Männer noch einmal ihre Instrumente stimmten, kämpfte Swetlana um Fassung.

Wäre sie über Soklows Behauptung nicht so außer sich gewesen, hätte sie ihn wegen seiner aufdringlichen Reden in seine Schranken gewiesen. Aber in ihrem Kopf blieb nur haften, was er über den Großfürsten gesagt hatte. Georg Alexandrowitsch litt an Lungentuberkulose? Dieser strahlende, heitere Mann trug eine solch gefährliche Krankheit in sich, an der er eines Tages vielleicht sterben konnte!

Unwillkürlich beugte Swetlana sich über die vergoldete Balustrade der Empore, auf der sie mit ihren Eltern saß, um zu den etwas erhöhten Mittelplätzen im Parterre zu sehen, wo die kaiserliche Familie Platz genommen hatte.

Georg Alexandrowitsch unterhielt sich gerade mit seinem Cousin, dem Großfürsten Andrej Wladimirowitsch. Sie sah, wie er ihm lachend etwas zuflüsterte und mußte sich beherrschen, um nicht in Tränen auszubrechen.

Soklow, der sie beobachtete, legte ihr flüchtig die Hand auf den Arm. „Echauffieren Sie sich nicht so, meine Liebe. Seine Kaiserliche Hoheit trägt sein Leiden mit großer Tapferkeit und möchte nicht, daß man allzu mitleidig darauf reagiert."

Sie wich seiner Berührung aus. „Ich bin nur so erschrocken, weil ... weil ich keine Ahnung von seiner Krankheit hatte."

Das Gespräch brach ab, da das Kammerorchester zu spielen begann, und der Fürst lehnte sich mit verschränkten Armen in seinem Sessel zurück. Er saß schräg hinter Swetlana und konnte sehen, wie sie immer wieder zu Georg hinunterblickte und dabei nervös ihren Spitzenfächer zwischen den Fingern drehte.

In der Konzertpause wurden Champagner und kleine Pasteten gereicht. Swetlana trank zwei Gläser hintereinander. Essen konnte sie nichts. Sie stand auf und entschuldigte sich bei ihren Eltern. „Ich habe auf der gegenüberliegenden Seite Natalja Lipkina gesehen und möchte sie einladen, morgen mit mir und Boris Petrowitsch zum Eislaufen zu kommen."

„Geh nur, Kind", erwiderte Wera Karlowna und nickte ihr in ihrer üblichen zerstreuten Art zu. „Und grüße die Lipkins von Papa und mir."

Swetlana wechselte nur ein paar Worte mit Natalja, die zu ihren neugewonnenen Petersburger Freundinnen gehörte. Dann verließ sie den Saal durch einen Nebenausgang und lief die Treppe ins Erdgeschoß hinunter. Sie hörte, wie drinnen das Konzert fortgesetzt wurde, aber sie meinte, keinen Augenblick länger ruhig in ihrem Sessel sitzen und der Musik – es war diesmal ein Duett aus irgendeiner italienischen Buffo-Oper – zuhören zu können.

Statt dessen trat sie auf die kleine Terrasse hinaus, die sie an der rückwärtigen Front des Vorsaals entdeckte.

Beißende Kälte empfing sie, so daß sie in ihrem roséfarbenen Samtkleid zusammenschauerte.

Trotzdem blieb sie für eine Weile draußen und starrte in den Himmel, über den schwere Wolken zogen, die neuen Schnee verhießen.

Als Swetlana sich umwandte, um in die schützende Wärme der Eremitage zurückzukehren, stand plötzlich Georg Alexandrowitsch vor ihr.

„Ich habe gesehen, daß du fort warst", sagte er, „und da bin ich dich suchen gegangen. Ich dachte, wir müßten noch einmal miteinander reden. Warum bist du neulich nicht gekommen? Ich habe fast zwei Stunden gewartet, weil ich nicht glauben wollte, daß du dich mir entziehst."

„Muß ich das nicht, Kaiserliche Hoheit?" fragte sie, und statt einer Antwort legte er die Arme um sie.

„Das mußt du", erwiderte er und bedeckte ihr Gesicht mit unzähligen kleinen Küssen. Dann nahm er ihre Hand und zog Swetlana mit sich in einen kleinen, offenbar unbenutzten Salon, dessen Polstermöbel mit weißen Leinentüchern abgedeckt waren.

Im Schein der Wandlampen, die er angeknipst hatte, betrachtete er Swetlana.

„Ich brauche dich so sehr", sagte er. „Ich habe versucht, es mir auszureden, aber es geht nicht. Du und ich – wir sind wie die zwei Hälften einer Nußschale, die zusammenpassen. Die Franzosen nennen so etwas einen *Coup de foudre.* Und sag selbst, war es nicht so zwischen uns? Wir haben einander gesehen, und es war, als ob ein Blitz uns getroffen hätte und alles auslöschte, was vordem für uns wichtig war."

Sie wich zurück, als er auf sie zukam. „Nein! Das sind Hirngespinste. Ich will das nicht. Bitte, Kaiserliche Hoheit, lassen Sie mich gehen."

Er sah eine kleine Ader an ihrem Hals pochen und preßte seinen Mund darauf. „So schön ...", murmelte er. „So schön!"

Sie wußte, daß sie verloren war, wenn sie ihm nur einen halben Schritt entgegenkam. Trotzdem legte sie die Arme um seinen Hals, bog den Kopf zurück und stöhnte auf, als Georg fortfuhr, sie zu küssen, ihren Hals, die Schläfen, die geschlossenen Augen, den Mund.

Sie zitterten beide, und Swetlana dachte: Es ist Wahnsinn. Es wird niemals irgendeine Chance für uns geben, aber es ist mir egal. Er hat ja recht: Außer ihm gibt es nichts mehr, das für mich zählt.

Sie küßten einander, berührten sich, scheu zunächst, als seien sie in einem Zauber gefangen, erkundeten ihre

Münder, ihre Körper, bis Swetlana meinte, es nicht mehr aushalten zu können, und sich aus Georgs Umarmung zu lösen versuchte.

Er gab ihr nach, ließ sie los, und ihr war zumute, als sei sie beraubt worden, weil sie nicht mehr an seiner Brust lag.

Diesmal war sie es, die zu ihm kam, mit allem Ungestüm ihrer Liebe, und er umfaßte ihr Gesicht und legte mit seinen Lippen eine zärtliche Spur darüber.

Ach, er war so schön, und es tat so gut, in seinen Armen zu sein!

„Werden wir uns wiedersehen?“ fragte Georg, und Swetlana nickte.

„Wo?“ wollte sie nur wissen. „Und wann?“

Er dachte eine Weile nach. Dann sagte er: „Ich werde eine Wohnung mieten. Ich sende dir Nachricht. Aber diesmal mußt du wirklich kommen.“

„Ich schwöre es“, erwiderte sie mit dem ganzen Ernst ihrer siebzehn Jahre, und dann küßten sie einander wieder, bis draußen im Treppenhaus Schritte und Stimmen laut wurden.

„Das Konzert ist zu Ende“, flüsterte Georg. „Geh du voraus. Ich komme später nach.“

An der Tür flog sie noch einmal an seine Brust, und er preßte seine Lippen auf ihren Mund. Und Swetlana wußte immer noch, daß alles vollkommen hoffnungslos und verfahren war – und war dennoch glücklich.

4. Kapitel

Georg mietete eine Wohnung an der Sergijewskaja, nicht weit vom Newskij-Prospekt entfernt. Schon zwei Tage später, als Swetlana mit Miss Sheldon eine Teestube verließ, wo sie sich nach einem längeren Einkaufsbummel aufgewärmt hatten, drückte ihr jemand einen Zettel in die Hand, auf dem nur die Adresse stand und: *Morgen, vier Uhr nachmittags!*

Es war ein Bettler, der von Miss Sheldon ein paar Kopeken bekommen hatte und sich auf das Aufdringlichste bedankte. Er grapschte zunächst nach der Hand der Engländerin, schwor den Segen sämtlicher Heiliger auf sie herab und wiederholte die Aufzählung, während er Swetlanas Finger zu küssen versuchte. Er sah schmutzig und heruntergekommen aus, und sie wollte hastig die Hand zurückziehen, als sie spürte, wie er ein Blatt Papier in ihren Handschuh schob.

„Gott segne Euer Gnaden", sagte er dabei, „und schenke Euch alles Glück, nach dem Ihr Euch sehnt." Dabei zwinkerte er ihr zu, drückte noch einmal ihre Finger, ehe er von ihr abließ und eilig davonhumpelte.

„Das war Ossip", sagte Georg Alexandrowitsch, als Swetlana sich am nächsten Tag zur verabredeten Zeit in der Sergijewskaja einfand. Der Großfürst hatte vor dem Portal auf sie gewartet. Er trug Zivil, einen weiten pelzgefütterten Mantel und eine Bärenfellmütze, die er tief in die Stirn gedrückt hatte.

Die Wohnung lag im ersten Stock, drei großzügig möblierte ineinandergehende Räume mit einer Küche und einem winzigen Badezimmer. Die Fensterfront ging auf einen Garten hinaus.

„Ossip ist mein Diener, er ist absolut verschwiegen und zuverlässig – und sehr gewitzt, wie du bemerkt haben wirst. Die Verkleidung als Bettler war seine Idee."

Die Wohnung war behaglich durchwärmt, in allen Kaminen ein Feuer entzündet, und im Salon stand ein Samowar auf dem Tisch, daneben eine Platte mit kleinen Kuchen und ein eisgefüllter silberner Kübel mit Champagner.

Georg nahm Swetlana Muff und Mantel ab, streifte ihr die Pelzmütze vom Haar und warf alles achtlos auf ein Sofa. „Und du? Hattest du Schwierigkeiten, von daheim fortzukommen?"

Sie lächelte zu ihm hoch. „Ich bin einfach weggegangen, ohne jemandem etwas zu sagen."

„Und wenn man dich bei deiner Heimkehr fragt?"

„Dann werde ich sagen, daß ich spazieren war."

„Gut, gut, aber du wirst dich nicht immer damit herausreden können." Er nahm ihre Hände und küßte sie, und die Berührung seiner Lippen weckte eine kleine prickelnde Erregung in ihr, die sie genoß.

„Ich habe darüber nachgedacht", erwiderte sie ernsthaft. „Und eigentlich gibt es nur einen Menschen, den ich um Hilfe bitten kann: meine Schwester Xenia. Allerdings muß ich ihr die Wahrheit sagen. Aber Xenia ist verschwiegen."

„Bist du sicher?" forschte er besorgt, und sie hob die Schultern.

„Eine andere Möglichkeit habe ich nicht. Wenn ich mit ihr zusammen ausfahre, wird niemand Verdacht schöpfen."

Er zog sie an sich. „Ich hasse diese Heimlichkeiten! Ich wünschte, daß wir eines Tages vor aller Welt ein Paar sein können. Ach, Swetlana, Swetlana, was soll nur werden mit uns?"

„Das mußt du entscheiden", erwiderte sie fast kindlich.

Er führte sie zu einer Ottomane und legte die Arme um sie. „Ich würde noch heute mit Nicky reden. Das Problem bist du, denn du bist mit Boris Barschewskij verlobt."

Ein kleiner scharfer Schmerz durchfuhr sie, als sie an Boris dachte. Warum tat sie ihm das an?

„Jetzt siehst du ganz traurig aus", stellte Georg fest und küßte sie. Sie erwiderte den Kuß, und als er sie fester an sich drückte und sie zu streicheln begann, sperrte sie alles aus ihren Gedanken aus, was nichts mit Georg und ihrer Liebe zu tun hatte.

Von da an trafen sie sich regelmäßig jeden zweiten Nachmittag in der Wohnung in der Sergijewskaja. Das untere Stockwerk des Hauses mit seiner bunt bemalten Holzfassade, das noch aus der Zeit Peters des Großen stammte, wurde von einem alten, fast tauben ehemaligen Beamten der Kaiserlichen Staatskanzlei bewohnt. Er wußte nicht, wer Georg war.

Der Großfürst hatte die Wohnung unter dem Namen Andrej Iwanowitsch Pluchin gemietet. Ossip kam täglich, um alles sauberzuhalten, zu heizen und die Vorräte aufzufüllen.

Swetlana hatte den kleinen krummbeinigen Mann mit dem Gesicht eines altgewordenen Schuljungen inzwischen kennengelernt. Seine listigen schwarzen Äuglein hatten sie vergnügt angefunkelt. „Stets zu Diensten, Euer Gnaden. Wenn Euer Gnaden einmal einen besonderen Wunsch haben, laßt es mich nur wissen. Ich tue, was ich kann, um ihn zu erfüllen."

Aber Swetlana hatte keine besonderen Wünsche außer diesen: daß sie Georg eines Tages ohne alle Heimlichkeiten würde lieben dürfen – und daß Boris sie verließ, weil er eine andere Frau kennengelernt hatte, die ihm wichtiger war als sie.

Aber das konnte ihr wohl niemand erfüllen.

Xenia hatte Swetlana alles eingestanden, und die jüngere Schwester war entsetzt gewesen.

„Wie konntest du nur, Swetlana! Wenn die Eltern oder Boris Petrowitsch davon erfahren ... Und überhaupt, wie stellst du dir vor, daß es weitergehen soll? In zehn Monaten wirst du Boris heiraten."

Swetlana hatte die Schultern gehoben. „Ich weiß. Ach, Xenia, das verstehst du nicht. Ich schwöre dir, ich wollte es nicht. Ich wollte nichts anderes, als Boris glücklich machen, und ich war ganz sicher, daß ich es könnte. Aber nun ... Bitte, bitte, hilf mir! Du bist die einzige, die es kann."

Die Schwester hatte sie kopfschüttelnd betrachtet. „Und ich dachte immer, dein Leben müßte glatt und ohne Komplikationen verlaufen. Du machst eine gute Partie, bekommst einen Mann, der dich anbetet ..."

Swetlana hatte die Hände gegen die Ohren gepreßt. „Bitte, hör auf! Ich kann es nicht hören! Oder glaubst du, mir fällt es leicht, Boris derartig zu hintergehen? Ach, ich wünschte, ich wäre tot!"

„Irgendwann wirst du es ihm sagen müssen", stellte Xenia nüchtern fest. „Es wird natürlich einen fürchterlichen Eklat geben, wenn er die Verlobung löst, Papa wird toben und Mama eine Woche lang ihre Migräne haben und anschließend mit dir nach Kowistowo zurückreisen, bis Gras über die Sache gewachsen ist. Aber in diesem Fall hilft wirklich nur die Wahrheit."

Swetlana nickte verzweifelt. „Du hast recht, aber ... Ich kann es Boris einfach nicht sagen. Ich habe Angst davor."

Und wieder dachte sie wie ein Kind, das meint, es müsse nur oft genug denselben Wunsch aussprechen, um ihn endlich erfüllt zu bekommen: Lieber Gott, mach doch, daß Boris sich in eine andere verliebt, damit er nicht so schrecklich enttäuscht von mir ist und unnötig leidet!

Xenia und sie sprachen noch lange miteinander über dieses Thema, und die Jüngere erklärte sich endlich bereit, Swetlanas Rendezvous mit Georg Alexandrowitsch zu decken.

Die beiden schützten gemeinsame Unternehmungen vor, verließen zusammen das Haus, und Xenia benutzte die Stunden, die Swetlana in der Wohnung in der Sergijewskaja verbrachte, um in einer nahe gelegenen Bibliothek dickleibige Wälzer medizinischen Inhalts zu studieren.

Sie hatte ihrem Vater die Erlaubnis abgerungen, nach Ostern auf die Xenia-Schule gehen zu dürfen, nicht zuletzt deshalb, weil die beiden Töchter von Staatsrat Nobokow sie ebenfalls besuchten, und bereitete sich mit aller Zielstrebigkeit auf ein späteres Studium vor.

Boris Barschewskij kam, wenn sein Dienst es erlaubte, allabendlich in das Lasarowsche Palais oder begleitete Swetlana und ihre Familie zu den verschiedenen Festivitäten, zu denen sie eingeladen waren.

Swetlana ertrug es nur schwer, in Boris' ahnungslose Augen zu blicken, sein glückliches Lächeln zu sehen, wenn sie mit ihm tanzte oder sich von ihm küssen ließ, was selten genug vorkam, weil sie es vermied, mit ihm allein zu sein.

Dann kam sie sich abgrundtief schlecht vor und spielte mit dem Gedanken, sich nicht mehr mit Georg Alexandrowitsch zu treffen, aber gleichzeitig wußte sie, daß sie das nie im Leben fertigbringen würde.

Sie liebte Georg mit der ganzen Inbrunst ihrer jungen Jahre, wußte sich von ihm wiedergeliebt und war unfähig, sich aus dieser Verflechtung von Zärtlichkeit und Verlangen, Sichgeben und Sichnehmen zu lösen.

„Ich hoffe nur, du schläfst nicht mit ihm", sagte Xenia eines Tages im März, als der Himmel über der Stadt von jenem trügerischen Blau war, das wie ein Vorbote des Frühlings wirkte und schon am Mittag zu einem fahlen

Grauweiß verblich, das häßlichen, wie mit kleinen Glassplittern stechenden Schneeregen mitbrachte, der die Straßen in einen Morast aus Schneeresten, Nässe und Schmutz verwandelten, und Swetlana schüttelte auf die Frage ihrer Schwester hin den Kopf.

„Nein, wo denkst du hin?"

Es war die Wahrheit, denn Georg Alexandrowitsch bedrängte sie nicht. Trotz all ihrer Küsse und Zärtlichkeiten legte er sich Zügel an, um Swetlana Zeit zu lassen. Vielleicht war auch ein wenig Angst mit im Spiel, Angst vor einer Verantwortung, der er nicht gewachsen sein konnte.

Zarin Alexandra Fjodorowna erwartete in der Tat ihr drittes Kind, es sollte im Juni geboren werden, und Georg hoffte genau wie sie selbst, daß sie diesmal endlich den Thronerben zur Welt brachte.

In Zarskoje Selo verbrachte die Zarin täglich viele Stunden im Gebet. Sie umgab sich mit Priestern, Mönchen und frommen Wunderheilern in der verzweifelten Hoffnung, daß dadurch ihr heißer Wunsch nach einem Sohn endlich erfüllt würde.

War es so, dann blieb Georg Alexandrowitsch nicht länger Zarewitsch, und das bedeutete, daß er weniger Rücksichten zu nehmen hatte. Vielleicht konnte er dann Swetlana sogar eines Tages heiraten, freilich um den Preis des Rücktritts von allen öffentlichen Ämtern und Ehren.

Aber das würde er auf sich nehmen, ebenso wie die offizielle kaiserliche Ungnade, die Nikolaus ihm nicht ersparen konnte. Man war in diesen Dingen sehr streng am kaiserlichen Hof: Eine unstandesgemäße Heirat, noch dazu mit einer Frau, die vordem schon einmal verlobt gewesen war, zog unweigerlich solche Folgen für die Mitglieder der Zarenfamilie nach sich.

Doch Georg liebte Swetlana wirklich, und die Stunden mit ihr gehörten für ihn zu den glücklichsten seines Lebens.

Sie redeten viel miteinander, fragten einander nach ihrem vorherigen Dasein aus, entdeckten unzählige Übereinstimmungen in ihren Vorlieben und Abneigungen und lernten sich auf diese Weise immer besser kennen.

Nur über seine Krankheit wollte Georg nicht sprechen. Swetlana hatte ihn danach gefragt, doch er war mit einem Schulterzucken darüber hinweggegangen.

„Ich war ein Zeitlang recht krank. Aber inzwischen spüre ich nichts mehr. Es geht mir gut, und du mußt keine Angst haben, daß ich dich anstecken könnte. Doktor Korowin hat mir versichert, es wäre alles in Ordnung."

„Ich habe keine Angst vor einer Ansteckung", versicherte sie. „Ich habe nur Angst um dich. Tuberkulose kann doch immer wieder ausbrechen, nicht wahr?"

Sein Gesicht verschloß sich. „Nicht, wenn sie ausgeheilt ist." Dann wechselte er das Thema und erzählte ihr, daß er gestern bei der Zarin Tee getrunken und mit seinen kleinen Nichten gespielt habe.

„Sie sind beide so hübsch und lustig! Tatjana hat mich ganz besonders ins Herz geschlossen. Als ihre Kinderfrau kam, um sie zu Bett zu bringen, hat sie geschrien, als stecke sie am Spieß. Sie hörte erst auf, als ich noch in ihr Zimmer kam, um ihr einen Gutenachtkuß zu geben."

„Und wie geht es der Kaiserin?" wollte Swetlana wissen.

Er seufzte. „Nicht besonders gut. Sie hat schrecklich geschwollene Beine und leidet unter Herzbeschwerden. Die Schwangerschaft macht ihr zu schaffen. Aber mein Bruder ist wie immer rührend besorgt um sie."

Ende März setzte endlich der Eisgang auf der zugefrorenen Newa ein. Tagelang schoben sich die berstenden Eisschollen donnernd gegen- und übereinander. Es klang, als fände eine Seeschlacht statt. Und dann wurde es über Nacht so sonnig und warm, daß das Eis schmolz, und bald darauf zeigte sich in den Parks und auf den Uferwiesen das erste zarte Grün.

„April, Mai, Juni, Juli, August, September ...", zählte Boris Barschewskij auf, als er mit Swetlana eines Nachmittags zur Jelagin-Insel fuhr, um seinen Vater zu besuchen. „Dann wird aus Swetlana Pawlowna Iasarowa die Gräfin Barschewskaja. Die hübscheste Barschewskaja, die es jemals gegeben hat."

Er saß neben ihr in der Kutsche, und Swetlana wandte hastig das Gesicht zur Seite, als er sie auf den Mund küssen wollte. Seine Lippen berührten nur ihre Wange. Boris hielt sie fest. „Was ist? Habe ich irgend etwas gesagt, das dich verärgert hat?"

Sofort bereute sie ihre Reaktion. „Nein. Du tust nie etwas, das mich ärgert. Ich bin nur ein bißchen nervös heute, das ist alles. Verzeih mir."

„Du bist in letzter Zeit häufig nervös", stellte er besorgt fest. „Und immer so blaß. Fühlst du dich am Ende krank?"

Sie zwang sich zu einem kleinen Auflachen. „Ich bin so gesund, wie man nur sein kann. Mach dir keine Gedanken, Boris."

Er nahm ihre Hand und legte sie gegen seine Wange. „Wer liebt, macht sich immer Gedanken um den anderen. Dir muß es doch genauso ergehen. Oder wäre es dir gleichgültig, wenn ich ernstlich erkrankte?"

„Nein, gewiß nicht", stieß sie hastig hervor und streichelte seinen Ärmel. O Gott, wie sollte sie ihm jemals sagen, daß sie ihn nicht heiraten konnte! Und es war nicht einmal mehr ein halbes Jahr bis zu dem festgesetzten Hochzeitstermin am 12. September!

„Boris ...", setzte sie an, und er wandte ihr das Gesicht zu.

„Ja, mein Liebling?"

„Bist du eigentlich ganz sicher, daß ich die einzig richtige Frau für dich bin? Ich meine, vielleicht glaubst du nur, mich zu lieben, und plötzlich gefällt dir eine andere viel besser. Solche Sachen passieren doch, nicht wahr?"

Er umfaßte ihr Gesicht mit beiden Händen und küßte sie nun doch auf den Mund. „Uns passiert so etwas nicht", sagte er innig. „Mir nicht und dir nicht. Wir werden uns immer lieben, auch wenn wir alt und grau geworden sind. Das heißt, du wirst auch dann noch schön und anmutig sein, mein Herz, da bin ich ganz sicher. Die weißen Haare werden dir ebensogut stehen wie jetzt deine blonden. Und du wirst immer noch diese schönen, großen glänzenden Augen haben und deine graziösen Bewegungen. Nur ich werde vielleicht an einem Stock herumhumpeln und dir nicht mehr so gefallen wie heute, weil ich ein wenig schlechter höre oder die Augen nachlassen und du mir aus der Zeitung vorlesen mußt. Aber dann wirst du dich daran erinnern, wie lieb ich dich immer hatte und wie schön es in all den Jahren mit uns war – und dann wirst du mir verzeihen, daß ich nicht mehr der schneidige Gardeoffizier bin, in den du dich mit siebzehn verguckt hast."

Ihr schossen plötzlich Tränen in die Augen. Boris sah es und erschrak. „Warum weinst du, Liebes?"

Sie schluckte und wischte sich über das Gesicht. „Aus ... aus lauter Sentimentalität. Weil du das so lieb gesagt hast."

Die Karwoche und das Osterfest verbrachte Georg Alexandrowitsch mit der Zarenfamilie in Zarskoje Selo. Als er zurückkam, hatte er sich stark erkältet. Er hustete und schwitzte, und seine Augen hatten einen fiebrigen Glanz.

Als Swetlana in die Sergijewskaja kam, wollte sie ihm wie immer an die Brust fliegen, doch er schob sie von sich.

„Bitte nicht. Ich will nicht, daß du dich ansteckst. Ich habe mir eine leichte Infektion eingefangen."

„Das ist mir gleich", sagte sie und schmiegte sich an ihn. „Ich hab' dich so vermißt. Komm, laß dich küssen."

Widerstrebend gab er nach, hielt aber die Lippen fest

geschlossen, als sie ihren Mund darauf drückte. Für eines Herzschlags Länge überkam sie die eisige Furcht, er könne sie nicht mehr lieben, er sei ihrer überdrüssig geworden und die Krankheit nur ein Vorwand, um sie von sich fernzuhalten. Doch als sie einen Blick in sein Gesicht warf, waren seine Augen so liebevoll wie immer, und sie spürte, daß er sich genauso danach sehnte, sie zu umarmen, wie sie es tat.

Ossip, der Diener, war in der Küche. Er tauchte nur kurz auf, um ein Tablett mit *Petit fours* in den Salon zu bringen und die Teetassen aus dem Samowar zu füllen. Dann waren Georg und Swetlana wieder allein.

Er ließ sich in einen Fauteuil fallen und streckte die Arme nach ihr aus. „Komm her zu mir." Sie wollte sich auf seine Knie setzen, wie sie es gern tat, aber er schob sie wiederum von sich auf die Sessellehne. „Nicht so nahe. Laß uns vernünftig sein. Aber ich will dich wenigstens ein wenig streicheln können."

Während sie einander berichteten, was in der Zeit ihrer Trennung geschehen war, hustete Georg einige Male. Es war ein krampfartiger, dumpfer Husten, der ihr angst machte.

„Bist du sicher, daß es nur eine Erkältung ist?" fragte sie, und er erwiderte knapp:

„Was sonst?"

„Nun, es könnte auch ein erneutes Aufflackern deiner ... deiner alten Krankheit sein."

„Unsinn", wehrte er heftig ab und preßte ein Taschentuch vor den Mund, um einen erneuten Hustenanfall zu unterdrücken.

Sie blieb an diesem Tag länger als verabredet bei ihm, und als sie endlich ging, war sie voller Unruhe. Georg hatte nicht gut ausgesehen, und sie hatte ihn gebeten, für ein paar Tage im Bett zu bleiben. Doch davon hatte er nichts hören wollen. „Ich habe dich so lange entbehrt. Ich will dich morgen wiedersehen."

Doch als sie am nächsten Nachmittag in die Sergijewskaja kam, öffnete Ossip ihr die Tür. Er hatte ein paar Zeilen von Georg für sie und berichtete, daß das Befinden Seiner Kaiserlichen Hoheit sich leider verschlechtert habe, so daß sein Arzt ihm Bettruhe verordnet hatte.

> *Ich denke an Dich. Ich liebe Dich!* hatte Georg geschrieben. *Und nun muß ich zusehen, bald wieder gesund zu werden – für Dich, mein Herz. Drei oder vier Tage, dann hast Du mich wieder. Ich küsse Dich in Gedanken!*

Sie vereinbarte mit Ossip, nach vier Tagen wieder in die Wohnung in der Sergijewskaja zu kommen, und dieses Mal war Georg an der Tür, als sie die Treppe hinauflief. Stürmisch zog er sie in die Arme.

„Endlich!" Dann hob er sie hoch, wie er es gern tat, und trug sie in den Salon, wo er sie auf der Ottomane niederlegte. Sie wollte etwas sagen, doch er erstickte ihre Worte mit seinem Kuß.

Die Trennung, so kurz sie im Grunde gewesen war, hatte bei beiden die Sehnsucht nacheinander ins Uferlose anwachsen lassen, und Swetlana meinte, niemals zuvor so verlangend von Georg geküßt worden zu sein. Seine Hände, seine Lippen setzten sie in Brand, sie stöhnte leise, als er sich zu ihr legte und sie mit fast schmerzhafter Intensität an sich preßte.

„Gut, so gut", murmelte er und atmete den Geruch ihrer Haut und ihres Haares ein. „Und ich hatte solche Angst ..."

„Angst – wovor?" fragte sie und richtete sich halb auf.

Er preßte das Gesicht in ihre Halsbeuge. „Ich wollte es dir nicht sagen, nicht einmal vor mir selbst zugeben. Aber ich dachte, die Tuberkulose bräche wieder bei mir aus. Doch das war nicht der Fall. Es war wirklich nur eine Erkältung, und sie ist vorbei."

Die Erkenntnis, wieviel Furcht er ausgestanden hatte und daß er dabei ganz allein gewesen war, trieb ihr die Tränen in die Augen. Sie umklammerte ihn und küßte ihn, wohin sie traf.

„Du mußt dich nicht fürchten. Weißt du nicht, daß ich lieber sterben würde, als ohne dich zu leben? Wir hätten das gemeinsam durchgestanden, und es wäre mir ganz egal gewesen, ob die Leute darüber redeten. Ich hätte dich gepflegt und wäre nicht von deinem Bett gewichen."

„Hast du inzwischen mit Boris Barschewskij gesprochen?" fragte er und setzte sich so, daß ihr Kopf an seiner Schulter lag.

„Ich wollte es ein dutzendmal, doch dann habe ich es nicht fertiggebracht. Ach, Georg, er tut mir so leid!"

Er sah ihr unglückliches Gesicht und mußte lächeln. „Aber du kannst ihn nicht aus lauter Mitleid heiraten! Hör zu, Liebes. Vor drei Tagen ist der Zar nach St. Petersburg gekommen. Er hat mich besucht, um zu sehen, wie es mir geht. Wir haben uns lange unterhalten, und ich habe ihm gesagt, daß es da eine Frau gibt, die ich liebe und heiraten möchte. Natürlich habe ich ihm nicht deinen Namen genannt, ihm aber sehr wohl die Schwierigkeiten geschildert, die uns im Wege stehen. Nicky ist überzeugt, daß seine Frau dieses Mal einen Sohn bekommt. Einer der wundertätigen Mönche, die in Zarskoje Selo sind, hat es prophezeit. Auch die Zarin glaubt fest daran. Wenn es wahr wird, dann wird Nikolaus uns keine Steine in den Weg legen. Natürlich wird man uns eine Weile nicht bei Hof empfangen können, aber das gilt nicht für immer. Irgendwann können wir zurückkehren."

Sie drückte seine Hände gegen ihre Brust. „Ist das wahr? O Gott, Georg, ich kann es noch gar nicht glauben! Und Seine Majestät war nicht aufgebracht oder ärgerlich? Er hat es verstanden?"

Er nickte und küßte sie wieder. „So Gott will, werden wir zusammenbleiben."

An diesem Nachmittag wurde Swetlana seine Geliebte. Sie wollten es beide, und es war so, wie Georg es sich erträumt hatte, wenn er an sie dachte.

Er hatte seine Affären gehabt und war ein erfahrener Liebhaber. Langsam, mit großer Behutsamkeit führte er Swetlana zu dem Punkt, an dem sie ganz bereit für ihn war. Er überwand ihre Scheu, als sie zum erstenmal nackt vor ihm lag, hörte nicht auf, sie zu streicheln, bis sie ihrerseits den Mut fand, nun auch seinen Körper zu entdecken. Glücklich spürte er, wie ihr Verlangen nach ihm wuchs, bis sie meinte, es nicht mehr aushalten zu können.

Sie schrie auf, als er ganz zu ihr kam, empfand einen kurzen messerscharfen Schmerz, wollte sich zurückziehen, doch er hielt sie fest an sich gedrückt, wartete, bis sie sich entspannte, und begann erst dann, sich in ihr zu bewegen.

„Georg ... Georg!" Hatte sie seinen Namen nur gedacht oder ihn laut gerufen? Sie wußte es nicht, wußte nur, daß es unerträglich schön war, was er mit ihr tat, und daß es immer noch eine Steigerung gab, bis sie glaubte, in seiner Umarmung zu vergehen.

Bebend lag sie an ihn gepreßt, als es vorüber war, hörte ihren und seinen Herzschlag, spürte, wie er ihr das Haar aus der Stirn strich und seine Lippen auf ihre Augen legte.

„War es schön?" fragte er leise und selbst aufgewühlt bis in die Tiefen seines Inneren. „Habe ich dich glücklich gemacht?"

Sie nickte nur. Sie konnte nicht sprechen, und Georg wiegte sie in seinen Armen wie ein geliebtes Kind.

Ihre Liebe machte sie unvorsichtiger, als sie es bis zu diesem Zeitpunkt gewesen waren. Fast täglich trafen sie sich nun, und manchmal fuhren sie auch miteinander aus. Dann lenkte Ossip die Kutsche, und Georg und Swetlana küßten sich drinnen auf der rot-grau gepolsterten Bank, bis sie beide ganz atemlos vor Verlangen waren und der Großfürst seinem Diener befahl, in die Sergijewskaja zurückzukehren. Manchmal trafen sie auch bei verschiedenen gesellschaftlichen Anlässen zusammen. Dann konnte es geschehen, daß sie sich durch ihre Blicke und ihr Lächeln verrieten, wenn sie miteinander redeten oder tanzten. Hin und wieder ergab sich auch die Gelegenheit, für ein paar Augenblicke allein zu sein. Dann umarmten sie einander, und die Heimlichkeit verlieh diesen kurzen Zärtlichkeiten einen besonderen prickelnden Reiz.

„Sie werden alle Tage schöner, Swetlana Pawlowna", sagte Leonid Soklow eines Tages zu ihr. „Sie sind regelrecht aufgeblüht in den letzten Wochen, und ich beneide Boris Barschewskij, daß er dieses Wunder an Ihnen vollbracht hat."

Der Fürst war ihr in einer Teestube beim Sommergarten begegnet, in der sie mit Xenia verabredet war. Swetlana kam aus der Sergijewskaja und wartete nervös auf die Schwester, die sich verspätet hatte.

Daß Fürst Soklow sie nun allein antraf, war ihr äußerst unangenehm.

Er blieb neben ihrem Tisch stehen. „Allerdings bezweifle ich manchmal, daß Rittmeister Barschewskij der Urheber Ihrer neuen Schönheit ist."

„Was wollen Sie damit sagen, Fürst Soklow?" fragte Swetlana und bemühte sich um Festigkeit in der Stimme.

Er lächelte auf eine perfide Art. „Für Sie Leonid Iwanowitsch, meine Liebe! Und was Ihre Frage betrifft: Ich habe die unangenehme Eigenschaft, Menschen, die mich interessieren, sehr genau zu beobachten. Dabei kommt man manchmal zu völlig anderen Schlußfolgerungen als diejenigen, die nur sehen, was ihnen oberflächlich ins Auge springt."

„Sie sprechen in Rätseln“, entgegnete sie abweisend, und sein Lächeln verstärkte sich.

„Wirklich? Nun, dann bitte ich tausendmal um Vergebung. Ich möchte um keinen Preis Ihren Unwillen erregen, Swetlana Pawlowna, geschweige denn Ihnen Unrecht tun.“

Zu ihrer Erleichterung betrat in diesem Moment Xenia die Teestube, steuerte auf Swetlana zu und sprudelte hervor: „Tut mir leid, daß ich mich verspätet habe. Ich habe einfach die Zeit vergessen.“ Sie nickte Soklow zu. „Schön, Sie zu sehen, Fürst ...“

Er brach in Gelächter aus. „Was für eine Unwahrheit! Hat Ihr geistlicher Erzieher Pater Andrej Sie nicht gelehrt, immer und um jeden Preis dem Teufel *Paroli* zu bieten? Warum behaupten Sie dann, daß meine Gegenwart Sie erfreut?“

Xenia war nicht auf den Mund gefallen. „Zwischen einer Begrüßungsfloskel und der Wahrheit bestehen zweifellos Unterschiede. Trotzdem – warum sollte ich etwas gegen Ihre Anwesenheit haben, wenn Sie meiner Schwester die Zeit bis zu meinem verspäteten Eintreffen verkürzt haben?“

„Gut gekontert“, sagte er lässig und verneigte sich vor ihr und Swetlana. „Gestatten Sie mir, eine weitere Floskel hinzuzufügen: Stets zu Ihren Diensten, meine Damen.“

Swetlana blickte ihm unbehaglich nach, wie er durch die Tischreihen davonging. „Gut, daß du da bist. Er hat plötzlich ein paar Andeutungen gemacht, die mich beunruhigen. Es klang fast, als wisse er etwas über Georg und mich – oder ahne es zumindest.“

Xenia winkte der Bedienung und bestellte sich einen Tee. Dann beugte sie sich über den kleinen runden Marmortisch. „Was hat er denn gesagt?“

Swetlana wiederholte es, und ihre Schwester runzelte die Stirn. „Ein unangenehmer Mensch! Eigentlich kann er gar nichts wissen. Doch es paßt zu ihm, daß er sich in derartigen Zweideutigkeiten ergeht. Ich glaube, er intrigiert gern."

Dennoch, Swetlanas Unbehagen blieb. So oft sie in den nächsten Tagen mit Leonid Soklow zusammentraf – und das geschah mehrere Male –, fühlte sie sich von ihm belauert. Nicht einmal Georg, dem sie sich anvertraute, konnte ihre Bedenken zerstreuen.

„Er kann nichts wissen", sagte auch er. „Und wenn er irgendeine Vermutung hegt, was ist dabei?" Er nahm Swetlanas Hände. „Du mußt nur endlich mit Barschewskij sprechen. Versprichst du mir das?"

„Es muß wohl sein. Ach, Georg, er tut mir so leid. Es wird ihn furchtbar treffen. Und die Reaktion meiner Eltern mag ich mir gar nicht ausmalen."

„Vergiß nicht, daß ich auch noch da bin, um dich zu schützen", sagte er. „Mein Einfluß ist groß genug, um deinen aufgebrachten Vater zu besänftigen. Freilich, was Barschewskij betrifft ... Aber weißt du, mein Herz, man kommt in seinem Leben nicht immer darum herum, anderen Menschen weh zu tun. Und auf jeden Fall hat Boris Petrowitsch deine Aufrichtigkeit verdient."

Sie wußte, daß er recht hatte, und war nun fest entschlossen, gleich am nächsten Tag mit Boris zu reden.

Doch dazu sollte es nicht mehr kommen ...

Boris Petrowitsch Barschewskij verbrachte den Vorabend mit einigen Offizieren der Preobraschenskij im ‚Europa', einem großen Hotel am Newskij-Prospekt, wo sie gemeinsam diniert hatten.

Später zog man sich in einen hinter dem Speisesaal befindlichen Salon zurück, um Karten zu spielen. Boris Petrowitsch hatte eine Glückssträhne und gewann unablässig, was ihm von Jurij Lasarow, der mit von der Partie war, die scherzhafte Bemerkung eintrug, wer so viel Glück im Spiel habe, könne unmöglich auch noch auf Glück in der Liebe rechnen.

„Nimm dich in acht, mein Freund", meinte Jurij gutmütig. „So wie es aussieht, steht dir ein handfester Streit mit meiner Schwester ins Haus."

Boris lachte. „Deine Schwester ist ein Engel. Sie kann, glaube ich, gar nicht streiten."

„Oh, da bin ich aber schon eines Besseren belehrt worden." Jurij mischte die Karten für eine neue Runde und begann sie auszuteilen. „Swetlana ist sehr temperamentvoll, und wenn ihr etwas gegen den Strich geht, kann sie Feuer spucken. Du wirst es noch erleben."

Während des kurzen Wortgeplänkels hatte sich die Tür geöffnet, und eine weitere Gruppe junger Offiziere war eingetreten, begleitet von Fürst Leonid Soklow. Er hatte die letzten Sätze mitgehört und kam prompt mit einem ironischen Lächeln näher.

„Geht es um Swetlana Pawlowna? Was für ein reizvolles Thema! Allerdings würde auch ich sie nicht unbedingt als einen Engel bezeichnen. Damit haben Sie zweifellos recht, mein lieber Jurij Pawlowitsch." Er nickte dem jungen Leutnant zu und grüßte lässig in die Runde. Dann bedachte er Boris mit einem schrägen Blick.

„Engel sind zwar vollkommene, aber gleichzeitig doch etwas fade Geschöpfe, finden Sie nicht, Barschewskij? Da ist mir ein irdisches Wesen wie Swetlana Pawlowna lieber. Sie hat Rasse und genau jenen Schuß Bedenkenlosigkeit, der sie so unwiderstehlich macht."

Boris legte seine Karten verdeckt auf den Tisch. „Offen gestanden gefällt mir die Art nicht, wie Sie von meiner Braut reden, Leonid Iwanowitsch."

Soklow lachte und angelte nach einem freien Stuhl, auf den er sich rittlings setzte, während seine Begleiter an einem entfernteren Tisch Platz nahmen und lärmend darüber diskutierten, ob man gemeinsam eine Bowle bestellen oder lieber etwas anderes trinken solle, jeder nach seinem Geschmack.

„Meine Worte waren als Kompliment gedacht, Boris

Petrowitsch. Ich finde es großartig, wenn Frauen die Erfüllung ihrer Bedürfnisse über ihre steifleinerne Erziehung stellen. Wenn Sie Swetlana Pawlowna tatsächlich heiraten sollten, werden Sie ein sehr temperamentvolles Kätzchen in Ihr Bett bekommen."

Jurij zog die Augenbrauen zusammen. „Verdammt, Soklow, sind Sie betrunken oder was? Was sollen diese Unverschämtheiten? Sie werden sich auf der Stelle für Ihr Gerede entschuldigen."

Der Fürst wippte auf seinem Stuhl hin und her. „Oh, ich hatte nur zwei Gläser Champagner im ‚Belle Fleurs' – mit einem winzigen Schuß Wodka darin. Und was mein Gerede betrifft – sind Sie wirklich so ahnungslos, wie Sie tun, oder wollen Sie nur vor Boris Petrowitsch den Schein aufrechterhalten?"

Boris sprang auf. Mit einem harten Griff faßte er den Fürsten an den Aufschlägen seines Seidenfracks und zog ihn hoch. „Was erlaubst du dir, du Hund? Wie kannst du es wagen, Swetlana Pawlowna durch deine schmutzigen Andeutungen zu beleidigen? Man sollte dir aufs Maul schlagen!"

„Nur zu", erwiderte Soklow kalt. „Tu's, du Narr, und du wirst sehen, wohin es führt. Ich bin ein verdammt guter Pistolenschütze, weißt du das?"

„Das ist mir egal!" schrie Boris, weiß vor Zorn. „Ich zähle bis drei. Wenn du dich dann nicht für deine infamen Behauptungen entschuldigst und sie zurücknimmst ..."

Soklow lachte. „Ich denke nicht daran! Ich weiß, was ich weiß. Deine Swetlana Pawlowna ist nicht das unschuldige reine Schwänchen, das du in ihr siehst. Sie hat Federn gelassen, und spätestens in eurer Hochzeitsnacht wirst du es erfahren ..."

Er verstummte, weil Boris ihn mit der flachen Hand rechts und links ins Gesicht schlug. Auf Soklows Wangen zeichneten sich Boris' Finger als rote Flecken ab.

„Das genügt, du Idiot!" Der Fürst wandte sich zu seinen Begleitern, die der Szene mit wachsender Bestürzung gefolgt waren. „Katjubin, Martaschenko, ihr seid meine Sekundanten. Bringen wir die Sache rasch hinter uns." Er vollführte eine knappe Verbeugung in Boris' Richtung. „Ich erwarte Sie bei Sonnenaufgang am Sommergarten, Rittmeister Barschewskij. Auf Pistolen, bis einer von uns am Boden liegt."

Damit verließ er den Salon, und die beiden Gardehusaren, die er um ihre Sekundanz gebeten hatte, folgten ihm eilig.

Jurij Lasarow stieß zischend den Atem aus. „Verdammt, Boris, du warst schneller als ich. Hättest du in nicht geohrfeigt, hätte ich es getan. Dieser Schweinekerl! Er war hinter Swetlana her wie der Teufel hinter der armen Seele. Und weil sie ihn abwies, bewirft er sie jetzt mit Dreck."

„Du kannst ihn später auch noch ohrfeigen, falls ich ihn nicht vorher erledigt habe." Boris lächelte verzerrt. „Wirst du mir sekundieren, Jurij? Und du ebenfalls, Anton Fjodorowitsch?"

Der Angeredete, ein junger Leutnant der Preobraschenskij, nickte und stand auf. „Mit dem größten Vergnügen. Kommt, laßt uns fahren. Wir müssen Doktor Tjumenskij aus dem Bett holen. Er ist der beste Wundarzt, den ich kenne. Aber ich hoffe, du brauchst ihn nicht, alter Freund."

5. Kapitel

Es war eine verhangene Nacht. Wolkenfetzen trieben über den Himmel und gaben ab und zu eine schmale Mondsichel frei, die schief und bleich am Firmament hing.

Am Vortag hatte es geregnet, die Luft roch nach Erde und nassem Gras, und der Boden war ein wenig glitschig.

Eine erste wolfsgraue Dämmerung zeigte sich im Osten, als Boris mit seinen Sekundanten und dem Arzt eintraf. Leonid Soklow war bereits da. In seiner Begleitung befand sich ein dürres, schwarz gekleidetes Männchen, das sich als Doktor Prelubow vorstellte. Jeder der vier Sekundanten hatte Fackeln mitgebracht.

„Gehen wir hinein", sagte Soklow und öffnete das schmiedeeiserne Tor. „Auf der Fontanka-Seite ist ein freier Platz. Dort kann die Chose stattfinden."

Er gab sich betont lässig, legte seinem Sekundanten Prinz Katjubin, einem gelbgesichtigen schwarzhaarigen Mann mit scharfer Hakennase, den Arm um die Schultern und lachte übertrieben laut über eine Bemerkung von ihm.

Die Glocken der Erlöserkirche verkündeten die sechste Morgenstunde, als die Sekundanten den Duellplatz, der zwischen der maisgelben Rückfront des Sommerpalastes und einem bezaubernd verspielten Pavillon gelegen war, mit ihren Schritten abmaßen.

Der weitläufige Park lag still da. Ab und zu schimmerte das Weiß einer Statue durch das noch frühlingsfrische Laub der Hecken und Bäume.

Boris Petrowitsch war wortkarg und bleich. Er war keiner, der Händel suchte, und hatte sich noch nie duelliert, im Gegensatz zu Soklow, dem man etliche Zweikämpfe nachsagte, bei denen er entweder unbedeutend oder gar nicht verletzt worden war. Allerdings hatte er auch noch keinen Duellgegner erschossen.

Trotzdem war Boris sich darüber klar, daß er sterben konnte. Soklow würde nicht in die Luft schießen oder ihm nur einen geringfügigen Kratzer beibringen. Er hatte ihn, Boris, bewußt provoziert, um sich mit ihm zu duellieren, und als er seine Forderung aussprach, hatte kalter, tödlicher Haß in den Augen des Fürsten gelegen.

Prinz Katjubin hatte die Duellpistolen mitgebracht. Er klappte die lederne, mit schweren Metallbeschlägen versehene Schatulle auf. Im allmählich heller werdenden Morgenlicht erkannte Boris zwei langläufige Pistolen, auf weinroten Samt gebettet.

Leichter Nebel stand über dem Wasser der Fontanka, da und dort erhoben sich die ersten zaghaften Vogelstimmen, übertönt vom Geschrei der Krähen, die stets abends die letzten und morgens die ersten waren. Als Boris in den Himmel blickte, sah er die Vögel in Schwärmen zum Newakai hinüberflattern.

Jurij Lasarow und Pjotr Martaschenko führten Soklow und Boris auf den freien Platz. Noch einmal zählten sie mit gewissenhaften Schritten die Distanz zwischen ihnen ab. Im Osten kündigte ein rotgoldener Streifen den nahen Sonnenaufgang an.

Jurij drückte dem Freund die Pistole in die Finger. Boris spürte das kalte Metall und schauderte unwillkürlich zusammen.

Wie es Vorschrift war, unternahmen Jurij Lasarow und Prinz Katjubin einen letzten Versöhnungsversuch, aber sowohl Soklow als auch Boris lehnten ihn ab.

Swetlana, dachte Boris, während er die Waffe entsicherte. Ich wünsche mir so sehr, mit dir zu leben. Gott im

Himmel, laß mich nicht sterben! Auf einmal empfand er alles um sich herum mit einer sonderbaren Intensität – die Vogelstimmen, das Rauschen des Wassers, den roten Himmel.

Die Sonne stieg höher, und dann schoben sich ihre ersten Strahlen über den Horizont wie glühende Speere und ließen die goldene Nadel auf dem Kirchturm der Peter-und-Paul-Festung aufblitzen.

„Sind Sie soweit?“ fragte Martaschenko, und Boris nickte stumm.

„Ja“, sagte Soklow laut und wog die Waffe in seiner Hand.

Katjubin begann zu zählen. „Eins ... zwei ... drei ...“

Fast gleichzeitig peitschten die beiden Schüsse auf. Boris hatte nur einen Sekundenbruchteil später abgedrückt. Er sah, daß Soklow unverletzt war. Auch er selbst war nicht getroffen worden.

Die beiden Duellanten senkten die Waffen. „Wiederholen wir's“, sagte Soklow. Seine Stimme klang so unbewegt, als gäbe er einem Diener Anweisung, sein Pferd in den Stall zu führen. „Wir schießen, bis einer von uns am Boden liegt.“

Die Waffen wurden neu geladen. Überlaut erschien Boris das Knacken der Abzugshähne. Noch immer schimmerte die goldene Nadel der Festung im Sonnenlicht. Er sah es, als er einmal flüchtig zur Seite blickte.

Wieder zählte Katjubin. Dieses Mal war Boris ein wenig schneller. Sein Schuß traf Soklow in den linken Oberarm. Sie hatten nur zehn Schritte Distanz, und Boris konnte sehen, wie der Fürst zischend den Atem einsog, während er abdrückte. Die Kugel riß Boris die Gurgel auf und zerschmetterte ihm den Unterkiefer.

Beinahe erstaunt registrierte er, daß er kaum einen Schmerz verspürte. Es war, als hätte ihn lediglich etwas Brennheißes gestreift. Er wollte tief und zitternd Atem holen, doch im selben Augenblick brach ein Blutstrom aus der Schußwunde. Boris fiel nach vorn in das nasse Gras. Luft, dachte er, Luft ... Seine Hände krallten sich ins Erdreich, er bäumte sich noch einmal hoch, während seine Füße unkontrolliert zuckten. Er hatte die Augen weit aufgerissen, und die Sonne erschien ihm wie ein glühender roter Feuerball, der näher und näher kam, riesig groß wurde und sich auf ihn senkte.

Dann zerplatzte das Feuer in einem unbeschreiblichen Funkenregen. Schwärze umfing Boris, erstickte ihn und löschte ihn aus.

Swetlana schrie, als ihr Bruder ihr und ihren Eltern die Nachricht von Boris' Tod überbrachte. „Nein!" schrie sie. Und immer wieder: „Nein! Nein! Nein!"

Sie verstummte erst, als Jurij sie in die Arme nahm und ihren Kopf gegen seine Brust drückte. Er spürte, daß sie am ganzen Körper zitterte, aber sie konnte nicht weinen. Dafür war ihr Entsetzen zu groß.

Boris war tot! Dieser liebe, strahlende Junge, der so gern gelebt hatte! Und er war den sinnlosesten Tod gestorben, den man sich denken konnte. „Warum?" fragte Swetlana nach einer ganzen Weile, in der Jurij sie fest an sich gepreßt hielt. „Warum hat er sich mit Soklow duelliert?"

Ihr Bruder zögerte. Konnte er ihr die Wahrheit sagen? Andererseits würde Swetlana sie früher oder später doch erfahren, denn der Streit im ‚Europa' hatte Zeugen gehabt. Die Angelegenheit würde also in allen Petersburger Salons die Runde machen.

„Es war deinetwegen", antwortete Jurij darum stokkend. „Soklow, Gott strafe ihn dafür, hat etwas sehr Übles von dir behauptet, woraufhin Boris ihn geohrfeigt hat. Danach war es ganz selbstverständlich, daß der Fürst ihn gefordert hat."

Sie wich zurück und starrte ihn voller Panik an. „Was hat Soklow gesagt?"

Wieder wollte er nicht mit der Sprache heraus, doch sein Vater verlangte nun ebenfalls die ganze Wahrheit zu wissen.

Graf Lasarow war tief schockiert über Boris' Tod, aber mindestens genauso über die Tatsache, daß seine Tochter der Anlaß für dieses unglückselige Duell war.

„Du erzählst uns jetzt auf der Stelle, was es im ‚Europa' gegeben hat, Jurij", befahl Pawel Konstantinowitsch und schob seine schluchzende Frau, die sich an seinen Arm gehängt hatte, mit einer brüsken Bewegung von sich.

Sein Sohn senkte den Kopf. „Ich mag es nicht aussprechen. Es ist so widerwärtig – und natürlich von Anfang bis Ende erlogen. Soklow hat ... nun ja, er hat angedeutet, daß Swetlana irgendeine Affäre hätte, von der Boris nichts wüßte. Spätestens in der Hochzeitsnacht würde er es merken." Er schluckte. „Wenn Boris ihn nicht geohrfeigt hätte, hätte ich es getan. Er ist mir nur zuvorgekommen. Aber ich werde diese Schweinerei trotzdem nicht auf meiner Schwester sitzenlassen. Dieses Mal werde ich den Fürsten fordern."

Wera Karlowna schrie auf. „Nein, Jurij, um aller Heiligen willen, tu das nicht! Willst du auch sterben?" Sie sank auf ein Sofa. „Dieser Skandal ... O Gott, ich überlebe das nicht!"

„Halten Sie den Mund!" fuhr ihr Mann sie an. „Ihr Gezeter ändert auch nichts mehr an den schrecklichen Ereignissen." Mit einer fahrigen Bewegung wischte er sich den Schweiß von der Stirn.

Soklow war wie er Mitglied des Reichsrates, und Graf Lasarow hatte insgeheim immer ein wenig bedauert, daß Swetlana nicht dem Fürsten, sondern Boris Barschewskij den Vorzug gegeben hatte.

Pawel Konstantinowitsch zog seinen seidenen Morgenmantel glatt, denn die Hiobsnachricht hatte ihn und seine Frau aus dem Bett geholt. „Ich werde zu Leonid Iwanowitsch fahren und ihn um rückhaltlose Aufklärung bitten. Ich verstehe beim besten Willen nicht, wie er solche Dinge von meiner Tochter behaupten kann."

„Weil er ein dreckiger Lügner ist!" fuhr Jurij auf. „Und so wahr ich Swetlanas Bruder und Boris' Freund bin, werde ich ihn dafür zur Rechenschaft ziehen. Sie, Vater, werden mich nicht daran hindern!"

Er wollte zur Tür stürzen, doch Swetlanas Aufschrei hielt ihn an der Schwelle zurück. „Bleib, Jurij! Ist es nicht genug, daß Boris erschossen worden ist?" Sie lief auf ihn zu und umklammerte ihn. Sie war kreideweiß, und in ihren Augen stand eine herzzerreißende Angst. „Bitte, Jurij, hör auf mich! Ich will nicht, daß du dich mit ihm schießt. Er ist es nicht wert, und ich ... bin es auch nicht. Niemand ist es wert, daß jemand sein Leben aufs Spiel setzt, nur um eine Beleidigung zu ahnden. Ohnehin wird sie dadurch nicht rückgängig gemacht."

Graf Lasarow hatte nach dem Diener geläutet. Als er eintrat, befahl er ihm, den Wagen vorfahren zu lassen. Dann wandte er sich Jurij zu.

„Du bleibst hier, bis ich von Leonid Iwanowitsch zurück bin. Kümmere dich um deine Schwester. Du siehst doch, daß sie völlig außer sich ist. Aber sie hat recht: Niemandem ist damit gedient, daß du dich auch noch duellierst. Ich denke, ich kann erreichen, daß der Fürst seine Behauptungen mit dem Ausdruck größten Bedauerns zurücknimmt. Damit ist der Sache Genüge getan."

Jurij biß die Zähne zusammen. „Nur zu, fahren Sie! Es kommt auf eines heraus, ob ich Soklow heute vormittag oder erst am Abend meine Sekundanten schicke. Aber ich werde ihn fordern, und ich werde besser zielen als Boris."

Graf Lasarow kehrte eine gute Stunde später nach Hause zurück. Schon in der Halle schrie er nach Swetlana, und seine Frau kam aus dem Salon gestürzt.

„Sie hat sich ein wenig niedergelegt. Ich bitte Sie, Pawel Konstantinowitsch, lassen Sie das arme Kind in Frieden. Es grämt sich so sehr."

Wieder schob er sie wie eine lästige Katze beiseite und stürmte die Treppe hinauf. Swetlana lag auf dem Bett, als er die Tür ihres Zimmers aufriß. Xenia war bei ihr.

Gleich nachdem ihr Vater das Haus verlassen hatte, hatte Swetlana einen Brief an den Großfürsten geschrieben, ihm die Ereignisse berichtet und hinzufügt:

> *Ich bitte Dich, hilf mir. Du bist der einzige, der es kann. Soklow muß uns beobachtet haben. Auf jeden Fall hat er die Wahrheit gesagt und wird sie vor meinem Vater wiederholen. Ich weiß nicht, was werden soll, und noch weniger, wie ich mit der Erkenntnis jemals fertig werden kann, an Boris Petrowitschs Tod schuld zu sein.*

Xenia hatte den Brief einem Droschkenkutscher mitgegeben, der ihn sogleich dem Großfürsten Georg Alexandrowitsch bringen sollte.

„Aber du darfst ihn Seiner Kaiserlichen Hoheit nur persönlich aushändigen, Onkelchen", hatte sie dem bärtigen Mann eingeschärft und ihm einen Goldrubel in die Hand gedrückt. „Sag den Palastwachen, du hättest eine wichtige Nachricht vom ... vom Marquis de Montebello, dem französischen Botschafter, die ganz allein für den Großfürsten bestimmt ist."

Seitdem hofften sie und Swetlana, daß Georg den Brief erhalten hatte und etwas unternahm. Was, das wußten die beiden Mädchen in ihrer Angst freilich auch nicht.

Graf Lasarow starrte auf seine älteste Tochter hinunter, die sich bei seinem Eintritt halb aufgerichtet hatte. Er rang nach Atem. „Den Namen ...", stieß er hervor. „Ich will den Namen wissen! Wer ist der Kerl, dessen Hure du geworden bist? Fürst Soklow wollte ihn nicht preisgeben, auch wenn er mir sein Ehrenwort verpfändet hat, daß jede seiner Behauptungen wahr ist. Aber du wirst mir den Namen nennen, und wenn ich ihn aus dir herausprügeln muß. Los, mach dein verdammtes Maul auf!"

Swetlana schwieg. Sie legte nur schützend die Hände über den Kopf, als ihr Vater mit erhobenen Fäusten auf sie losging und auf sie einzuschlagen begann.

Wera Karlowna, gefolgt von Jurij, tauchte in der Tür auf. „Um Gottes willen, Pawel Konstantinowitsch, was tun Sie! Wollen Sie sie umbringen?"

„Ja!" keuchte er. „Sie hat es verdient, das dreckige Miststück. O Gott, ich kann keinem Menschen in St. Petersburg mehr in die Augen sehen."

Dabei traktierte er Swetlana weiterhin mit Schlägen, wohin er traf. „Wer ist es, mit dem du im Bett gelegen hast? Los, sag's, oder ich drehe dir den Hals um!"

Sie wehrte sich nicht, denn sie wünschte sich in diesem Augenblick tatsächlich nichts sehnlicher, als zu sterben. Ihr Vater riß ihr die Hände vom Gesicht. „Den Namen!" brüllte er wieder. „Spuck ihn endlich aus, du Dreckstück!"

„Es ist der Großfürst Georg Alexandrowitsch", sagte Xenia in diesem Augenblick, und ihr Vater ließ von Swetlana ab und fuhr zu ihr herum.

„Woher willst du das wissen?"

„Weil sie es mir gesagt hat. Also hören Sie auf, sie zu prügeln, Papa. Es könnte sein, daß Seine Kaiserliche Hoheit Ihnen das sehr übel ankreidet. Immerhin ist er der Bruder des Zaren und vielleicht eines Tages auch noch sein Nachfolger auf dem Thron. Wollen Sie in Ungnade fallen?"

Graf Lasarow starrte erst Xenia, dann Swetlana an, bevor er zu einem Sessel am Fenster wankte und sich schwer hineinfallen ließ. „Ist das wahr?" fragte er tonlos, und Swetlana begann zu weinen.

„Ja."

„Dann bist du schuld an Boris' Tod", sagte Jurij dumpf. „Dann ist er ganz umsonst gestorben. O mein Gott ..." Seine Stimme erstickte, und er drehte sich auf dem Absatz um und warf die Tür hinter sich ins Schloß.

Dem Kutscher war es tatsächlich gelungen, bis zu Georg vorzudringen und ihm Swetlanas Brief auszuhändigen. Aber der Großfürst wußte zu diesem Zeitpunkt bereits, was geschehen war. Einer seiner Adjutanten hatte im Hotel ‚Europa' diniert und von einem Streit zwischen Boris Barschewskij und Leonid Soklow erfahren. Auch der Ausgang des Duells hatte sich rasch herumgesprochen.

Georg war tief betroffen über Boris' Tod. Gleichzeitig war ihm allerdings klar, daß zunächst die Lebenden – in diesem Fall Swetlana – vor den Folgen eines Skandals geschützt werden mußten.

Georg hatte die Flucht nach vorn angetreten und sogleich seinen Bruder aufgesucht, der sich wegen der bevorstehenden Festlichkeiten zu seinem Geburtstag am 6. Mai in St. Petersburg aufhielt.

Rückhaltlos hatte Georg sich nun dem Zaren anvertraut. Nikolaus II. war, seiner Art entsprechend, anfangs ziemlich schockiert gewesen, und seine Hauptsorge hatte sich darum gedreht, wie er diese delikate Angelegenheit ‚seiner lieben Alix' beibringen sollte. „Das ist mir egal!" hatte Georg ziemlich grob erwidert. „Ich liebe Swetlana Pawlowna, und ich werde nicht zulassen, daß ihr auch nur ein Haar gekrümmt wird. Ich wünsche nichts sehnlicher, als mich vor aller Welt zu ihr bekennen zu dürfen, und ich werde es tun, sobald Alix den Thronfolger geboren hat."

Das Argument Liebe hatte den Zaren weicher gestimmt. Im Grunde seines Herzens war er romantisch veranlagt, und da er seine Frau ebenfalls zärtlich liebte, verstand er seinen jüngeren Bruder und wünschte sehr, ihm helfen zu können.

Nikolaus setzte sich in den Sessel hinter seinem von Schriftstücken und Familienbildern übersäten Schreibtisch. Nachdenklich strich er sich über seinen sorgfältig gestutzten Backenbart, während er eine Miniatur seiner Frau betrachtete, die in einem brillantenbesetzten Rahmen neben einer kostbaren chinesischen Vase stand.

„Gutheißen kann ich die Affäre mit der Lasarowa natürlich nicht", sagte er und richtete seinen Blick wieder auf Georg. „Schließlich ist sie ... war sie verlobt. Was hast du dir bloß dabei gedacht, dich zwischen sie und Rittmeister Barschewskij zu drängen?"

„Ich habe nicht gedacht", erwiderte Georg mit einem halben Lächeln. „Ich liebe ..." Er stockte und preßte ein Tuch gegen seinen Mund, weil er husten mußte.

Sofort war Nikolaus voller Sorge. „Was ist? Hast du etwa wieder mit ... mit dieser alten Geschichte zu kämpfen?"

Georg antwortete nicht sofort. Er wartete, bis der Husten abklang, und steckte das Taschentuch hastig in die Tasche seines Uniformrocks. „Ich hab' mich nur verschluckt", erwiderte er leichthin. „Sieh mich nicht so an, Nicky, ich bin ganz in Ordnung. Kein Fieber, keine nächtlichen Schweißausbrüche – nichts. Alles, was mir Sorge macht, ist Swetlanas Schicksal."

„Du bist also entschlossen, mit ihr zusammenzubleiben?"

Der Großfürst nickte. Ein warmes Leuchten stand in seinen blauen Augen, die denen seines Bruders so ähnlich waren. „Ja, solange es das Schicksal uns erlaubt."

Der Zar seufzte. „Dann werde ich mir überlegen müssen, wie man einen Skandal verhindert. Es wird nicht leicht sein, denn immerhin hat ein Duell stattgefunden, bei dem Rittmeister Barschewskij getötet wurde. Eine Tragödie, wenn man es richtig bedenkt! Diese Duelle sind ein Wahnsinn, den ich nur allzugern ausrotten würde. Aber offenbar ist das unmöglich."

Er klingelte nach einer Ordonnanz, und gleich darauf trat ein junger Ulanenleutnant ein. „Lassen Sie zu Graf Lasarow schicken. Er möchte mich unverzüglich aufsuchen, ebenso Fürst Soklow. Das heißt, den Fürsten möchte ich zuerst sprechen. Graf Lasarow mag eine halbe Stunde später kommen."

Der Leutnant salutierte. „Zu Befehl, Kaiserliche Majestät."

„Ich danke dir", sagte Georg herzlich, nachdem er mit seinem Bruder wieder allein war, und drückte ihm die Hand. „Manchmal ist es doch sehr nützlich, der Zarenbruder zu sein."

Nikolaus erwiderte sein Lächeln nicht. „Ein kleiner Ausgleich für die Schwierigkeiten, die du gar nicht erst hättest, wenn du ein einfacher Iwan Iwanowitsch wärst! Aber was sollen wir tun? Gott legt uns die Lasten auf, und wir müssen sie tragen."

Der Großfürst erfuhr nicht im einzelnen, auf welche Weise es dem Zaren gelungen war, die wirklichen Hintergründe des Duells nicht an die Öffentlichkeit dringen zu lassen.

Auf jeden Fall erreichte er, daß Swetlanas Name nicht in Zusammenhang damit gebracht wurde. Fürst Soklow und Boris Barschewskij hatten sich duelliert – warum, wußte man nicht, denn die Beteiligten sowie alle Augen- und Ohrenzeugen des vorangegangenen Streites berichteten lediglich, es sei eine Auseinandersetzung zwischen zwei Betrunkenen gewesen, in deren Verlauf Boris Petrowitsch den Fürsten geohrfeigt habe, so daß diesem gar nichts anderes übriggeblieben sei, als ihn zu fordern.

Das allgemeine Mitleid galt Boris' Vater und Swetlana, die kurz vor der Hochzeit ihren Bräutigam auf so tragische Weise verloren hatte. Natürlich sah man sie nicht mehr in der Öffentlichkeit, und ihr Vater erzählte, sie sei für einige Zeit mit ihrer Mutter und ihren Schwestern nach Kowistowo, dem Landgut der Familie, zurückgekehrt.

Graf Pawel Lasarow hatte darauf bestanden, daß Swetliana vorerst nicht mehr mit dem Großfürsten zusammentraf, dies übrigens im Einverständnis mit dem Zaren, um zu verhindern, daß die Affäre bekannt wurde. Außerdem hoffte Nikolaus, eine längere Trennung werde die Gefühle der beiden füreinander abkühlen, so daß man Georg eines Tages vielleicht doch noch seinem Rang entsprechend verheiraten konnte.

Auch die Zarin hatte diese Trennung verlangt. Zwar war sie ihrem Schwager herzlich zugetan, und da sie auch Swetlana ganz reizend fand, begriff sie, daß er sich Hals über Kopf in die hübscheste Debütantin des letzten Winters verliebt hatte.

Andererseits widerstrebte es ihrem sittenstrengen Wesen, ein Verhältnis zu goutieren, das in ihren Augen ‚sündig' war, und sie hätte es lieber heute als morgen beendet gesehen.

Es waren triste Wochen, die Swetlana in Kowistowo verbrachte. Ihre jüngste Schwester Irina sehnte sich nach den Petersburger Vergnügungen und ihren Freundinnen zurück, Xenia versuchte zwar, ihrer ältesten Schwester beizustehen, so gut sie es vermochte, doch auch sie fand es höchst ärgerlich, daß sie gezwungen war, ihre Schulausbildung in der Hauptstadt zu unterbrechen und wieder von Miss Sheldon und ihrem früheren Hauslehrer Maurice Selbmann unterrichtet zu werden.

Swetlana durchlebte die Zeit nach Boris' Tod in einer Art dumpfer Betäubung. Sie fühlte sich schuldig, und da sie ihn aufrichtig gern gehabt hatte, kam sie nur schwer darüber hinweg.

„Hätte ich nur rechtzeitig mit ihm gesprochen und

ihm die Wahrheit gesagt", klagte sie sich immer wieder an. „Dann hätte dieses Duell nie stattgefunden."

Xenia, die Praktische, Nüchterne, widersprach. „Unsinn! Soklow hatte es darauf angelegt, sich mit ihm zu schießen. So oder so hätte er Boris herausgefordert. Mach dir keine Vorwürfe, Männer sind in solchen Dingen absolut unbegreiflich. Sie ziehen mit Gesang und strahlenden Augen in den Krieg, und sie duellieren sich mit der gleichen Begeisterung, als wäre es ein heldenhaftes Vergnügen, totgeschossen zu werden. Ich werde so etwas nie verstehen."

Aber ihre Worte richteten nichts bei Swetlana aus. „Boris würde noch leben, wenn es mich nicht gäbe – oder wenn ich ihm treu geblieben wäre", beharrte sie. „Er wird mir nie vergeben!"

Und sie vergab es sich auch nicht. Es war ihre selbstauferlegte Buße, immer wieder daran zu denken und sich ihre Schuld vor Augen zu führen. Ihre Mutter machte es um nichts leichter, weil sie wie der personifizierte Vorwurf herumlief und täglich von dem ‚armen, lieben Boris' sprach, der ein so guter Mensch gewesen sei und dieses grausame Schicksal nicht verdient hatte.

Und dann kam eines Tages Georg nach Kiew. Er reiste inkognito und war unter dem Namen ‚Graf Blomquist' im Grand Hotel abgestiegen, wie er Swetlana in einem hastig hingekritzelten Billett mitteilte.

Ich habe es nicht mehr ausgehalten, ich muß Dich sehen, mein Herz. Bitte, komm zu mir. Wenn man Dich nicht fortläßt, werde ich morgen bei Dir in Kowistowo sein!

Wera Karlowna hatte den Boten abgefangen und ließ Swetlana rufen. „Der Großfürst ist in Kiew. Er will dich sprechen", sagte sie nervös.

Dies war eine Situation, die sie überforderte. Sie wußte nicht, wie sie sich verhalten sollte, und ihr Gatte, den sie hätte um Rat fragen können, war in St. Petersburg.

Sie reichte Swetlana den Brief mit spitzen Fingern, als sei es schon verdammenswert, ihn zu berühren. Aus bereits wieder tränenfeuchten Augen sah sie Swetlana an, während diese die wenigen Zeilen las.

Ihre Tochter – die Mätresse des Zarewitsch! Was für eine entsetzliche Situation! Jeden anderen Mann könnte sie kraft ihrer mütterlichen Autorität zurückweisen, ihm das Verderbliche seines Tuns vor Augen halten, aber doch nicht dem Thronfolger und Zarenbruder!

Der Zar ist allmächtig, Gott allein zur Rechenschaft verpflichtet, und wir sind Untertanen seines Willens. Er kann uns erheben, wenn es ihm gefällt, oder mit seinem Fuß zermalmen. Dies war Wera Karlownas zweites Glaubensbekenntnis, in dem sie erzogen worden war, und ihr Mann dachte nicht anders. Was also sollte sie nun tun?

Swetlana enthob sie zunächst einer Entscheidung, denn sie erklärte: „Ich kann ihn nicht sehen. Ich darf es nicht." Dann begann sie zu weinen.

„Aber er wird herkommen", hielt Wera Karlowna ihr vor. „Und was soll ich ihm sagen, wenn du dich weigerst, mit ihm zu sprechen?"

„Die Wahrheit", erwiderte Swetlana. „Ich habe Boris Petrowitsch großes Unrecht zugefügt, und ich kann nur versuchen, es wiedergutzumachen, indem ich Georg nicht mehr treffe."

Sie war tatsächlich fest dazu entschlossen. Doch am nächsten Morgen kam Georg wie angekündigt nach Kowistowo, und Swetlana sah ihn vom Fenster ihres Zimmers aus, wie er von dem leichten Landauer stieg, den er selbst lenkte.

Er trug Zivil, einen hellen karierten Anzug und einen weichen Filzhut mit gebogener Krempe, unter dem sein blondes Haar in der Frühsommersonne leuchtete, und Swetlanas Herz flog ihm entgegen.

Die Liebe zu ihm, die sie so gern in sich niedergekämpft hätte, erfüllte sie mit Trauer und Glück und einer jähen, zitternden Erwartung.

So wie sie war, in ihrem mauvefarbenen Morgenkleid aus mit dunkelvioletten Streublümchen bestickte Musselin, lief sie die Treppe hinunter in die Halle, wo gerade ihre Mutter erschien und in einer tiefen Verneigung vor Gregor versank.

„Kaiserliche Hoheit", stammelte Wera Karlowna, „welch eine Ehre, daß Sie unser bescheidenes Heim ..."

Georg reichte ihr die Hand und zog sie hoch. „Nicht doch, Teuerste. Lediglich Graf Blomquist stattet Ihnen einen Besuch ab. Da ich in Kiew war, wollte ich keinesfalls versäumen ..." Er verstummte, weil Swetlana auftauchte, und umfing ihre Gestalt mit einem Blick voll unbeschreiblicher Zärtlichkeit.

Ein, zwei Sekunden standen sie, durch die Breite der Halle getrennt, voreinander und sahen sich an. Dann machte Georg einen Schritt auf Swetlana zu, und sie flog, wie von unsichtbaren Fäden gezogen, an seine Brust.

„Nicht weinen", bat er leise, als er sah, daß ihr die hellen Tränen über die Wangen liefen. „Bitte, mein Liebes ..."

Sie sah zu ihm hoch. „Es ist nur, weil ich mich so freue und weil ... Ach, Georg, daß du gekommen bist! Und ich war so dumm, mir einzubilden, ich dürfte dich nicht sehen."

Er wischte ihr die Tränen ab. „Ich weiß – und ich verstehe. Ich wünschte, ich könnte diese Tragödie ungeschehen machen. Aber wir beide, Swetlana, wir leben, und es nützt niemandem, wenn wir auf das bißchen Glück verzichten wollen, das uns das Schicksal schenken kann."

Wera Karlowna räusperte sich. „Darf ich Eurer Kaiserlichen ... Verzeihung, darf ich Ihnen eine Erfrischung servieren lassen, Graf Blomquist?"

Er schüttelte den Kopf und legte Swetlana den Arm um die Schultern. „Nein, vielen Dank. Ich bitte nur um die Erlaubnis, mit Swetlana Pawlowna eine Spazierfahrt unternehmen zu dürfen. Wenn es Ihnen recht ist, bringe ich sie am Nachmittag wieder zurück."

„Aber ...", setzte die Lasarowa an, und er schüttelte mit seinem charmantesten Lächeln den Kopf.

„Sie werden doch nicht daran zweifeln, daß Ihre Tochter bei mir in vollkommener Sicherheit ist?"

„Nein ... ja ... das heißt ..." Wera war tödlich verlegen und wußte nicht, wie sie sich verhalten sollte. Bestand sie darauf, daß die beiden nicht allein miteinander blieben, sondern in ihrer oder Miss Sheldons Begleitung ausfuhren, zog sie sich den Unwillen des Großfürsten zu. Andererseits war es höchst unschicklich, Swetlana mit ihm allein zu lassen.

Georg nahm ihr die Entscheidung ab, indem er auf sie zutrat und ihr die Hand küßte. „Ich danke Ihnen, meine teuerste Gräfin. Bis zum Nachmittag also."

Damit nahm er Swetlanas Arm und zog sie nach draußen zu seinem Wagen.

Als er sie auf den Kutschbock hob, brach sie in Lachen aus. Es war das erste Mal seit Boris' Tod, daß sie wieder so von Herzen lachen konnte. „O Georg, mein Liebster!" rief sie. „Du schaffst es sogar, meine Mutter um den Finger zu wickeln. Ihr Gesicht war zum Malen schön!"

Er schwang sich neben sie auf den Sitz und ergriff die Pferdezügel. „Oh, ich hatte mindestens ebensoviel Angst vor ihr wie sie vor mir. Ich weiß nicht, was ich getan hätte, wenn sie mir nicht erlaubt hätte, dich allein zu sehen. Ich dachte, ich müßte sie einfach überrumpeln."

Sie lehnte den Kopf gegen seine Schulter, während er das Pferd die Birkenallee zur Straße hinunter lenkte. „Bist du wirklich nur meinetwegen hergekommen?"

Er nickte, mit einemmal völlig ernst. „Ich habe es nicht mehr ausgehalten ohne dich. Der Zar weiß, daß ich hier bin. Übermorgen muß ich wieder nach Petersburg zurück. Wir haben also nur zwei Tage, Swetlana. Wirst du sie mir schenken?“

Sie liebte ihn so sehr, daß es fast körperlich weh tat. „Ja“, sagte sie und schloß für einen Moment die Augen, als könnte sie auf diese Weise alles aussperren, was zwischen ihnen stand.

‚Das bißchen Glück, das uns das Schicksal schenken kann‘, hatte Georg gesagt, aber Swetlana kam es in diesen beiden Tagen so vor, daß es mehr, viel mehr war. Es war ein Rausch, von dem sie davongetragen wurde, ein Geben und Nehmen, ein Einssein in allem, das ihre ganze Seele ausfüllte.

Sie fuhren zum Essen in ein Restaurant am Dnjepr, ein paar Werst vor Kiew gelegen, wo sie unter schattigen Bäumen im Freien saßen und auf den Fluß blickten, der sich träge durch die flache Uferlandschaft wälzte.

Swetlana wußte kaum, was sie aß und trank. Sie mußte immer nur Georg ansehen, und ihm erging es nicht anders.

„Ich bin so froh, daß du da bist“, sagte er, und sie griff nach seiner Hand.

„Ich auch. Manchmal habe ich gedacht, ich hätte dich verloren. Es ist so vieles geschehen.“

„Nichts davon ist so entscheidend, daß es uns auseinanderbringen könnte.“

„Glaubst du das wirklich?“ fragte sie, und er umfaßte ihr schmal gewordenes Gesicht.

„Ich weiß es. Hab keine Angst. Es wird alles gut.“

Später gingen sie Hand in Hand zum Flußufer hinunter, zwischen Binsen und hohem Schilfgras. Es war ein warmer, heller Frühsommertag. Oberhalb des Uferwegs wuchsen wilde Kirschbäume und Birken. Ein paar Schwalben schossen schrill kreischend über das Wasser. In das Gras mischten sich blaue Glockenblumen und

Margeriten. Die Luft roch nach sonnenwarmer Erde, und Georg streifte sein Sakko ab und breitete es über ein paar dicke Grasbüschel. Dann zog er Swetlana neben sich.

Sie kam in seine Arme, als sei dies der einzige Platz auf der Welt, wo sie hingehöre. Sie küßten sich lange, waren einander vertraut wie eh und je und entdeckten sich doch gleichzeitig wieder neu.

Swetlana stöhnte leise, als Georg ihr Mieder öffnete. „Ja", flüsterte sie, „ja, ja, ja!"

Sie bog sich ihm entgegen, um rascher nackt vor ihm zu liegen, und öffnete dann mit bebenden Fingern sein Hemd. Als sie seine warme Haut spürte, drängte sie sich enger an ihn. Sie sah zu ihm hoch, und seine Augen waren blauer als der Himmel, als sie begann, sich unruhig unter ihm zu bewegen.

Nie, dachte sie, nie mehr kann ich ohne ihn sein. Sie umklammerte ihn und schrie auf, als er ganz zu ihr kam. Ihr Haar, das sie am Morgen aufgesteckt hatte, hatte sich gelöst und lag wie ein heller Fächer um ihren Kopf.

Georg mußte sie immerzu ansehen. Sie war so schön, und er liebte sie so sehr. Er liebte die Wildheit in ihrem Gesicht, die Art, wie sie sich selbst aufgab, um mit ihm zu verschmelzen, die Lust in ihren Augen.

Sie kam rasch zum Höhepunkt, aber sie hielt Georg noch weiter umschlungen und flehte: „Hör nicht auf. Ich bitte dich, hör nicht auf!" und preßte ihren Mund auf seine Schulter.

Dieses Mal wollte er sich Zeit lassen, sie langsam und zärtlich lieben, sie fast bis zum Gipfel führen und dann eine lange köstliche Weile auf dem schmalen Grat zwischen Verlangen und Erlösung verharren lassen, aber er konnte es nicht. Zu sehr hatte auch er sie entbehrt.

Er flüsterte ihren Namen, spürte ihren Atem, ihre Lippen und Zähne, die sich in seine Haut gruben, und warf sich mit ihr herum. Halb aufgerichtet lag sie nun über ihm. Er sah ihre nackten Brüste, den immer noch mädchenhaft schmalen Körper, der sich im Rhythmus der Liebe hob und senkte, und es war, als schlüge eine Feuerwoge über ihm zusammen, die ihn und Swetlana mit sich riß, immer höher hinauf – bis in das Gleißen der Sonne.

„Wie sehe ich aus?“ fragte Swetlana später, nachdem sie sich wieder angezogen und das Haar notdürftig gerichtet hatte.

Georg lag noch im Gras und blickte zu ihr hoch. „Wie eine Frau, die gerade geliebt worden ist“, sagte er lächelnd. „Wunderschön.“

Sie wurde ein wenig rot. „Du meinst, man sieht es mir an?“

„Hmmm ...“ Er nickte und wollte sie wieder zu sich hinunterziehen, doch sie wehrte sich und sprang auf.

„Nicht, Liebster. Ich muß heim.“ Sie nahm die Nadeln noch einmal aus dem Haar, schüttelte es aus und steckte es neu auf. „Ist es jetzt besser?“

Er richtete sich auf und umfaßte ihre Beine. „Wie können Sie nur so prosaisch sein, Swetlana Pawlowna“, sagte er lachend. „Ich knie vor Ihnen, hingerissen von Ihrem Liebreiz, und Sie fragen, ob Ihre Frisur in Ordnung ist.“

„Ach, mein Liebster!“ Sie beugte sich noch einmal hinunter und gab ihm einen raschen Kuß. „Ich will doch nur nicht in Verlegenheit geraten, wenn ich heimkomme. Mama und Xenia – und ich fürchte, auch schon Irina – haben scharfe Augen.“

„Und was ist dabei?“ fragte er neckend. Statt einer Antwort versuchte sie, ihn hochzuziehen, aber er hielt ihre Hände fest, und im nächsten Augenblick lag sie wieder im Gras und in seinen Armen.

„Ein paar Minuten noch“, bat er und rieb seine Lippen an ihrer Wange. „Ich verspreche dir auch, deine Frisur nicht zu ruinieren.“

Eine halbe Stunde später waren sie auf dem Rückweg nach Kowistowo. Bevor das Gut in Sicht kam, zügelte Georg das Pferd und hielt im Schatten eines Faulbaums.

„Morgen vormittag komme ich dich wieder abholen. Was glaubst du? Kannst du es einrichten, daß wir bis zum Abend zusammenbleiben? Übermorgen früh muß ich ja schon wieder nach Petersburg zurück."

Sie nickte. „Ich werde es meiner Mutter sagen. Sie wird zwar entsetzlich lamentieren, aber das ist mir egal."

Er lehnte seine Stirn gegen ihr Haar. „Weißt du, was ich mir am meisten wünsche? Einmal eine ganze Nacht mit dir zu verbringen. Du sollst in meinen Armen einschlafen, ich will deinen Atem hören und morgens neben dir erwachen."

Sie zögerte ein paar Sekunden. Dann sagte sie entschlossen: „Hol mich heute abend ab. Ich bleibe bei dir, bis du wieder abreist."

Seine Augen leuchteten auf. „Denkst du, daß das möglich ist?"

Swetlana nickte. „Ich lasse es mir nicht verbieten. Ich liebe dich, und es ist nicht unsere Schuld, daß wir nicht heiraten können. Dann wäre alles anders."

„Vielleicht können wir es eines Tages. Für dich würde ich auf alle Thronansprüche verzichten." Er zog sie an sich. „Sobald ich wieder in Zarskoje Selo bin, werde ich meinen Bruder bitten, er möge dich nach Petersburg zurückholen. Dein Vater wird nicht anders können, als seine Zustimmung zu geben, wenn der Zar das wünscht. Wir werden uns nie mehr trennen."

„Ja", flüsterte sie an seinem Hals. „Nie mehr."

Zum erstenmal seit Boris' Tod empfand sie wieder ein wenig Zuversicht.

Sie bat Georg, sie an der Auffahrt zum Gut abzusetzen. „Komm so gegen acht Uhr wieder. Ich werde hier auf dich warten."

„Soll ich nicht lieber mit deiner Mutter sprechen?" bot er an, doch sie schüttelte den Kopf.

„Das ist nicht nötig. Ich regle das allein."

Als sie das Herrenhaus erreichte, hörte sie die Stimmen ihrer Mutter und ihrer Schwestern von der Terrasse hinter dem Haus. Swetlana überlegte, ob sie sie zuerst begrüßen sollte, verwarf dann den Gedanken wieder und lief die Treppe hinauf in ihr Zimmer. Eilig begann sie, ein paar Sachen in eine große bestickte Tasche zu packen.

Wenig später erschien Wera Karlowna in der Tür. „Miss Sheldon sagte mir, daß du zurück bist. Sie hat dich gehört. Aber warum ist der Großfürst nicht hier? Ich dachte, er nähme den Tee mit uns."

Swetlana warf ihre Haarbürste und andere Toilettenutensilien in die Tasche. „Er hatte noch etwas in Kiew zu erledigen. Aber er holt mich heute abend ab. Ich werde bis übermorgen früh bei ihm bleiben."

Wera Karlowna starrte sie entgeistert an. „Du ... du willst ... Aber das geht doch nicht! Wie soll ich deinem Vater jemals wieder unter die Augen treten, wenn ich das gestatte?"

„Sie werden es müssen, Mama", sagte Swetlana. Dabei war sie keineswegs so mutig, wie sie sich gab. „Seine Kaiserliche Hoheit hat es befohlen."

Wera Karlowna brach wieder einmal in Tränen aus. „Oh, diese Schande! Du wirst nie mehr einen anständigen Mann bekommen. Alle werden mit Fingern auf uns zeigen. Denkst du denn gar nicht an deine armen Schwestern? Auch sie werden geächtet werden, und kein Mann aus gutem Hause wird mehr etwas mit ihnen zu tun haben wollen."

Swetlana schloß ihre Tasche. „Sie irren, Mama! In der Provinz mögen solche Befürchtungen vielleicht zutreffen, aber nicht in St. Petersburg oder Moskau. Dort würde man uns hofieren, weil man sich Vorteile von meiner

Beziehung zur Zarenfamilie verspricht. Aber ich habe nicht die Absicht, diese Tatsache auf den Märkten ausrufen zu lassen. Das ist etwas, das nur den Großfürsten und mich angeht."

„Man wird es auf die Dauer nicht geheimhalten können ..."

„Dann wird Seine Kaiserliche Hoheit Mittel und Wege finden, um die Schwätzer stumm zu machen", erwiderte Swetlana. Sie kam zu ihrer Mutter. „Zerbrechen Sie sich nicht den Kopf, Mama, und sorgen Sie sich nicht. Es wird alles gut werden."

„Aber wie denn?" fragte die Lasarowa verzagt, und Swetlana wich ihrem Blick aus.

Ja, wie? Sie wußte es selbst nicht. Sie wußte nur, daß sie Georg liebte und alles tun würde, was er von ihr erbat.

„Gott wird uns helfen", sagte sie leise.

6. Kapitel

Vier Wochen später war sie wieder in St. Petersburg. Es war heißer, hoher Sommer, und aus den Newasümpfen kamen feuchte Nebel und unzählige Mücken. Fast der ganze Hof und alle Adelsfamilien, die nicht durch Ämter oder Geschäfte in der Hauptstadt zurückgehalten wurden, waren in ihre Sommerpaläste ans Meer oder auf ihre Landgüter geflüchtet.

Das Zarenpaar hatte Zarskoje Selo verlassen und war nach Peterhof übersiedelt. Am 26. Juni hatte die Zarin wieder einer Tochter das Leben geschenkt, die auf den Namen Maria getauft wurde.

Alexandra war völlig verzweifelt gewesen, und dieses Mal hatte selbst Nikolaus sie nicht trösten können. Tage lang hatte sie sich in ihren Gemächern eingeschlossen, hatte geweint und gebetet, und auch im Monat darauf lehnte sie es strikt ab, irgendwelche Festlichkeiten zu besuchen oder an den harmlosen Vergnügungen des Sommers, Fahrten mit der kaiserlichen Yacht Standart auf dem Finnischen Meerbusen, Picknicks in den ausgedehnten Birkenwäldern, Ausritten oder ähnlichem, teilzunehmen.

„Sie tut mir unendlich leid", sagte Swetlana zu Georg, der in regelmäßigen Abständen nach Peterhof fuhr und ihr von der starren, kummervollen Haltung der Zarin berichtete.

Er nickte düster. „Aber es nützt niemandem, wenn sie sich so von allem ausschließt und in sich selbst vergräbt. Sie unterhöhlt damit nur ihre ohnehin schwache Gesundheit. Es gibt Tage, an denen sie vor Schmerzen in den Beinen kaum laufen kann. Dann fährt Nicky sie in einem Rollstuhl im Park spazieren."

Sie waren in der Wohnung in der Sergijewskaja, die Georg Alexandrowitsch auch während Swetlanas Aufenthalt in Kowistowo beibehalten hatte. Swetlana trug ein leichtes Cretonnekleid, und alle Fenster waren wegen der Hitze geöffnet. Der Wind, der von der Newa kam, blähte die Gardinen.

Es war die Zeit der Weißen Nächte, und obwohl es fast elf Uhr abends war, war der Himmel über der Stadt in ein geheimnisvoll irisierendes Licht getaucht, in dem die bunten und goldenen Kuppeln der Petersburger Kirchen schimmerten, als seien sie mit einer Perlenlasur überzogen.

Swetlana lehnte den Kopf an Georgs Brust. „Werden Ihre Majestäten in der nächsten Zeit trotzdem wieder einmal nach Petersburg kommen?"

Er hob die Schultern. „Wenn es sich nicht umgehen läßt. Du weißt, sie sind beide nicht gern hier – und jetzt weniger denn je seit dem Attentat auf Bogolepow."

Sie nickte. Der Chef des Bildungsministeriums, der auf Zar Nikolaus' Befehl den in seinen Ansichten wesentlich liberaleren Grafen Deljanow abgelöst hatte, war nicht lange im Amt gewesen.

Bogolepow hatte mit eiserner Faust versucht, die seit etwa drei Jahren schwelenden und immer wieder ausbrechenden Unruhen unter den Studenten niederzuschlagen. In Moskau und Petersburg, ja, selbst in der Provinz war es zu Protestbewegungen gegen die Alleinherrschaft des Zaren gekommen, sogar zu Streiks, indem die Studenten sich weigerten, ihre Examina abzulegen, solange sie ständig polizeilich überwacht wurden.

Bogolepows Antwort war hart und unmißverständlich gewesen. Er hatte die Polizeikontrollen an den Universitäten verstärkt und den Unruhestiftern angedroht, sie als einfache Soldaten in die Armee zu stecken. Wer mutwillig Vorlesungen versäumte, hatte mit strengen Strafen zu rechnen, und studentische Versammlungen wurden mit Knüppeln und Lederpeitschen auseinandergejagt.

Der neue Bildungsminister hatte seine Härte mit dem Leben bezahlt. Ein Student hatte sich Zutritt zu ihm verschafft und auf ihn geschossen, während in den Straßen von St. Petersburg Tausende gegen den staatlichen Terror demonstrieren.

Kosaken hatten mit Waffengewalt gegen sie vorgehen müssen, es war zu Massenverhaftungen gekommen, aber der Widerstand der studentischen Jugend blieb ungebrochen.

Seit Swetlana wieder in Petersburg war, war kaum ein Tag vergangen, an dem es nicht neue Unruhen und Demonstrationen gegeben hatte.

Auf einmal empfand Swetlana heiße Angst um Georg. Er war zu sorglos, ließ sich zuwenig von Polizei und Garde abschirmen, sondern liebte es, ohne Bewachung unter die Leute zu gehen. Und wenn er sich mit ihr traf, kam er immer nur mit Ossip, seinem Diener, der dann auch den Wagen kutschierte, ein dunkles, unauffälliges Gefährt, in dem man sicherlich nicht den Bruder des Zaren vermutete. Und trotzdem ...

Georg lachte, als sie ihn bat, vorsichtiger zu sein und nicht mehr ohne Polizeischutz auszugehen.

„Wie stellst du dir das vor, mein Herz? Dann wäre es bald mit unseren Heimlichkeiten vorbei. Im übrigen lieben mich die Petersburger, weil sie wissen, daß ich liberaler als mein Bruder und die von ihm eingesetzten Minister denke. Ich wünschte, Nicky würde mehr auf mich hören als beispielsweise auf Pobjedonoszew oder Fürst Mestscherskij." Er seufzte. „Ganz zu schweigen von seiner Frau."

„Wieso?" fragte Swetlana, hellhörig geworden. „Ich denke, du hast die Zarin sehr gern?"

„Das habe ich auch. Sie ist ein durch und durch aufrichtiger, hochanständiger Mensch. Ihr einziger Fehler ist, daß sie absolut nichts von Rußland und russischer Politik versteht, sich aber leider aus Liebe zu ihrem Mann ständig einmischt. Sie sagt, sie liebe Rußland, hat aber keine Ahnung, wie vielschichtig dieses Volk wirklich ist. Für sie sind ihre Untertanen brave Muschiks, die Balalaika spielen, singen, tanzen und Väterchen Zar demütig die Füße zu küssen haben. Die Unzufriedenen und Aufrührer, die etwas verändern wollen, sind in Alix' Augen eine Handvoll schlechter Menschen, die mit schlechten Büchern und üblen Parolen versuchen, die Leute aufzuwiegeln. Dem aber müsse der Zar kraft seiner gottgewollten Autorität eisern entgegenwirken." Georg seufzte. „Weißt du, er hat nie vergessen, daß sein Großvater Zar Alexander II., der die Leibeigenschaft aufgehoben hat und äußerst reformfreudig war, von Terroristen ermordet wurde. Seitdem ist für Nicky alles verdammungswürdig, was nur im Entferntesten revolutionär aussieht."

Swetlana stützte den Kopf in die Hände. „Ich habe Angst", wiederholte sie. „Es gibt neuerdings soviel Haß in Rußland, und er richtet sich nicht nur gegen Leute wie Bogolepow, sondern auch gegen die kaiserliche Familie. Einige revolutionäre Vereinigungen wollen doch das Zarentum ganz abschaffen."

Er nickte. „Das sind die extremen Gruppen. Aber sie haben wenig Chancen, ihre Ansichten durchzusetzen, denke ich. Die meisten wollen nur die Autokratie beschneiden. Ich finde das ganz vernünftig. Wir brauchen solche Neuerungen, freie Wahlen für eine Volksvertretung, mehr Presse- und Meinungsfreiheit."

Sie nahm seine Hände. „Versprich mir, daß du vorsichtig sein wirst. Es sind ja gerade die radikalen Splittergruppen, die Attentate verüben, und in ihrer blinden Zerstörungswut werden sie auch vor Mitgliedern der kaiserlichen Familie nicht haltmachen. Du als der Thronfolger bist nach dem Zarenpaar am meisten gefährdet."

Er küßte sie auf die Nasenspitze. „Ich bin nicht leichtsinnig. Bei allen offiziellen Anlässen werde ich ebensogut bewacht und abgeschirmt wie die anderen Familienmitglieder. Es dringt auch niemand zu mir vor, der vorher nicht genau kontrolliert worden ist, ob er Waffen oder eine Bombe bei sich hat. Und wenn der Privatmann Georg Alexandrowitsch einmal ausgeht oder in die Sergijewskaja zu seiner zauberhaften Geliebten fährt, dann wissen davon nur mein Adjutant und Ossip."

Sie erwiderte sein Lächeln nicht. „Denk immer daran: Ich weiß nicht, wie ich ohne dich leben soll."

„Ich auch nicht, mein Herz", sagte er und zog sie an sich. „Und nun küß mich noch einmal, bevor ich ins Antischkow-Palais zu meiner Mutter fahre."

Sie wußte, daß er mindestens einmal in der Woche die Zarenwitwe Maria Fjodorowna besuchte. Georg liebte seine Mutter, der Swetlana einmal ebenfalls vorgestellt worden war. Das war im Februar gewesen, als Boris Barschewskij noch gelebt und niemand etwas von ihrer heimlichen Liebe zu Georg gewußt hatte. „Ich habe ihr übrigens von dir erzählt", fügte er hinzu. „Sie erinnerte sich noch gut an dich und fand, daß du ein bemerkenswertes Mädchen bist."

Swetlanas Augen leuchteten auf. „Im Ernst? Und was hat sie noch gesagt? War sie nicht schockiert?"

„Im Gegenteil. Mama sieht es gern, wenn ihre Kinder glücklich sind. Und daß ich es bin, mußte ich ihr nicht erst erklären. Sie hat es mir angemerkt, seit du wieder in St. Petersburg bist. Und da sie neugierig wie alle Mütter ist, hat sie so lange gefragt und gebohrt, bis ich mit der Wahrheit herausgerückt bin."

Er stand auf und zog seinen Waffenrock über. „Komm. Mama kann es nicht ausstehen, wenn man unpünktlich zum Essen erscheint. Ich habe Ossip und dem Kutscher, der dich hergebracht hat, eingeschärft, daß sie uns pünktlich um acht hier abholen sollen."

Bevor sie die Treppe hinuntergingen, umarmten sie einander noch einmal.

„Wir sehen uns übermorgen", sagte Georg. „Ich fahre gleich nach dem Frühstück von Peterhof zurück. Kannst du am frühen Nachmittag hiersein?"

Swetlana versprach es. „Paß gut auf dich auf", bat sie, bevor sie sich aus seinen Armen löste, und er nickte.

„Verlaß dich darauf. Schließlich gehöre ich nicht mehr mir allein, sondern auch dir. Daher ist es meine Pflicht, auf mich achtzugeben."

Swetlana war felsenfest davon überzeugt, nicht ohne Georg leben zu können, aber zwei Monate später mußte sie es lernen.

Er starb an einem sonnenhellen Tag Ende Oktober, der schon die Ahnung des nahen Winters mit sich brachte, und er war nur achtundzwanzig Jahre alt geworden.

Swetlana war, als er erkrankte und Doktor Botkin, einer der Leibärzte der Zarenfamilie, sagte, er werde dieses Mal nicht mehr genesen, auf Georgs Wunsch nach Zarskoje Selo gerufen worden, wohin das Zarenpaar Mitte September zurückgekehrt war.

Sie wußte, daß die Tuberkulose wieder bei Georg ausgebrochen war. Er hatte es ihr geschrieben und sie mit lieben, zuversichtlichen Worten zu trösten versucht, daß sie sich nun eine Weile nicht sehen konnten.

Aber ich möchte um nichts in der Welt, daß du Dich ansteckst, mein Herz. Also fasse Dich in Geduld. Sobald ich wieder gesund bin, komme ich zu Dir. Aber es kann eine Weile dauern. Du weißt vielleicht, wie hart-

näckig diese Krankheit sein kann. Doch ich will Dir schreiben, so oft es mir möglich ist. In Gedanken gebe ich Dir tausend Küsse ...

Danach hatte sie noch drei kurze Briefe von ihm bekommen, Zeilen voller Liebe und Zärtlichkeit, aus denen sie aber herauslas, wieviel Anstrengungen es ihn kostete, sie zu schreiben. Er mußte sehr krank sein, viel mehr, als er zugab und als es auch in Petersburg offiziell bekanntgegeben wurde.

Natürlich hatte Swetlana ihm ebenfalls geschrieben, fast jeden Tag, aber sie hatte in den letzten Wochen keine Antwort mehr erhalten. Das ließ ihre Sorge ins Uferlose wachsen.

„Ich warte noch ein paar Tage", hatte sie zu Xenia gesagt, „dann fahre ich einfach nach Zarskoje Selo. Ich muß wissen, wie es ihm geht."

Und dann kam der schreckliche Tag, an dem Graf Murawin, einer der kaiserlichen Adjutanten, Swetlana zu sprechen verlangte.

„Ich muß Sie bitten, mit mir zu kommen", sagte er. „Großfürst Georg Alexandrowitsch wünscht Sie noch einmal zu sehen."

Ihr wurde ganz übel vor Schrecken. „Noch einmal?" würgte sie zitternd hervor. „Was heißt das?"

Murawin wich ihrem Blick aus. „Seine Majestät, der Zar, bittet Sie, seinem Bruder diesen Wunsch umgehend zu erfüllen. Man darf ihm nichts mehr verweigern."

Das Gesicht des jungen Offiziers verschwamm vor ihren Augen. Sie klammerte sich am Tisch des Empfangssalons fest, um nicht umzusinken. „Geht es ihm so schlecht?"

„Bitte, kommen Sie", drängte Murawin statt einer Antwort. „Es ist keine Zeit zu verlieren."

O Gott, und sie hatte immer noch geglaubt, daß er genesen werde! Jede andere Möglichkeit hatte sie von sich gewiesen, hatte sich selbst verboten, sie überhaupt in Betracht zu ziehen. Gott wußte doch, daß Georg ihr Leben war, er konnte nicht so grausam sein, ihn ihr zu nehmen. Vor allem jetzt nicht, seit sie wußte ...

„Ich ziehe mir nur rasch einen Mantel über", sagte Swetlana und stürzte aus dem Zimmer.

In Zarskoje Selo konnten sie und Murawin ohne die üblichen Kontrollen passieren. Die Kutsche, in der sie saßen, fuhr durch das schmiedeeiserne vergoldete Haupttor die gerade Allee zur Rampe des Katharinenpalastes hinauf.

Murawin eilte voraus. Wie in Trance nahm Swetlana das ganz in Weiß gehaltene Vestibül wahr, dessen einzige Farbflecken die geranienroten Vorhänge und das fernöstliche Porzellan bildeten, das auf großen geschnitzten Konsolen stand.

Es ging eine Treppe hinauf in den ersten Oberstock. Murawin durchquerte einige Vorzimmer, in denen Ordonnanzen sich leise, fast flüsternd unterhielten, dann öffnete er die Tür zu Georgs Schlafzimmer und ließ Swetlana eintreten.

Es war ein großer Raum, in dem helle Grüntöne vorherrschten. Die Decke wurde von schlanken Fayencesäulen getragen, die auf bronzenen Stützen ruhten. In einem halbrunden Alkoven, zu dem einige Stufen hinaufführten, stand das Bett.

Georgs Mutter und die Zarin saßen daran. Am Fußende stand Nikolaus und blickte mit in Tränen schwimmenden Augen auf seinen Bruder hinunter, den er immer am meisten von seinen Geschwistern geliebt hatte.

Maria Fjodorowna war bleich und starr, aber die Zarin hatte das Gesicht in den Händen vergraben und mühte sich, ihr Schluchzen zu unterdrücken.

Eine Pflegerin in Schwesterntracht hielt sich im Hintergrund, ebenso ein Mann im dunklen Gehrock, mit schütterem Haar, der eine goldgeränderte Brille und einen Backenbart trug.

Bei Swetlanas Eintritt wandten sich die Gesichter ihr zu. Sie verharrte einen Augenblick auf der Schwelle, vollführte beim Anblick der kaiserlichen Familie eine mechanische Verbeugung, um dann langsam und auf Zehenspitzen auf das Bett zuzugehen.

Georg blickte ihr aus eingesunkenen Augen entgegen. „Mein Herz", sagte er flüsternd. Er konnte nicht mehr laut sprechen, und die Bewegung, mit der er ihr seine mageren Hände entgegenstreckte, war unendlich mühsam.

Swetlana ergriff seine Finger, fühlte, wie heiß sie waren, und beugte sich über ihn. Das Entsetzen schnürte ihr die Kehle zu. Sie konnte kein Wort hervorbringen, sondern nur ihre Lippen auf seine Stirn pressen.

„Ich bin froh, daß du da bist ... Wollte dich noch einmal sehen ... Hätte so gerne mit dir gelebt."

Die heisere, von rasselnden Atemzügen unterbrochene Flüsterstimme verstummte, aber der Blick seiner blauen Augen hing mit unendlicher Liebe an Swetlanas Gesicht.

„Setzen Sie sich zu ihm, mein Kind", sagte die Zarenwitwe Maria Fjodorowna. „Er hat viel von Ihnen gesprochen und so sehr nach Ihnen verlangt."

Swetlana nahm auf der seidenen Zudecke Platz, die Georgs abgemagerten Körper verhüllte. Stirb nicht, dachte sie. Bitte, bitte, stirb nicht! Aber sie wußte, daß das Grauenvolle unaufhaltsam war. Sie sah es nicht nur, sie fühlte es mit allen Sinnen. Der Tod war da. Er wartete noch, aber er würde ihr Georg nehmen.

„Ich habe Nicky und Alix gesagt, daß sie auf dich achtgeben sollen. Sie haben es versprochen", brachte der Großfürst in einer letzten Kraftanstrengung hervor. Dann begann er zu husten. Es war ein schrecklicher, hohl klingender Husten, der ihm den Schweiß aus allen Poren trieb.

Die Pflegerin trat an die andere Seite des Bettes und wischte ihn mit einem Tuch ab. Als sie über Georgs Lippen fuhr, färbte sich das Leinen mit hellroten Blutstropfen.

Er wollte noch etwas hinzufügen, aber er konnte es nicht mehr. Swetlana sah, wie er die Lippen bewegte, beugte sich noch tiefer über ihn, doch nur sein Atem streifte sie.

„Liebster, mein Liebster ...", murmelte sie und legte seine Hände auf ihren Mund, um sie zu küssen. In diesem Moment wünschte sie zu sterben.

Georgs Kopf fiel ein wenig zur Seite. Die Zarin sah es und stieß einen erstickten Schrei aus. „Doktor Botkin ..."

Der Mann im dunklen Gehrock kam ans Bett und fühlte nach dem Puls des Kranken. Dann hob er dessen Augenlider an und warf Alexandra Fjodorowna einen beruhigenden Blick zu. „Er ist bewußtlos. Das ist gut für ihn. So muß er nicht leiden."

Swetlana hatte Georgs Hände losgelassen und dem Leibarzt der Zarenfamilie Platz gemacht, doch als Dr. Botkin nun zurücktrat, nickte die Zarin ihr zu.

„Setzen Sie sich wieder hin. Es war Georg Alexandrowitschs Wunsch, daß Sie bei ihm bleiben, bis es zu Ende ist. Bestimmt spürt er, daß Sie da sind. Es wird ihm wohltun."

Swetlana hätte auch um nichts in der Welt sein Lager verlassen, es sei denn, man hätte sie gewaltsam hinausgeschafft. Dort in den Kissen lag ihr Mann, auch wenn kein Pope ihre Verbindung gesegnet hatte, und sie saß ganz still da und nahm keinen Blick von seinem Gesicht.

In Gedanken redete sie mit ihm.

Sie sagte ihm das, was sie ihm nicht geschrieben hatte, weil sie sich dieses Geständnis für eine glückliche Stunde mit ihm hatte aufheben wollen.

Ich erwarte ein Kind, Georg, und ich war so stolz und froh darüber. Es wird im Mai geboren werden. Ich weiß, du hättest dich auch darüber gefreut, trotz aller Schwierigkeiten, die uns erwartet hätten. Aber nun läßt du uns beide allein. Was ist das für ein Gott, der so etwas zuläßt? Er soll die Alten sterben lassen, aber nicht dich! Nicht dich, mein Liebster.

Georgs Atmung setzte zeitweilig aus. Swetlana spürte, wie seine Hände in den ihren zuckten, und einmal meinte sie, er bewege die Lippen, als wolle er noch etwas sagen. Aber es war nur ein unverständliches Murmeln.

Und dann sah sie, wie die Pupillen seiner halb geöffneten Augen starr wurden, sah, wie, von seiner Stirn ausgehend, sich die wachsgelbe Totenfarbe über sein Gesicht breitete, gerade so, als wiche das Blut aus seinem Körper wie Wasser aus einem Gefäß.

„Nein", sagte Swetlana leise. Und immer wieder: „Nein, nein, nein!" um die grauenhafte Erkenntnis, daß er tot war, nicht in sich eindringen zu lassen.

Sie hielt Georgs Hände weiterhin umklammert, hörte die Zarin laut schluchzen und sah, wie der Zar zu ihr hinging und ihren Kopf an seine Brust zog, während seine Mutter sich abwandte und ein Tuch vor ihre Lippen preßte.

Irgendwann tauchte Dr. Botkin neben Swetlana auf und löste sacht ihre Finger von Georgs Händen. Die Augen hinter seinen Brillengläsern waren voller Mitgefühl.

„Nein", sagte Swetlana wieder, „nein, nein!" Sie hatte das Empfinden, als hätte man sie mit grausamer Gewalt auseinandergerissen. Es tat so weh, aber sie konnte weder weinen noch schreien, sondern empfand fast eine flüchtige Verwunderung darüber, daß man so etwas aushielt, ohne zu sterben.

Großfürst Georg Alexandrowitsch Romanow wurde eine Woche später mit allem Pomp der orthodoxen Kirche und der ganzen Prachtentfaltung des Zarenhauses in der Peter-und-Paul-Festung neben seinem Vater und seinem Großvater begraben.

Swetlana war in der Kirche. Sie saß weit entfernt von der goldenen Ikonostase, hinter der die Mönche sangen, und dem Katafalk, in dem der Tote lag. Jurij, Xenia, Irina und ihre Eltern hatten sie begleitet, und Wera Karlowna schluchzte, wie sie es auf Trauerfeierlichkeiten immer tat.

Auch Swetlana liefen Tränen über das Gesicht, aber es war ein lautloses, bitteres Weinen, das keine Befreiung brachte und nichts hinwegschwemmte.

Die Kirche war hell vom Kerzenlicht und dem Widerschein all des Goldes an Säulen, Wänden und Heiligenbildern. Aber Swetlana kam es vor, als wäre alles in Dunkel getaucht, selbst die Gesichter ihrer Familie. Alle hier waren nächtliche Gestalten, die aus dem Finstern auf sie zukamen und ein wenig fahle Helligkeit erhielten, wenn sie sich ihr näherten. Dann verschwanden sie wieder im Dunkel.

Der Himmel war dunkel, als sie ins Freie trat, die Sonne, alles, alles – es war fast so, als sei sie im Begriff zu erblinden.

Es war Jurij, der sie zur Kutsche führte und ihr hineinhalf. Seit Boris' Tod hatte er ihr gegrollt und es vermieden, mit ihr mehr als das Nötigste zu reden. Doch jetzt nahm er sich ihrer an, hüllte sie in ein Plaid, als er sah, daß sie zitterte und ihre Zähne aufeinanderschlugen, und blieb neben ihr sitzen.

Zu Hause, im Lasarowschen Palais, führte er sie in die Bibliothek und drückte sie in den Lehnstuhl beim Kamin, in dem ein Feuer brannte. Dann goß Jurij Wodka aus einer Karaffe in ein Glas und setzte es Swetlana an die Lippen.

„Trink das", sagte er. „Dann wird dir etwas besser."

Aber sie hörte nicht auf zu zittern, und ihr Magen revoltierte gegen den scharfen Schnaps.

Besser? dachte sie. Wie könnte mir jemals besser werden?

Sie hatte seit Georgs Tod jede Nacht nur für wenige Stunden geschlafen. Dann war sie erwacht, durch das Haus gewandert und hatte sich wieder gewünscht, tot zu sein wie er, um nicht mehr denken zu müssen.

Das war das Schlimmste: daß man seine Gedanken nicht abstellen konnte wie ein Grammophon, dessen Nadel steckengeblieben war und das sinnlos immer wieder dasselbe wiederholte: Du bist allein. Du bist allein.

Was hätte sie darum gegeben, nicht mehr denken zu müssen!

Das Zarenpaar blieb nach den Trauerfeierlichkeiten noch in St. Petersburg, und Mitte November erhielt Swetlana eine Einladung der Zarin.

Kommen Sie doch übermorgen zum Tee, denn ich möchte mit Ihnen über Ihre Zukunft sprechen. Es war der innigste Wunsch des teuren Toten, daß wir uns Ihrer annehmen, und das verbindet uns.

Alexandra Fjodorowna empfing Swetlana in ihren Privatgemächern. Als sie eintraf, waren ihre drei Töchter bei ihr. Maria, die Jüngste, lag in einem Wiegenbettchen und wurde von einer Kinderfrau hin und her geschaukelt. Die beiden älteren Großfürstinnen spielten mit einem kleinen Hund.

Swetlana entdeckte Anna Wyrubowa, die im Hintergrund des Salons den Teetisch deckte, und die Fürstin Sonja Orbeljani, die ebenfalls zu den vertrauten Freundinnen aus Alexandras Hofstaat gehörte.

Die Orbeljani war eine bildschöne Kaukasierin mit orientalisch anmutenden Gesichtszügen. Aber sie litt trotz ihrer jungen Jahre bereits an einer schweren Arthritis und konnte sich nur am Stock vorwärtsbewegen.

„Meine liebe Swetlana Pawlowna", sagte die Zarin und streckte Swetlana die Hand entgegen, nachdem diese die vorgeschriebene Verbeugung vollführt hatte. Mit einem prüfenden Blick musterte Alexandra das bleiche, herb gewordene Gesicht und die schwermütigen Augen der jungen Frau. „Es ist schön, daß Sie meiner Einladung Folge geleistet haben. Sie trinken doch einen Tee mit uns, nicht wahr?"

Swetlana nickte. „Euer Majestät sind sehr gütig ..."

„Dann kommen Sie, setzen wir uns." Die Zarin trug Schwarz, eine Farbe, die sie noch blasser und zerbrechlicher erscheinen ließ. Auf die Wyrubowa gestützt, ging sie zum Teetisch und nahm in einem bequemen Fauteuil Platz. Sonja Orbeljani füllte die Tassen aus dem Samowar und reichte kleine Kuchen herum.

Die beiden kleinen Großfürstinnen ließen sich durch die Anwesenheit der Erwachsenen nicht stören. Sie rannten kichernd durch den Salon, hinter dem Hund her, den sie Chou-Chou nannten und dem die vierjährige Olga einen Ball zuwarf, den er mit seinem kleinen spitzen Fang schnappte und nicht wieder hergeben wollte.

Die Zarin verzog manchmal bei dem fröhlichen Lärm gequält das Gesicht, aber sie sagte nichts.

Während der Teestunde drehte sich das Gespräch um Alltäglichkeiten. Die Orbeljani berichtete von der Erkrankung einer anderen Ehrendame, der sie einen Besuch abgestattet hatte, und die Wyrubowa ließ sich lang und breit über einen englischen Roman aus, den sie gelesen hatte und der, ihrer Aussage nach, unglaublich gottlos, ja, geradezu teuflisch gewesen sei.

Swetlana war still und in sich gekehrt. Sie dachte an Georg – wann hätte sie nicht an ihn gedacht? Er hatte gesagt, daß er die Wyrubowa nicht leiden konnte, sie sei primitiv und von geradezu hysterischer Frömmigkeit.

Manchmal richtete die Zarin das Wort an Swetlana. Dann gab sie höflich und mit einem kleinen, wie festgeklebt wirkenden Lächeln Antwort und fühlte sich dabei, als wäre sie in zwei Hälften gespalten.

Die eine Hälfte saß hier im Winterpalais mit der Zarin beim Tee, die andere konnte nicht aufhören, sich zu erinnern, wie Georg gestorben war. Swetlana hatte keine Einzelheit vergessen, und es tat immer noch so weh wie am ersten Tag.

Später entließ die Zarin ihre Damen, und auch die Kinderfrau wurde mit den kleinen Großfürstinnen hinausgeschickt.

Die Wyrubowa freilich trödelte noch herum, rückte hier ein Bild und dort eine Vase gerade und fragte, ob ihre ‚teuerste Herrscherin' auch bequem sitzen würde oder ob sie noch eine Decke oder ein Kissen benötigte.

Alexandra Fjodorowna verneinte. „Gehen Sie nur, meine Liebe. Ich brauche nichts mehr, und sollte es der Fall sein, werde ich nach einem Diener läuten."

Die Wyrubowa verneigte sich. „Ich werde trotzdem im Vorzimmer bleiben. Euer Majestät brauchen mich nur zu rufen."

Als die Zarin endlich mit Swetlana allein war, beugte sie sich in ihrem Sessel nach vorn.

„Seine Majestät, der Zar, wollte ursprünglich bei unserer Unterhaltung zugegen sein, aber ich dachte, es ist besser, wenn wir zunächst einmal allein miteinander sprechen. Es geschieht mit Rücksicht auf Sie, meine Liebe, weil ... Nun ja, Großfürst Georg Alexandrowitsch hat sehr offen mit uns gesprochen. Es war wohl nicht so, daß Sie und er die Grenzen des Anstands eingehalten haben."

Sie verstummte und wirkte auf einmal befangen. Offenbar war es ihr peinlich, ein für sie so heikles Thema überhaupt anzuschneiden.

„Wir haben uns geliebt, Euer Majestät", sagte Swetlana ruhig. „Und da die Verhältnisse es nicht gestatteten, daß wir heiraten durften, bin ich seine Geliebte geworden."

Das Gesicht der Zarin färbte sich mit flüchtiger Röte. „Solche Dinge kann man natürlich nicht gutheißen. Ich jedenfalls kann es nicht", verbesserte sie sich rasch. „Obwohl ich weiß, daß Georg Alexandrowitsch ein sehr anziehender Mann war. Und Sie sind eben noch sehr jung. Da gibt man leicht einer Verführung nach."

Swetlana hob die Schultern. „Selbst auf die Gefahr hin, daß Euer Majestät mich jetzt für verdorben halten – ich bereue keine Stunde, die wir zusammen verbracht haben. Und ich danke Gott dafür, daß Georg Alexandrowitsch durch mich ein wenig glücklich geworden ist. Euer Majestät werden vielleicht bestätigen können, daß es so war."

„Nun ja, gewiß ..." Die Zarin zupfte nervös an den schwarzen Spitzenmanschetten ihrer Bluse. „Trotzdem ist es natürlich eine sehr ... fatale Geschichte, die zudem noch ein Menschenleben gekostet hat. Ich habe Rittmeister Barschewskij hoch geschätzt."

Swetlana blickte auf ihre Hände. „Ich auch. Und das ist auch das einzige, was ich wirklich bereue: daß er bei einem so unsinnigen Duell gestorben ist. Vielleicht ist die Lage, in der ich mich heute befinde, eine Art Strafe dafür."

Alexandra Fjodorowna empfand plötzlich Mitleid mit ihr. „Das sollten Sie nicht denken", sagte sie rasch. „Diese Duelle sind der pure Wahnsinn, und kein vernünftiger Mann sollte sich darauf einlassen. Aber genug davon. Viel wichtiger ist, was jetzt aus Ihnen wird. Darüber hat Georg Alexandrowitsch sich große Sorgen gemacht, seit er wußte, daß er nicht wieder gesund werden würde. Er wollte in keinem Fall, daß Sie nach seinem Tod in einem Elternhaus bleiben, in dem Sie vermutlich große Schwierigkeiten zu erwarten haben, wenn er nicht mehr da ist, um Sie zu schützen. Darum habe ich ihm versprochen, Sie in den Hofdienst zu nehmen."

Zum ersten Mal, seit sie hier war, zeigte Swetlanas starre, wie versteinerte Miene eine Regung. Überraschung, Rührung, ja, sogar eine winzige zaghafte Freude spiegelte sich darin. Doch gleich darauf verschloß sie sich wieder.

„Das ist sehr gütig von Eurer Majestät, aber ich fürchte, es wird nicht gehen."

„Und warum nicht?" fragte die Zarin befremdet. „Glauben Sie vielleicht, weil ich Ihnen eben ein paar Vorhaltungen gemacht habe, ich ließe Sie immer und ewig entgelten, was mir tadelnswert erscheint? Das müssen Sie nicht, liebes Kind. Wir haben jetzt darüber gesprochen, und damit ist die Sache für mich erledigt."

„Für mich nicht", widersprach Swetlana leise, und ihr Gesicht war auf einmal so todtraurig, daß es der Zarin ins Herz schnitt. Sie stand auf und legte ihr die Hände auf die Schultern.

„Grämen Sie sich doch nicht so! Natürlich ist es schrecklich, was Ihnen widerfahren ist, aber glauben Sie mir, eines Tages werden Sie damit anfangen, es zu überwinden."

Swetlana begann plötzlich zu weinen. „Niemals!" stieß sie hervor. „Weil ... Es gibt etwas, das mich immer erinnern wird. Ich ... ich erwarte ein Kind."

Alexandra Fjodorowna war zurückgefahren. Ihre erste Reaktion war Entsetzen. Aber gleich darauf schämte sie sich dessen.

Sosehr ihr die Sittenlosigkeit des russischen Adels mißfiel, so heftig sie Menschen verachtete, die keine Moral und keine Grundsätze besaßen, sondern nur ihren Augenblicksgelüsten nachgaben, so wenig war sie engherzig und mitleidlos.

„Ach, meine Liebe", sagte sie weich und zog Swetlanas Kopf an ihre Brust. „Das ist natürlich eine riesengroße Sorge. Aber es ist gut, daß Sie sie mir anvertraut haben. Haben Sie es schon Ihren Eltern gesagt?"

„Nein. Ich hatte Angst. Ich weiß nicht, was mein Vater tut, jetzt, wo Georg tot ist ..."

„Aber Sie müssen es ihnen sagen. Lange werden Sie Ihren Zustand ohnehin nicht verheimlichen können."

„Ich weiß. Wahrscheinlich wird mein Vater mich wieder nach Kowistowo schicken, und wenn das Baby geboren ist, wird er es mir fortnehmen und zu Pflegeeltern geben. Aber das will ich nicht. Dieses Kind ist doch das einzige, was mir von Georg geblieben ist."

Swetlana schlug die Hände vor das Gesicht, und die Zarin ließ sie weinen, streichelte nur hin und wieder beruhigend über ihren Rücken.

„Ich muß nachdenken, wie man Ihnen helfen kann. Ich muß vor allem mit Seiner Majestät darüber reden", sagte sie, nachdem Swetlana sich ein wenig gefaßt hatte. „Auf keinen Fall darf man Ihnen das Kind nehmen und es womöglich in einer dubiosen Pflegefamilie aufwachsen lassen. Fahren Sie jetzt nach Hause, meine Liebe, aber seien Sie gewiß, daß Sie unter meinem ganz persönlichen Schutz stehen. Das habe ich Georg Alexandrowitsch versprochen, und dabei bleibt es."

Die schmale kränkliche Person strahlte plötzlich eine so große Würde und Autorität aus, daß Swetlana sich tatsächlich ein wenig getröstet fühlte.

Erst abends, als sie im Bett lag, kamen Angst und Kummer mit aller Heftigkeit zurück.

Die junge Frau starrte in die Dunkelheit, hörte, wie der Wind im Kamin jaulte und den Eisregen, der draußen niederging, gegen die Fenster warf, und kämpfte vergeblich gegen die tiefe Hoffnungslosigkeit an, die sie erfüllte.

Georgs Tod hatte ihrem Leben nicht nur alle Helligkeit und Wärme genommen, er hatte auch ihre natürliche Widerstandskraft gelähmt. Sie kam sich vor wie in einem dunklen Raum gefangen, aus dem keine Tür hinausführte.

Morgen werde ich meiner Mutter sagen, daß ich schwanger bin, nahm Swetlana sich vor. Aber dann tat sie es doch nicht. Sie verschob ihre Mitteilung von einem Tag auf den anderen, halb aus Furcht, halb, weil sie sich in ihrer dumpfen Erschöpfung nicht dazu aufraffen konnte.

Und dann war es ihre alte Kinderfrau Akulina, die den Stein ins Rollen brachte ...

Sie kam wie allmorgendlich mit einem Frühstückstablett in Swetlanas Zimmer, nachdem sie zuvor schon Irina und Xenia mit heißer Schokolade und frischem knusprigem Weißbrot mit Butter und Honig versorgt hatte.

„So, mein Schwänchen", sagte sie in jenem übertrieben optimistischen Ton, den sie seit Georgs Tod Swetlana gegenüber immer anschlug, „nun iß und trink aber tüchtig. Du bist so dünn geworden. Darum habe ich dir extra noch ein Schälchen Sahne mitgebracht, damit du sie in deine Schokolade rührst."

Swetlana litt seit etwa vier Wochen an gelegentlicher Übelkeit, die sie bisher vor den anderen hatte verbergen können.

Doch an diesem Morgen wurde ihr beim Anblick der dick gebutterten Weißbrote und dem Schokoladengeruch so schlecht, daß sie es gerade noch schaffte, aus dem Bett zu springen und in den angrenzenden Waschraum zu flüchten, wo sie sich würgend erbrach.

Schwer nach Luft ringend, hielt sie sich am Becken fest und hörte, wie Akulina hereinkam.

„Was ist denn? Was hast du, mein Schwänchen?"

„Nichts", brachte Swetlana mühsam hervor und goß kaltes Wasser aus dem Krug in das Waschbecken. „Es geht schon wieder."

Akulina betrachtete sie stumm, wie sie sich Gesicht und Hände wusch. Dann sagte sie plötzlich: „Heiliger Jesus Christ, war ich denn blind? Du bekommst ein Kind, nicht wahr?"

Swetlana schüttelte den Kopf, doch Akulina faßte sie bei den Schultern und blickte ihr ins Gesicht. „Natürlich, das ist es! Vergiß nicht, daß ich deine Kleider und deine Wäsche in Ordnung halte. Es hätte mir ja schon längst auffallen müssen, aber manchmal achtet man nicht so darauf. O Gott, was für ein Unglück!"

„Halt den Mund!" fuhr Swetlana sie an, doch die alte Frau rannte, ehe sie sie zurückhalten konnte, mit fliegenden Röcken zur Tür hinaus.

Ein paar Minuten später wußte es Wera Karlowna und kam völlig aufgelöst in Swetlanas Zimmer.

„Ist es wahr?" fragte sie nur, und die Tochter, die auf der Bettkante saß, nickte stumm.

Es hatte keinen Sinn mehr, etwas zu leugnen. Dumpf und gleichgültig ließ sie das Lamento ihrer Mutter und den verbissenen Zorn ihres Vaters über sich ergehen.

Graf Lasarow hatte gerade das Haus verlassen wollen, als seine Frau ihn mit der schockierenden Neuigkeit überfiel. In seiner ersten Wut wollte er Swetlana schlagen, aber etwas in ihren Augen hinderte ihn daran.

Es war diese stumpfe Ergebenheit, die sie seit Georgs Tod an den Tag legte und die er bisher nur bei seinen Hunden und Pferden erlebt hatte, wenn sie alt und krank waren und sterben wollten.

„Und was nun?" fragte Pawel Konstantinowitsch und rannte wie ein gefangener Löwe hin und her.

Seine Frau drehte ihr naßgeweintes Taschentuch zwischen den Fingern. „Man muß es verheimlichen. Niemand darf etwas davon erfahren ..."

Er blieb vor ihr stehen. „Und wie soll das gehen?" brüllte er. „Eines Tages ist es da, das Hurenbalg! Es quäkt und schreit, und jeder kann es sehen. Verheimlichen – pah!"

Da er seinen Zorn nicht an Swetlana auslassen konnte, ergoß er sich nun über seine Frau. „Wie kann man nur mit einem so dummen Weib geschlagen sein! Jede Wanze ist intelligenter! Sitzt da und flennt und tut so, als könne sie ihrer Tochter den Bastard in den Bauch zurückschieben, wenn er heraus will!"

Wera Karlowna schrie auf. „Um Gottes willen, Pawel Konstantinowitsch! Sie werden ja ordinär!"

„Na und?" Er stieß mit dem Fuß nach einem Stuhl, der

polternd umfiel. „Warum nicht? Ich bin der ordinäre Vater einer ordinären Schlampe, die sich ein uneheliches Kind hat anhängen lassen! Ha, ich kann mir vorstellen, wie sie hinter meinem Rücken lachen werden – die Nobokows mit ihren reizlosen Töchtern, die Durnowos, die Schipows und Goremykins. Besonders die werden hochzufrieden über mein Unglück sein, hat mich doch Iwan Goremykin in letzter Zeit glühend beneidet, weil er von Seiner Majestät aus dem Amt des Innenministers entlassen worden ist, während der Monarch mich nach wie vor durch große Liebenswürdigkeit auszeichnet."

An Swetlana rauschte der Ausbruch ihres Vaters vorbei. Was lag ihr daran, was die Leute redeten oder dachten? Sie kümmerte es nicht, denn sie war an einem Punkt angelangt, wo die gesellschaftliche Médisance zu etwas völlig Unbedeutendem zusammenschrumpfte.

Wenn man nicht weiß, was wirklich Schmerz ist, mag man vielleicht über einem Schnitt in den Finger in Tränen ausbrechen. Aber wenn man erfahren hat, wie grauenvoll ein Mensch leidet, der von brutalen Fäusten halb tot geprügelt worden ist, dann verblassen solch kleine Blessuren zu etwas, worüber man nur noch zu lächeln vermag.

Swetlana war vom Schicksal halb tot geprügelt worden, und sie konnte sich nicht vorstellen, daß sie sich jemals wieder erholte.

„Man muß sie nach Kowistowo bringen", hörte sie ihre Mutter sagen. „Dort kann sie das Kind bekommen, und dann geben wir es weg. Auf diese Weise wird hier niemand etwas erfahren. Man sieht ihr ja zum Glück noch nichts an."

„Aber in Kowistowo wird man es ihr ansehen, wenn ihr Bauch anschwillt wie ein Ballon. Kennt man uns dort vielleicht nicht, he? Und wenn die Leute auf dem Gut Bescheid wissen, tratschen sie es weiter – zu den Dienstboten der Blenheims, der Tschigorows, der Petschorins, und hui, weiß es die Herrschaft ebenfalls und posaunt es überall herum, bis nach Petersburg und Moskau. Nein, nein, sie muß irgendwohin, wo niemand uns kennt. Am besten ins Ausland, und ihr reist natürlich unter anderem Namen."

„Wir?" wiederholte Wera Karlowna, und ihr Mann nickte, puterrot im Gesicht.

„Soll sie vielleicht allein herumzigeunern? Du wirst sie begleiten und dafür sorgen, daß sie nicht noch mehr Schande über uns bringt."

Swetlana grub die Nägel in die Handflächen. In diesem Augenblick haßte sie ihren Vater aus tiefstem Herzen.

Er wollte ihr das Kind nehmen, und er verfügte über sie, als wäre sie seine Leibeigene. Die Bauern waren von der Leibeigenschaft befreit worden, aber an ihre Stelle waren bei Männern wie ihrem Vater die Frauen und Töchter getreten. Sie übten Gewalt über sie aus und meinten noch, das sei gut und richtig so.

Ich will mein Kind behalten, dachte Swetlana trotzig. Aber sie wußte nicht, wie sie das bewerkstelligen sollte – es sei denn, die Zarin half ihr.

7. Kapitel

Graf Lasarow hatte verfügt, daß Swetlana mit ihrer Mutter bereits eine Woche später abreisen sollte, zunächst nach Polen und dann weiter nach Berlin. Dort sollten sie bleiben, bis das Kind geboren war und man es fortgeben konnte.

Aber die Aufregungen hatten Wera Karlowna krank gemacht. Sie bekam Fieber und mußte das Bett hüten.

Zwar versuchte sie, zwischendurch immer wieder aufzustehen, um das Packen der Sachen zu beaufsichtigen, denn da man mehrere Monate lang wegbleiben wollte, war eine Menge an Kleidern, Mänteln, Schuhen und Accessoires mitzunehmen.

Doch gerade dadurch verzögerte sich Wera Karlownas Genesung, so daß an eine Abreise noch nicht zu denken war.

Im übrigen sorgte Graf Lasarow selbst dafür, daß die Dienstboten von der Schwangerschaft seiner ältesten Tochter erfuhren.

Schon sein erster lautstarker Auftritt in Swetlanas Zimmer war im Haus zu hören gewesen, und in den folgenden Tagen legte sich Pawel Konstantinowitsch ebenfalls keine Zügel an, sobald er Swetlana ansichtig wurde, so daß selbst die halb taube Gärtnersfrau Mura Ossipowna begriff, was passiert war.

Gerede aber kann sich in der Tat schneller verbreiten, als ein Vogel fliegt.

Matwej, einer der Lasarowschen Kutscher, stieg der Zofe der Generalin Bogdanowitsch nach, und er hatte nichts Eiligeres zu tun, als der hübschen Walentina brühwarm von dem Streit im Haus seiner Herrschaft zu erzählen. Walentina überbrachte die pikante Neuigkeit der Generalin zusammen mit der Morgenschokolade, und da die Bogdanowitsch ein sehr gastfreies Haus führte, in dem sich allabendlich die elegante Petersburger Gesellschaft ein Stelldichein gab, machte der Tratsch über Swetlana Lasarowa in Windeseile die Runde.

Man rechnete nach und schüttelte die Köpfe. Also, von Rittmeister Barschewskij konnte das Kind nicht sein, dazu war er schon zu lange tot. Zumindest hätte man Swetlana dann ihre Schwangerschaft längst ansehen müssen.

Wer aber war dann der Vater? Fürst Soklow vielleicht, der sich mit dem unglücklichen Boris Petrowitsch duelliert hatte?

Oder gab es noch einen Dritten, mit dem es die Lasarowa in aller Heimlichkeit getrieben hatte?

Darüber erhitzten sich die Gemüter. Die einen wollten wissen, daß Fürst Soklow tatsächlich Swetlanas Liebhaber sei und Barschewskij ihn deshalb gefordert habe. Andere behaupteten, man habe Swetlana einige Male in Herrenbegleitung in zwielichtigen Lokalen gesehen, jedesmal mit einem anderen Kavalier, versteht sich, und wieder andere erzählten, das Kind, das sie erwarte, sei von einem Schmied auf ihrem elterlichen Gut, mit dem sie es nach Boris' Tod schamlos getrieben hätte. Darum hätte ihre Mutter sie dann auch Knall auf Fall wieder nach Petersburg zurückgebracht.

Die Gerüchteküche summte, wobei die Damen mit tiefster Mißbilligung und wohligem Entsetzen über Swetlana herfielen und die Herren ein gewisses Funkeln in den Augen hatten.

Sie sei ja wirklich ein rassiges Frauenzimmer, die kleine Swetlana Pawlowna, und schon eine Todsünde wert.

Natürlich erfuhr auch Leonid Soklow von dem Gerede. Prinz Katjubin berichtete es ihm während eines gemeinsamen Champagnerfrühstücks und zwinkerte ihm grinsend zu.

„Du bist vielleicht ein durchtriebener Gauner, mein lieber Leonid Iwanowitsch! Erst bringst du den Verlobten der Kleinen durch deine Andeutungen so weit, daß ihr euch duelliert, dann schaltest du ihn mit einem Pistolenschuß aus, damit du freie Bahn hast, und zu guter Letzt drehst du ihr noch ein Kind an! Das einzige, was ich bei der ganzen Sache nicht verstehe, ist, warum der Zar sich persönlich eingemischt hat, damit die eigentliche Ursache des Duells nicht bekannt wurde."

Soklow nahm sich eines von den Kaviarblinis, die der Kellner gerade serviert hatte, und gab einen Löffel saure Sahne darüber.

„Seine Majestät wollte nicht, daß der Name von Swetlana Pawlowna im Mittelpunkt eines Skandas stand. Soviel ich weiß, hat die Zarin einen Narren an ihr gefressen. Man sagt, sie sei sogar schon zum Tee bei Ihrer Majestät gewesen. Und wir kennen ja unsere allergnädigste Kaiserin: Sie duldet keine Unmoral in ihrer Umgebung. Ihre Protéges müssen allesamt reine weiße Lämmchen sein. Und wenn eines doch ein paar schwarze Flecken aufweist, wird es eben reingewaschen."

Katjubin pfiff durch die Zähne. „Aber sag, ist es wirklich wahr, daß die Lasarowa von dir schwanger ist?"

Soklow spülte einen Bissen Blini mit Champagner hinunter. „Verdammt, das Zeug ist schon wieder lauwarm! Trink aus, Katjubin, damit wir frischen bestellen können."

Er winkte dem Ober und orderte eine weitere Flasche. Erst dann wandte er sich wieder dem Prinzen zu. „Warte eine kleine Weile, mein Freund, dann wirst du es erfahren. Im Augenblick erscheint es mir undelikat, darüber zu sprechen."

Noch am selben Tag fuhr er ins Lasarowsche Palais und bat darum, Pawel Konstantinowitsch sprechen zu dürfen. Ohne lange Umschweife hielt er bei ihm um Swetlanas Hand an.

Graf Lasarow reagierte mit großer Verlegenheit. „Mein lieber Leonid Iwanowitsch, ich weiß die Ehre Ihres Antrags natürlich außerordentlich zu schätzen. Aber es gibt gewisse Gründe, ihn dennoch abzulehnen, so schwer es mir fällt. Leider sehe ich mich gezwungen, Swetlana für längere Zeit auf Reisen zu schicken, sobald ihre Mutter gesundheitlich dazu in der Lage ist. Ich will nicht mehr zu dieser Angelegenheit sagen als nur das: Sie mögen meine Tochter für ein untadeliges junges Mädchen halten, würdig, eine Fürstin Soklowa zu werden, aber ...“

Leonid schlug die Beine übereinander. „Reden wir doch Klartext miteinander, Pawel Konstantinowitsch. Ich will Ihre Tochter haben, und es stört mich nicht, daß sie in ein paar Monaten einen kleinen Romanow-Bastard zur Welt bringen wird.“

Lasarow wurde aschfahl. „Um Gottes willen, woher wissen Sie ...“

„Sie gestatten doch?“ Der Fürst zündete sich eine Papyrossi an. „Ich weiß es eben. Aber seien Sie unbesorgt, ich werde nicht damit hausieren gehen, denn ich möchte keinesfalls, daß man mir später nachsagt, ich hätte mir ein Kuckucksei unterschieben lassen. Dieses Kind wird den Namen Soklow tragen, und nach einiger Zeit wird kein Mensch sich mehr das Maul darüber zerreißen, daß es nur vier oder fünf Monate nach meiner Hochzeit mit Swetlana Pawlowna geboren wurde.“

Lasarow starrte ihn mit offenem Mund an.

„Warum wollen Sie das tun? Sind Sie ruiniert und legen Wert auf eine ansehnliche Mitgift?“

Soklow lachte. „Meine finanziellen Verhältnisse könnten gar nicht besser sein. Ich sage Ihnen doch: Ich will Swetlana haben. Ich wollte sie schon im letzten Winter, als sie in die Gesellschaft eingeführt wurde, aber leider hat sie Barschewskij den Vorzug gegeben – und natürlich dem teuren Verstorbenen, dessen Namen ich Ihnen ja nicht zu nennen brauche. Jetzt gibt es beide nicht mehr, und ich bin entschlossen, keinem Dritten auch nur den Schatten einer Chance einzuräumen. Also sagen Sie ja. Ich biete Ihnen doch wirklich die Rettung aus einer höchst prekären Situation an.“

Damit hatte er zweifelsohne recht. Trotzdem empfand Pawel Konstantinowitsch plötzlich Unbehagen. Er betrachtete Soklow, wie er da saß, wie immer hochelegant gekleidet, mit sorgfältig gescheiteltem Haar und einem Gesicht, das sowohl Kälte als auch eine gewisse Verkommenheit verriet.

Sein Ruf war nicht der beste, das wußte Lasarow inzwischen. Soklow galt als intrigant und skrupellos, und man erzählte sich, daß in seinem Palais auf der Wassiljewskij-Insel die wildesten Orgien stattfänden. Und er hatte Boris Barschewskij erschossen.

Er muß total verrückt nach Swetlana sein, dachte Pawel Konstantinowitsch, und seine Aversion wuchs. Seine Tochter im Bett dieses aalglatten Lebemannes?

Lasarow war immer so stolz auf Swetlana gewesen. Darum hatte es ihn auch so besonders getroffen, daß sie die Geliebte des Großfürsten Georg geworden war. Mätressen waren nicht gut genug, daß man sie heiratete. Man amüsierte sich mit ihnen, und wenn man sie satt hatte, warf man sie weg.

Trotzdem hatte der Graf es zähneknirschend hinnehmen müssen, daß Swetlana diesen Weg ging. Man stieß den Bruder des Zaren nicht die Treppe hinunter, weil er mit der Tochter herumhurte. Man konnte nur die Augen davor verschließen und beten, daß keine Katastrophe passierte.

Aber sie war passiert, die Katastrophe. Swetlana bekam ein Kind, dessen Vater nicht mehr lebte.

Pawel Konstantinowitsch geriet ins Schwitzen, sobald er daran dachte, daß seine Tochter ihn in diese blamable Situation gebracht hatte, und er verzieh es ihr nicht. Warum also sollte er auf sie Rücksicht nehmen, wenn dieser Leonid Soklow sie haben wollte? Hatte sie vielleicht Rücksicht auf ihren Vater genommen?

Lasarow verdrängte seinen Widerwillen und setzte ein, wie er meinte, liebenswürdig-gewandtes Lächeln auf.

„Verzeihen Sie, mein lieber Leonid Iwanowitsch, ich bin vollkommen überrascht. Ich hätte nicht erwartet, daß ein unbescholtener, ehrenhafter Mann aus erster Familie, mit einem großen Vermögen gesegnet, meiner Tochter sein Herz und seine Hand ..."

„Und so weiter und so weiter", fiel Soklow ihm ins Wort. „Sparen Sie sich Ihre Schnörkel und Verrenkungen, mein Teuerster. Swetlana braucht einen Mann und einen Vater für ihren Bastard. Beides bekommt sie. Und mir wird es eines Tages vielleicht von Nutzen sein, daß ich diesem Kind den Makel einer illegitimen Geburt erspart habe. Wer weiß?"

Lasarow warf ihm einen unsicheren Blick zu. „Glauben Sie denn, daß Ihre Majestäten wissen ..."

„Daß Swetlana Pawlowna ein Kind erwartet? Vielleicht heute noch nicht. Doch da ihnen bekannt sein dürfte, daß es neun Monate von der Zeugung bis zur Geburt dauert, können sie sich leicht ausrechnen, wer der leibliche Vater ist. Aber Sie haben natürlich mein Ehrenwort, daß ich von mir aus niemandem, auch dem Zarenpaar gegenüber nicht, eine Andeutung machen werde. Manchmal werden die unausgesprochenen Dinge besser honoriert als die, mit denen man sich brüstet."

Eine Woche später – sowohl Graf Lasarow als auch Leonid Soklow hatten auf eine rasche Eheschließung gedrängt – war Swetlana mit dem Fürsten verheiratet.

Sie hatte zugestimmt, weil sie wußte, daß dies die einzige Möglichkeit für sie war, ihr Kind behalten zu können.

Was aus ihr selbst wurde, beschäftigte sie wenig. In ihrer Vorstellung war ihr Leben ohnehin zu Ende, und sie führte es nur fort, weil sie für ihr Kind dasein mußte. Sie konnte es nicht allein zurücklassen – und sie hätte es auch nicht umbringen können, solange es noch in ihr war.

In der Woche vor ihrer Hochzeit war Soklow von ausgesuchter Höflichkeit. Er brachte Swetlana Blumen und kleine Geschenke, küßte ihr die Hand, wenn er kam und ging, und hielt bei jedem Zusammentreffen vollkommen die Grenzen des Anstands ein. Aber er vermochte Swetlana nicht zu täuschen. Der Wolf hatte einen Schafspelz übergezogen, und wenn sie erst Fürstin Soklowa hieß, würde er ihn abwerfen und über sie herfallen.

Georg hatte sie zur Frau gemacht; nun spürte sie mit allen Fasern, wie Soklow sie begehrte und daß er sich nur beherrschte, um sie in Sicherheit zu wiegen.

Die Zarin hatte ihr zwei Tage vor der Trauung ein Billett gesandt.

> *Mein liebes Kind,* hatte sie geschrieben, *ich weiß nicht, was ich von Ihren Plänen halten soll. Natürlich sieht alles auf den ersten Blick sehr vorteilhaft aus, aber vielleicht sollten wir noch einmal gemeinsam beratschlagen, ob es nicht einen anderen Ausweg gibt. Ich werde Anweisungen geben, daß man Sie sofort vorläßt, wenn Sie zu mir kommen möchten.*

Swetlana war nicht ins Winterpalais gefahren. Sie hatte Alexandra Fjodorowna lediglich in einem kurzen Brief für ihre Freundlichkeit und Anteilnahme gedankt. Aber was sollte es noch für einen Ausweg geben außer der Ehe mit Leonid Iwanowitsch? Ein anderer

Mann vielleicht, den die Zarin vorschlug? Er würde auch nicht besser als Soklow sein, sondern sich die Gefälligkeit, einer Frau seinen Namen zu geben, die ein uneheliches Kind erwartete, auf jede erdenkliche Weise bezahlen lassen.

Die Trauung fand am späten Nachmittag in der Erlöserkirche statt. Xenia und Irina hielten die Brautkronen über Swetlanas und Soklows Köpfe.

Der Pope, der sie zusammengab, war nachlässig gekleidet. Sein Priestergewand wies Flecken auf, und er roch unangenehm. Sein dünner Adamsapfel hüpfte hin und her, wenn er seinen Speichel hinunterschluckte. Aber er hatte eine herrliche Stimme und sang den Großen Segen so schön und hingebungsvoll, daß es Swetlana Tränen in die Augen trieb.

Am Abend nach einem Diner im Lasarowschen Palais, das nur im Familienkreis eingenommen wurde und bei dem keine gelöste Stimmung aufkommen wollte, fuhr Swetlana mit ihrem Mann in dessen Palast auf der Wassiljewskij-Insel.

Es war ein etwas düsterer, gleichwohl sehr prunkvoller Bau aus der Zeit der Zarin Elisabeth, in dessen Halle sich die Hausangestellten versammelt hatten, um ihre neue Herrin zu begrüßen und ihre Glückwünsche anzubringen.

Swetlana nickte und lächelte, sagte da und dort ein paar Worte, während Soklow bereits in einem Salon verschwand und ungeduldig nach Champagner und Wodka verlangte. Als Swetlana hereinkam, lehnte er am Kamin, ein Glas in der Hand, und rauchte eine Papyrossi.

Sie hatte noch bei ihren Eltern ihr Hochzeitskleid mit einem hochgeschlossenen Samtkostüm vertauscht, das mit Zobel besetzt war. Auch die Kappe, ebenso der weite Mantel, waren aus Zobel.

„Leg ab“, sagte Soklow. „Es ist warm genug.“

Zögernd entledigte sie sich ihres Mantels, knöpfte die Jacke auf und spürte Leonids Blicke, die über ihre Figur wanderten.

Er lachte. „Hast du Angst vor mir?"

„Nein", erwiderte sie mit steifen Lippen. „Oder sollte ich das?"

Er stellte sein Glas auf dem Kaminsims ab und kam zu ihr. Mit zwei Fingern umfaßte er ihr Kinn und hob es an. „Was für eine keusche Spitzenbluse sie anhat, die schöne Soklowa! Meinst du, du könntest damit etwas vortäuschen, was du nicht bist?"

Sie grub die Nägel in die Handflächen. „Warum sagen Sie so etwas? Wollen Sie mich demütigen?"

Er lachte wieder. „Aber nein. Ich stecke nur die Fronten ab. Im übrigen hör auf, mich zu siezen. Das ist eine Unsitte, die ich absolut albern finde für Leute, die miteinander ins Bett gehen. Oder hast du den Großfürsten auch gesiezt?"

Georg ... Mit einemmal überkam sie eine so heftige Sehnsucht nach dem toten Geliebten, daß sie hätte schreien mögen. Was tat sie hier in diesem in Rot und Gold schimmernden Salon mit seinen Plüschportieren, den hochlehnigen Sesseln und dem Kristallüster, der ein funkelndes Licht verbreitete, so daß ihr die Augen schmerzten? Warum hatte sie diesen Fremden geheiratet, der ihr Widerwillen einflößte? Nur, um ihrem Kind ein warmes Nest zu geben?

„Los, antworte!" forderte Soklow und begann, ihre Bluse aufzuknöpfen.

Unwillkürlich wich sie zurück und bedeckte ihren Oberkörper mit den Armen. „Nein, wir haben du zueinander gesagt."

„Bei ihm hast du dich nicht so verschämt aufgeführt, was? Aber wir sind verheiratet, meine teure Swetlana, und ich habe das Recht, alles mit dir zu tun, was ich will. Es ist keiner mehr da, der dich davor schützt. Barschewskij nicht und dein Romanow-Hengst auch nicht. Nur ich bin übriggeblieben."

Er kam ihr nach und streifte ihr die Bluse von den Schultern. Ein paar Knöpfe waren noch geschlossen, und als er daran zerrte, sprangen sie ab.

Gehetzt blickte Swetlana sich um. „Sie wollen doch nicht hier ... Bitte, wenn jemand hereinkommt!"

„Es kommt niemand. Keiner von der Dienerschaft würde es wagen, ungerufen bei mir aufzutauchen, wenn ich ein Frauenzimmer bei mir habe. Sie sind daran gewöhnt, daß ich läute, wenn ich etwas brauche. Im übrigen hast du schon wieder Sie zu mir gesagt. Bist du halsstarrig oder nur zu schwerfällig, um umzulernen?"

Er wartete ihre Antwort nicht ab, sondern begann sie zu küssen. Mit brutaler Gewalt drängte er ihre Lippen auseinander. Er tat ihr weh, aber sie wehrte sich nicht, sondern lag reglos an seiner Brust und spürte, wie er ihren Körper abtastete.

Er holte ihre Brüste aus dem Mieder und küßte auch sie. Dann zerfetzte er den zarten Spitzenstoff und riß ihr den Rock herunter. Sein Gesicht war verzerrt, als er sie betrachtete, und in seinen Augen stand ein Feuer, das ihr nun tatsächlich angst machte.

Er wirkte wie ein Besessener oder Trunksüchtiger, der nach langer Abstinenz eine Flasche an den Mund setzt.

Unwillkürlich wich Swetlana wieder zurück, als er sein Knie zwischen ihre Beine zwängte. Er registrierte es mit einem ärgerlichen Laut und drückte sie noch enger an sich. Seine Hände waren grob und ohne Zärtlichkeit.

Dann ließ er sie abrupt los. „Zieh dich ganz aus", befahl er. Zitternd gehorchte sie, streifte die Strümpfe ab, den Unterrock. Als sie nackt war, verschränkte sie wieder die Hände vor der Brust, und Soklow lachte.

„Immer noch so verschämt? Hör zu, meine Kleine. Ich liebe Huren im Bett, und ich bin sicher, daß du eine bist.

Ein gieriges, raffiniertes Hürchen. Sonst hättest du dich nicht mit siebzehn Jahren mit zwei Männern gleichzeitig abgegeben. Aber damit wir uns richtig verstehen: Mit solchen Spielchen ist jetzt Schluß!“

Er kam wieder zu ihr und hob sie mit einem Schwung hoch, um sie auf dem Teppich vor dem Kamin zu Boden gleiten zu lassen. „Küß mich jetzt“, sagte er. „Zeig, was du gelernt hast. Ich will endlich wissen, wie es ist, wenn du glühst und scharf wie eine heiße Katze bist.“

Sein Augenausdruck bewirkte, daß sie tat, was er verlangte. Sie umarmte ihn und drückte ihre Lippen auf seinen Mund.

Sofort erwiderte er ihren Kuß, aber auf eine Art, die ihr Schmerzen zufügte. Mit seinem Gewicht drückte er ihren Körper nieder.

Sie spürte, wie er seine Hose öffnete, und dann kam er zu ihr. Es war wie eine Vergewaltigung. Er nahm sich nicht einmal die Zeit, sich völlig seiner Kleidung zu entledigen, und er tat ihr weh. Aber sie schwieg und ließ es mit sich geschehen.

Es kam Swetlana wie eine Ewigkeit vor, bis er endlich von ihr abließ. Eine kleine Weile blieb er liegen, ohne sich zu rühren oder etwas zu sagen. Dann stand er auf und brachte seine Kleider in Ordnung.

Mit einem glitzernden Blick sah er auf Swetlana hinunter. „Heute werde ich dich nicht bestrafen, daß du so teilnahmslos warst. Aber rechne nicht damit, daß ich zartfühlend und geduldig bin. Du wirst dich in Zukunft etwas mehr anstrengen müssen, sonst werde ich andere Saiten aufziehen. Vergiß nicht, ich gebe deinem kleinen Romanow-Bastard meinen Namen. Er wird als mein Sohn aufwachsen, und das bedeutet, daß er bei mir bleibt, falls es mir gefällt, dich eines Tages zum Teufel zu schicken. Darum bilde dir auch nicht ein, daß du mich verlassen könntest. Oder willst du dein Kind verlieren?“

Sie war zu elend, um ihm eine Erwiderung zu geben. Erst als er sie anfuhr: „Antworte mir!“ sagte sie leise:

„Es ist gut. Ich werde tun, was Sie ... was du verlangst.“

Er ging zum Tisch und schenkte sich Wodka nach. „Ich weiß. Du bist nicht dumm. Dir ist klar, daß du gar keine andere Möglichkeit hast. Und nun gute Nacht, meine teure Soklowa. Geh zu Bett und warte nicht auf mich. Ich habe vor, noch auszufahren.“

Er leerte sein Glas und wandte sich zur Tür. Draußen rief er nach seinem Diener. Swetlana hörte, wie er mit ihm ein paar Worte wechselte und laut lachte.

Dann verließ er pfeifend das Haus.

Von da an kam er jede Nacht zu ihr, manchmal auch noch am Morgen. Dann weckte er sie und war in ihr, kaum daß sie die Augen aufgeschlagen hatte. Zweifelsohne war er wie besessen von ihr und konnte nicht genug bekommen.

Aber ebenso sicher war, daß Swetlana deswegen keine Macht über ihn hatte. Er benutzte sie, wie es ihm gefiel, und sie mußte sich fügen.

Sie lernte rasch, daß es klug war, alles zu tun, was er von ihr verlangte, denn sonst schlug er sie und überschüttete sie mit ätzendem Hohn, der ihr noch schlimmer vorkam als seine körperlichen Attacken.

Im übrigen erwartete er, daß sie vor aller Welt die jung-verheiratete, verliebte Frau spielte, ebenso wie er sich in der Öffentlichkeit in der Rolle des glücklichen, fürsorgenden Ehemannes gefiel.

Er brachte Swetlana Geschenke mit, Schmuck, Taschen, Schuhe, Parfüm, ließ sie in den teuersten Modesalons von St. Petersburg einkleiden, und die eleganten Toiletten der schönen Fürstin Soklowa gehörten bald zu den Lieblingsthemen der Damen in den Palais der Hauptstadt.

Sie gingen häufig aus, hatten ebenso oft Gäste, und als

die Zarenfamilie zu den Neujahrsfeierlichkeiten wieder nach St. Petersburg kam, wurden sie auch bei Hof empfangen und zu den Bällen und Soireen, den Schlittenpartien auf der zugefrorenen Newa und den Paraden auf dem Marsfeld geladen.

Sie hatten eine Loge im Alexander-Theater, in dem französische Komödien gespielt wurden, und im Kaiserlichen Theater, wo sie der Kschessinskaja applaudierten, von der man wußte, daß sie vor seiner Ehe mit Alexandra die Geliebte von Zar Nikolaus gewesen war.

Swetlanas Mutter hatte, wie es ihre Art war, verdrängt, warum ihre Tochter Leonid Soklow geheiratet hatte. Für Wera Karlowna war längst alles in schönster Ordnung; Gott war gnädig gewesen. Er hatte nicht nur den Skandal um Boris Barschewskijs Tod von Swetlana abgewendet, sondern auch den weitaus schlimmeren, der für kurze Zeit drohend über ihnen geschwebt hatte.

Swetlana hatte eine glänzende Partie gemacht, und wenn ihr Baby ein paar Wochen zu früh geboren wurde – wer wollte behaupten, daß es nicht von Leonid Soklow war?

Es war ja offensichtlich, wie verliebt er in seine junge Frau war, und Wera sagte zu ihrer Tochter: „Es ist schön, mein Kind, daß du nun wieder glücklich bist. Glaub mir, eine Mutter leidet Höllenqualen, wenn sie sieht, daß eines ihrer Kinder Kummer hat. Aber du bist so aufgeblüht, seit du verheiratet bist, da braucht man gar nicht zu fragen, ob Leonid Iwanowitsch gut zu dir ist. Ach ja, er liebt dich sehr, und das macht mich froh."

„Ja, Mama", erwiderte Swetlana und deutete auf das Rubinhalsband, das sie trug. „Sehen Sie nur, das hat er mir gestern mitgebracht."

Sagen, was man von ihr erwartete, tun, was sie tun mußte ...

Was hätte es für einen Sinn gehabt, ihre Mutter darüber aufzuklären, wie ihre Ehe wirklich war? Wera Karlowna hätte geweint und lamentiert und ihrer Tochter zu guter Letzt empfohlen, dies als eine vom Schicksal auferlegte Buße für ihre frühere Bedenkenlosigkeit anzunehmen. Und geändert hätte es ohnehin nichts.

Am 6. Januar des Jahres 1900 nahm Zar Nikolaus die traditionelle Segnung des Newa-Wassers vor. Es war ein klirrend kalter, sonniger Tag, und Swetlana wurde nach dem Zeremoniell zusammen mit Leonid zum Schlitten der Kaiserin gebeten, wo Alexandra Fjodorowna, in dikke Pelze gehüllt, neben einem Adjutanten und Anna Wyrubowa saß.

Die Zarin sah schlecht aus, sie fror und hatte blaue Lippen. Aber das Lächeln, mit dem sie Swetlana begrüßte, war voller Herzlichkeit.

„Meine liebe Madame Soklowa, ich habe so oft an Sie gedacht und mich gefragt, wie es Ihnen geht. Sie sehen wieder einmal wunderhübsch aus. Und was für eine bezaubernde Pelzkappe Sie tragen!“ Sie nickte Leonid zu. „Ich hoffe, Sie wissen es zu schätzen, Fürst, daß Sie eine so liebenswerte, schöne Frau bekommen haben. Wenn nicht, würde ich Ihnen das sehr übelnehmen.“

Soklow verneigte sich. „Euer Kaiserliche Majestät können sicher sein, daß Swetlana Pawlowna das größte Glück meines Lebens ist. Daß sie mich geheiratet hat, gehört zu den Ereignissen meines Daseins, die mich unendlich dankbar stimmen.“

Swetlana sah, daß die Zarin ihn nach diesen Worten ein paar Sekunden prüfend, mit unmerklich gerunzelten Brauen betrachtete. Doch dann erwiderte sie:

„Es freut mich, daß Sie das sagen, denn ich habe Ihre Gattin sehr gern. Ich möchte sie öfter in meiner Nähe haben, und darum habe ich mich entschlossen, sie zu meiner Ehrendame zu ernennen. Es ist schön in Zarskoje Selo, und ich bin überzeugt, daß es Swetlana Pawlowna dort gefallen wird.“

Leonid zwang sich zu einem Lächeln. „Zweifelsohne.

Dennoch mögen Euer Majestät bedenken, daß es mich sehr hart ankommen würde, meine Frau nicht alle Tage um mich zu haben."

„Sie werden das Beste daraus machen, davon bin ich überzeugt", entgegnete die Zarin, und in ihren sonst so sanften Augen stand plötzlich ein unbeugsamer Ausdruck. „Im übrigen steht es Ihnen frei, so oft nach Zarskoje Selo zu kommen, wie Sie mögen, wenn wir nicht sowieso in der Hauptstadt sind."

Sie seufzte unterdrückt. „Vorläufig werden wir jedenfalls der Ballsaison wegen hierbleiben müssen. Zudem ist Seine Majestät mit einer Unzahl von Regierungsgeschäften überlastet."

Leonid kniff die Lippen zusammen. „Euer Majestät sind sehr gütig. Gleichwohl halte ich es zum augenblicklichen Zeitpunkt für wenig wünschenswert, meine Frau in den Hofdienst zu berufen. Wir haben die freudige Nachricht zwar noch nicht publik gemacht, aber nun muß es wohl sein: Meine Frau erwartet ein Kind. Es soll Ende Mai zur Welt kommen."

„Meinen herzlichsten Glückwunsch, Fürst." Alexandra Fjodorowna hielt seinem Blick mit großer Ruhe stand. „Sie dürfen versichert sein, daß ich immer und überall auf den Zustand Ihrer Gattin Rücksicht nehmen werde. Ich möchte sie nur oft in meiner Nähe haben, das ist alles."

Sie nickte ihm und Swetlana verabschiedend zu. „Kommen Sie heute abend zum Essen zu uns, meine liebe Madame Soklowa. Es findet nur im kleinsten Kreise statt. Dann können wir alle Einzelheiten Ihres Eintritts in den Hofdienst festlegen."

„Die Zarin ahnt vermutlich, von wem dein Wechselbalg in Wahrheit ist", sagte Leonid, als er mit Swetlana zur Wassiljewskij-Insel zurückfuhr. „Und nun will sie schützend ihre Hand über dich und ihren illegitimen Neffen oder ihre Nichte halten. Aber bilde dir nicht ein, daß dir das viel nützt. Offiziell ist es mein Kind, und die sittenstrenge Alexandra Fjodorowna wird sich lieber die Zunge abbeißen als öffentlich zuzugeben, daß es von ihrem verstorbenen Schwager ist. Sie duldet keinen Flekken auf der Familienehre der Romanows. Es ist sowieso erstaunlich, daß sie Georgs Affäre mit dir goutiert hat. Normalerweise sind solche Dinge für sie absolut verdammenswert."

Swetlana schwieg und blickte auf den Schnee, der unter den Pferdehufen aufstob, und Leonid stieß sie unsanft in die Seite. „Heh, warum gibst du keine Antwort? Ich rede mit dir!"

„Was willst du hören?" fragte sie zurück. „Daß du recht hast? Das weißt du doch."

„Sie hat ganz offensichtlich einen Narren an dir gefressen", fuhr Leonid fort. „Nun ja, noch stört mich das nicht. Aber wenn es mich eines Tages stören sollte, sei gewiß, daß du sehr schnell bei Ihrer Majestät in Ungnade fällst. Ich bin recht findig im Einfädeln solcher Intrigen."

Schon Mitte Januar trat Swetlana den Hofdienst bei der Zarin an. Im Winterpalais stand ihr ein Apartment zur Verfügung, in dem sie auch übernachten konnte, wenn es wegen eines Balles oder einer anderen Festivität zu spät wurde, um heimzufahren.

Aber in der Regel kehrte sie zum Schlafen in das Soklowsche Palais zurück, weil Leonid es verlangte.

Ihre Schwangerschaft machte Swetlana kaum Beschwerden, und der Hofdienst gefiel ihr, ermöglichte er es ihr doch, ihrem Mann aus dem Weg zu gehen.

Die Zarin behandelte Swetlana nach wie vor mit großer Liebenswürdigkeit und machte keinen Hehl daraus, daß sie sie gern hatte. Es ging Alexandra Fjodorowna gesundheitlich nicht gut in diesem Winter. Sie litt unter nervösen Herzbeschwerden und Schmerzen in den Gliedern, besonders in den Beinen, so daß sie ihre Privatgemächer nur zu offiziellen Anlässen verließ.

Die hübsche dunkellockige Fürstin Sonja Orbeljani hatte Swetlana unbefangen und neidlos in den Kreis der kaiserlichen Ehrendamen aufgenommen. Auch Alexandras Vorleserin und Sekretärin Katharina Schneider und ihre Zofe Mademoiselle Zanotti, eine Milchschwester der Zarin, die sie aus Deutschland mitgebracht hatte, hegten keine Vorbehalte gegen sie.

Anders Anna Wyrubowa, die keine Gelegenheit ausließ, Swetlana mit versteckten Spitzen zu attackieren und sie fühlen zu lassen, daß sie einen unliebsamen Eindringling in ihr sah.

„Machen Sie sich nichts daraus, meine Liebe", sagte die Orbeljani. „Anna Alexandrowna ist auf jeden eifersüchtig, dem Ihre Majestät mehr als nur einen Blick und ein flüchtiges Lächeln schenkt. Sie gehört noch nicht lange zum Hofstaat, aber sie tut so, als sei sie die wichtigste Person in der Umgebung der Zarin. Ich finde es manchmal penetrant, wie sie sich einschmeichelt."

„Sie ist nicht verheiratet, nicht wahr?" fragte Swetlana, und die Fürstin lachte.

„Nicht mehr. Alexej Wyrubow, ein Leutnant zur See, war ein Jahr lang ihr Gatte. Die Eheschließung fand auf Wunsch der Zarin statt, aber Wyrubow war ein Trinker und hat die liebe Anna wohl nie angerührt. Deshalb wurde die Ehe aufgelöst." Sie zwinkerte Swetlana zu. „Vielleicht ist sie deshalb so exaltiert und hysterisch."

Sonja Orbeljani liebte den Klatsch, aber sie war nie wirklich bösartig dabei – wie so viele andere bei Hof. Swetlana mochte sie mit jedem Tag lieber und hätte sich gern mit ihr angefreundet, wenn sie nicht befürchtet hätte, daß die Fürstin dann eines Tages Einblick in ihre unglückliche Ehe bekommen hätte.

Bei Hof behandelte Leonid seine Frau zwar immer noch mit großer Liebenswürdigkeit. Dann trank er auch nichts. Aber daheim war er neuerdings mehr betrunken als nüchtern und legte sich keine Zügel an, wenn er Swetlana verspottete, von ihrem Romanow-Bastard redete und zynische Bemerkungen über Georg Alexandrowitsch machte.

Swetlana wollte nicht, daß ihr Elend bekannt wurde und man sich die Mäuler darüber zerriß.

Der Glanz des höfischen Lebens, der sie in ihrem ersten Petersburger Winter so geblendet hatte, war inzwischen verblaßt. Das lag allerdings zu einem Teil an der Zarin selbst, die ständig darüber klagte, wie schlecht doch die Menschen in der Umgebung ihres Gatten seien, und sie nahm dabei nicht einmal die etwa sechzig Mitglieder zählende kaiserliche Familie aus.

„Alle diese Großfürsten, Großfürstinnen und Prinzen von Geblüt sind bis ins Mark verkommen", sagte sie einmal zu Swetlana. „Aber leider geht Seine Majestät in seiner Güte viel zu lasch mit ihnen um. Nehmen Sie nur die morganatische Ehe von Großherzog Paul Alexandrowitsch – oder die des Vetters Seiner Majestät, Großfürst Kyrill Wladimirowitsch. Sie haben beide geschiedene Frauen geheiratet, mit denen sie zuvor eine Affäre hatten. Ein Skandal, da doch alle Blicke auf die kaiserliche Familie gerichtet sind. Wen nimmt es da wunder, wenn derartig schlechte Beispiele Schule machen!"

Ein anderes Mal tadelte sie die hemmungslose Bestechlichkeit einiger Großfürsten.

Es war während eines Abendessens in kleinem Kreis, zu dem auch Swetlana geladen war. Der Zar, der es sich selten nehmen ließ, die Mahlzeiten mit seiner Familie einzunehmen, war anwesend und warf Alexandra Fjodorowna einen halb ärgerlichen, halb flehentlichen Blick zu, als sie sich über den jüngsten Bestechungsskandal ausließ, in den Großfürst Sergej Alexandrowitsch, ein Bruder des verstorbenen Zaren, verwickelt war.

„Er soll zwei Millionen Rubel kassiert haben, damit in Moskau kein Monopol für Spirituosen eingeführt wird", sagte sie. „Denken Sie nur, Nicky, eine Unsumme! Und Großfürst Sergej Michailowitsch, Ihr Cousin, soll finanziell sogar an den Aufträgen beteiligt sein, die die Firma Schneider-Creusot von Rußland erhält."

„Das sind alles nur Gerüchte, meine liebe Alix", widersprach Nikolaus und nahm einen Schluck Portwein. „Sie wissen doch, wer im Blickpunkt steht, über den werden allzu gern Lügen in die Welt gesetzt."

„Aber Finanzminister Witte soll entsprechende Beweise vorlegen können", ereiferte sich die Zarin, und ihr blasses Gesicht überzog sich mit hektischer Röte – wie immer, wenn sie sich erregte. „Ich bitte Sie, lassen Sie sich die zeigen, und wenn Sie keinen Zweifel an der Schuld der beiden Großfürsten haben, müssen Sie sie bestrafen. Sie sind der Zar, und es geht nicht an, daß man Ihnen auf der Nase herumtanzt und den Namen Romanow in den Schmutz zieht."

„Ja, ja, gewiß", murmelte Nikolaus unbehaglich und stocherte in seinem Essen herum. „Lassen Sie übrigens Monsieur Cubat meine Anerkennung aussprechen. Dieses Spanferkel ist wirklich köstlich, das er uns heute servieren läßt. Allerdings habe ich keinen besonderen Appetit. Mein Magen schmerzt ein wenig."

Sofort war die Zarin voller Sorge. „Soll ich Ihnen ein Magenpulver bringen lassen? Oder einen Tee, der Ihre Beschwerden lindert?"

„Nein, nein, vielen Dank. Es wird schon von selbst vergehen. Sie wissen doch, wenn ich mich mit dem Essen zurückhalte, verschwinden diese Beschwerden sehr rasch."

Zar Nikolaus lächelte Swetlana zu. „Sind Sie auch so besorgt um Ihren Gatten, meine liebe Fürstin Soklowa?"

„Ich? Oh ..." Swetlana lächelte gezwungen zurück. „Leonid Iwanowitsch ist von geradezu unverwüstlicher

Gesundheit. Ich kann mir gar nicht vorstellen, daß er jemals krank würde."

„Das ist aber sehr kurzsichtig gedacht", warf die Wyrubowa ein. „Jeder Mensch kann krank werden, oft genug von einer Stunde zur anderen, und gerade die am gesündesten erscheinen, haben häufig den Keim eines schlimmen Leidens in sich, das dann unversehens zum Tode führt."

„Meine liebe Anna Alexandrowna", sagte die Zarin mit nachsichtigem Tadel, „was sind das für düstere Prophezeiungen! Lassen Sie uns doch bitte von erfreulicheren Dingen sprechen."

Die Wyrubowa warf ihr einen entschuldigenden Blick zu. „Euer Majestät mögen verzeihen. Ich habe ja nur ganz allgemein gesprochen."

Alexandra Fjodorowna blickte zu den französischen Fenstertüren hin, die auf eine Terrasse führten. „Es ist ein so schöner Abend. Ich hätte Lust, noch ein wenig spazierenzugehen."

„Aber es weht ein recht kühler Wind, meine Liebe", meinte der Zar. „Dafür sind Sie viel zu leicht angezogen, wenn ich auch zugeben muß, daß Ihnen dieses Kleid ganz bezaubernd steht."

Sie errötete wie ein junges Mädchen. „Gefällt es Ihnen? Ich habe es heute zum ersten Mal an. Sie finden also nicht, daß mich dieses helle Violett etwas zu blaß macht?"

„Aber keineswegs", versicherte er und griff nach ihrer Hand, um sie zu küssen. „Sie sehen hinreißend wie immer aus, meine liebe Alix. Aber wenn wir tatsächlich noch einen Spaziergang unternehmen wollen, müssen Sie einen wärmeren Mantel und vielleicht auch einen Schal mitnehmen. Und den anderen Damen empfehle ich das ebenfalls."

„Ich habe die dicken Winterkleider so satt", meinte die Zarin seufzend. „Schließlich haben wir schon März. Da sehnt man sich nach etwas Frühlingsmäßigerem." Ihr Blick bekam etwas Sehnsüchtiges. „In England und Deutschland fangen jetzt die Bäume an zu blühen, und in Italien hat der Oleander schon ganz dicke Knospen."

„Vielleicht läßt es sich einrichten, daß wir im kommenden Frühjahr eine Reise dorthin machen. Erst nach Darmstadt zu Ihrer Familie – und dann weiter nach Süden. Venedig, Florenz, Rom, Neapel ... Auf der Rückreise können wir meinem Vetter Wilhelm in Berlin einen Besuch abstatten und eventuell noch Ihrer Granny Viktoria in London. Was halten Sie davon?"

„Ach, das wäre wunderschön!" Alexandra wandte sich an ihre Damen. „Sie ist einundachtzig Jahre alt, meine Großmutter, die englische Königin, und sie leidet zunehmend unter Altersbeschwerden, wie man hört. Wer weiß, wie lange sie noch am Leben ist. Ich würde sie schrecklich gern wiedersehen."

Der Zar nickte ihr zu. „Ich auch. Überhaupt möchte ich wieder einmal mit Ihnen nach England reisen. Wir haben so viele schöne Erinnerungen daran, nicht wahr?"

Swetlana wußte, daß der Zar und Alexandra Fjodorowna, die damals noch eine Prinzessin von Hessen-Darmstadt gewesen war, einander am Hof der Queen Viktoria begegnet waren. Alix von Hessen-Darmstadt hatte mit sechs Jahren die Mutter verloren und danach ihre ganze Kindheit und Jugend am englischen Hof verbracht.

Zarin Alexandra sprach gern von diesen Jahren, und es bestand kein Zweifel daran, daß sie sich in England glücklicher gefühlt hatte als in Rußland, wo man ihr immer noch mit viel Feindseligkeit und Unverständnis begegnete.

Zar Nikolaus stand auf und lächelte seiner Frau zu. „Dann soll es hiermit abgemacht sein. So Gott will, werden wir im kommenden Frühjahr eine längere Reise antreten."

Sie blickte voller Zärtlichkeit zu ihm hoch, und ein paar Sekunden sahen sie einander still in die Augen.

Swetlana wurde das Herz schwer. Wie sehr der Zar in diesem Moment seinem verstorbenen Bruder glich! Genauso hatte Georg sie oft betrachtet - voller Zuneigung und Bewunderung und mit dem tiefen Einverständnis, das nur Liebende füreinander empfinden.

Ach, Georg ... Swetlana wußte, daß sie seinen Tod akzeptieren mußte, aber sie brachte es einfach nicht fertig. Sie hatte nur gelernt, mit dem Unabänderlichen zu leben, ebenso wie mit den Qualen ihrer Ehe.

Dennoch empfand sie ihr Dasein immer noch und immer wieder als grausam und unerträglich und hätte es wohl auch nicht ertragen, wenn nicht das Kind in ihr gewesen wäre. Georgs Kind, dem sie alle Liebe und alle Sicherheit geben wollte, die es brauchte.

Just in diesem Moment bewegte sich das Kleine in ihr, stieß mit seinen kleinen Füßen gegen ihre Bauchdecke, und Swetlana schluckte ihre aufsteigenden Tränen hinunter.

Mein Herzchen, mein einziger Liebling, dachte sie. Wenn du nur glücklich bist und es dir an nichts fehlt! Dafür ertrage ich alles, selbst Leonid Soklow.

8. Kapitel

Swetlanas Sohn wurde am 28. Mai geboren, und er war ein kräftiges, schönes Kind mit den blauen Augen seines Vaters und den edlen Gesichtszügen seiner Mutter.

Es war eine schwere Geburt; Swetlana lag drei Tage lang in den Wehen, ein armes, gepeinigtes Stück Mensch, das ganz allein war in seiner Not.

Allerdings waren zwei Ärzte um sie, deren bedenkliche Mienen ihr jedoch Furcht einflößten, statt ihr Zuversicht zu vermitteln. Leonid Iwanowitsch hatte die Mediziner gerufen, als die ersten Wehen einsetzten.

Auch Swetlanas Mutter war gekommen, aber Wera Karlowna brachte wie immer nichts anderes zustande als ein großes Lamento darüber, wie sehr es sie doch schmerzte, die Qualen der Tochter mit anzusehen.

Es war niemand da, an dessen Hand sich die junge Frau hätte festhalten können, wenn Schmerzen und Angst sie zu überwältigen drohten, niemand, dessen Liebe ihr Kraft gegeben hätte.

Leonid Soklow hatte das Haus verlassen, sobald die Ärzte eingetroffen waren, und Swetlana sah ihn erst wieder, als ihr Sohn geboren war.

„Ein kleiner Leonidowitsch Soklow", sagte er, als er drei Stunden nach der Geburt des Kindes auftauchte. „Hast du schon einen Vornamen für ihn?" Er roch nach Wodka und einem fremden süßlichen Parfüm.

„Fjodor", sagte Swetlana matt. „Er soll Fjodor heißen."

„Gut, einverstanden!" Soklow lachte, während er das Kind betrachtete, dessen Wiege neben ihrem Bett stand.

„Mein Großvater mütterlicherseits hieß so. Wir werden sagen, daß wir das Kind nach ihm benannt haben.“ Er warf Swetlana einen gehässigen Blick zu. „Vorerst gebe ich dir freie Hand bei seiner Erziehung. Aber später, wenn er etwas älter geworden ist, werde ich mich darum kümmern. Schließlich trägt der Bastard meinen Namen.“

Sie wollte in seiner Gegenwart nicht weinen, aber sie war so elend, daß sie den Tränen keinen Widerstand entgegensetzen konnte. Er sah es und lachte wieder.

„Bricht dir die Vorstellung das Herz, ich könnte deinen Sohn zu einem Kerl wie mich machen? Nun, ich fühle mich recht wohl in meiner Haut, finde mein Leben amüsant und abwechslungsreich, und das solltest du dem kleinen Fjodor Leonidowitsch ebenfalls gönnen.“

Sie wollte den Kopf zur Wand drehen, doch er umfaßte ihr Kinn und zwang sie, ihn anzusehen. „Merke dir eines: Falls du dir einbildest, du könntest irgendwann deinen Sohn gegen mich beeinflussen, so ist das vergebene Liebesmüh. Du würdest ihm und dir selbst keinen Gefallen damit tun. Hast du das begriffen?“

„Ja“, sagte Swetlana leise. Ein paar Sekunden lang betrachtete sie ihn, sah die scharfe Nase, von der sich zwei Falten zu den Mundwinkeln zogen, die merkwürdigen braungelben Augen mit den dichten Brauen darüber und das breite, Roheit verratende Kinn. Dann fügte sie hinzu: „Es macht dir einfach Freude, andere Menschen zu demütigen, nicht wahr? Du liebst es, gemein und bösartig zu sein.“

„Es ist wesentlich vergnüglicher, als den Ehrenmann zu spielen. Und da alle, die mich näher kennen, von mir nichts Gutes erwarten, kann ich meist tun, was ich gerade will. Also bringt es im Grunde nur Vorteile, wenn man einen schlechten Ruf hat.“

Sie wünschte sich, daß er ginge, aber er zog sich einen Stuhl heran und setzte sich an ihr Bett.

„Die beiden letzten Nächte habe ich beispielsweise bei

einer niedlichen Ballettelevin vom Kaiserlichen Theater verbracht. Die Kleine hat mehr Feuer im Hintern als du. Vielleicht bringe ich euch einmal zusammen, damit du von ihr lernen kannst, denn offen gestanden, mein Kind, hast du mich in letzter Zeit zunehmend gelangweilt. Und wenn ich etwas hasse, dann ist es Langeweile. Das weißt du doch, nicht wahr?"

„Ich will und werde niemals irgend etwas mit einer deiner Geliebten zu tun haben", erwiderte Swetlana. Ihr war eiskalt geworden, denn sie glaubte zu ahnen, was er da andeutete. „Dazu kannst du mich nicht zwingen. Eher wende ich mich an die Zarin und bitte sie um ihren Schutz für mich und mein Kind vor deiner Niedertracht. Darum bilde dir auch nicht ein, ich würde jemals zulassen, daß du meinen Sohn mit deiner Schmutzigkeit vergiftest."

Seine Augen wurden tückisch. „Die Zarin weiß also ganz genau, daß dein Bastard das Kind ihres Schwagers ist?"

„Natürlich", antwortete sie und fühlte zum ersten Mal, daß sie ihm überlegen war, und das erfüllte sie trotz ihrer Mattigkeit mit einem gewissen Triumph. „Ich habe es ihr gesagt, bevor du mir die Ehre deines Antrags erwiesen hast."

Sie verstummte, weil er aufsprang und ihre Schultern umfaßte. „Du dreckige kleine Hure! Du trägst Wasser auf beiden Schultern, was? Und jetzt willst du uns gegeneinander ausspielen!"

„Ich tue es nur, wenn du mich dazu zwingst. Also treib mich nicht dahin."

Er schüttelte sie, und seine Finger, die sich in ihr Fleisch gruben, fügten ihr Schmerzen zu. „Laß mich los, du tust mir weh ..."

Überraschenderweise gehorchte er, und Swetlana fiel in die Kissen zurück. Soklow blickte mit zusammengezogenen Brauen auf sie hinunter. „Weißt du was? Du langweilst mich tödlich – mitsamt deinem Windelscheißer! Eine Zeitlang war ich verrückt nach dir, aber du bist nur halb so gut im Bett, wie ich erwartet habe, und Mittelmaß hat mich noch immer zum Gähnen gebracht. Kann sein, daß ich dir trotzdem noch ein oder zwei Kinder mache, weil ich nicht nur diesen Bastard hier großziehen will. Doch im übrigen werde ich mir meine Vergnügungen außerhalb des ehelichen Bettes suchen."

An diesem Tag bekam Swetlana Fieber. In dem angenehmen Dämmerzustand zwischen Traum und Wirklichkeit verschwammen die Konturen. Alles, was sie quälte, schien fern und gedämpft.

Ihre Mutter kam und brachte einen Arzt mit, außerdem eine Amme für das Kind. Schura Nikititschna war eine Ukrainerin mit üppigen Brüsten und melancholischen Augen, deren Schnitt verriet, daß unter ihren Vorfahren einmal ein schwarzäugiger Usbeke oder Tunguse vertreten war. Sie hatte vier Kinder, das fünfte, ein kleines Mädchen, war einen Tag zuvor gestorben. Und sie hatte so viel Milch, daß sie noch zwei weitere Neugeborene hätte stillen können.

Soklow machte wahr, was er angekündigt hatte: Er war selten daheim, auch des Nachts nicht. Manchmal brachte er die Kumpane, mit denen er herumzog, mit in den Palast, und dann hörte Swetlana die Männer grölen und herumpoltern. Auch das helle Kreischen von Frauenstimmen und laute Zigeunermusik drangen bis in ihr Schlafzimmer.

Es war ihr gleichgültig. Leonid konnte tun und lassen, was er wollte, solange er nur sie in Frieden ließ.

Das Fieber, von dem Dr. Grischajew zunächst angenommen hatte, es sei das gefürchtete Kindbettfieber, ging rasch zurück. Dennoch erholte Swetlana sich nur langsam von der Geburt. Sie fühlte sich matt und elend und verließ das Bett immer nur für ein paar Stunden.

Die Zarin hatte ihr zur Geburt ihres Sohnes ein silbernes Teegeschirr geschickt und ein paar Zeilen dazugeschrieben.

Gott segne Sie und Ihren Sohn. Möge er Ihnen nur Freude bereiten, meine liebe Madame Soklowa. Ich bin sehr begierig, den Kleinen kennenzulernen, und hoffe, daß Sie bald einmal mit ihm nach Zarskoje Selo kommen, um ihn uns zu präsentieren.

Dies geschah Anfang Juli. Über St. Petersburg hing eine brütende Hitze, der Himmel war fast weiß, und Milliarden von Mücken schwärmten aus den benachbarten Sumpfgebieten aus. Dennoch war die kaiserliche Familie nicht, wie sonst im Hochsommer, nach Petershof übersiedelt, sondern in Zarskoje Selo geblieben.

Den Grund dafür erfuhr Swetlana, nachdem sie der Zarin ihren kleinen Sohn vorgestellt hatte.

Alexandra schaute ihn lange an, und Swetlana sah, daß ihr Tränen in die Augen traten.

„Er gleicht seinem Vater", meinte die Kaiserin leise. „Ach Gott, warum mußte Georg Alexandrowitsch so früh sterben! Wir alle vermissen ihn so sehr. Darf ich den Kleinen einmal halten?"

Swetlana legte ihr das kleine, nach russischer Sitte in einen bunt bestickten Strampelsack gehüllte Bündelchen Mensch in die Arme, und die Zarin wiegte es sacht hin und her.

„Ich werde auch bald einen Sohn haben", sagte sie mit einem entrückten Lächeln. Sie hatte Swetlana allein empfangen – in ihrem Boudoir, das an das Schlafzimmer des Kaiserpaares im Alexander-Palast von Zarskoje Selo grenzte. „Mitja Koljaba und Bruder Basil haben es mir beide prophezeit, und Vater Johann von Kronstadt hat mir geschrieben, daß ich ihnen unbedingt Glauben schenken darf. Sie seien heilige, von Gott inspirierte Männer, trotz ihrer armseligen irdischen Gestalt. Es gefalle dem Allmächtigen, sich durch die Ärmsten der Armen zu offenbaren."

Vater Johann kannte Swetlana, da sie ihm einige Male beim Zarenpaar begegnet war. Er war ein hochgewachsener weißhaariger Priester mit seltsam leuchtenden Augen, die jedem Menschen bis auf den Grund der Seele zu blicken schienen.

Die Zarin sprach mit kindlicher Bewunderung von ihm, besaß er doch neben seiner tiefen Frömmigkeit große spirituelle Fähigkeiten. Er sollte durch Handauflegung und Gebet mancherlei Schmerzen nehmen und gelegentlich sogar wahrsagen können. Auf jeden Fall aber war er ein integrer Mann, dessen Aufrichtigkeit außer Frage stand.

„Wer sind Mitja Koljaba und Bruder Basil?" fragte Swetlana, weil sie diese beiden Namen noch nie gehört hatte.

Alexandra setzte sich mit dem Kind auf den Armen in einen Sessel. „Ach, das wissen Sie ja noch gar nicht! Die beiden sind Pilger, die durch Rußland wandern, also Stranniki. Sie schlafen in Klöstern oder bei frommen Leuten, die sie aufnehmen, und nach Kasteiung und Gebet verfallen sie vielfach in einen Zustand, in dem sie predigen und weissagen. Vielleicht erleben Sie es einmal mit, wenn die beiden ihre Andacht abhalten."

Swetlana wußte, daß die Zarin einen ausgeprägten Hang zu religiösem Mystizismus hatte, den vor allem die Wyrubowa förderte. Die Hofdame liebte es, bei jeder Gelegenheit von Wundertätern und heiligen Narren zu erzählen. Es waren ganz unglaubliche Geschichten darunter, die Alexandra Fjodorowna aber geradezu begeistert und völlig kritiklos in sich aufsog.

Gelegentlich kamen solche Stranniki an den Hof. Meist hatte die Wyrubowa sie in Petersburg gesehen oder von ihnen reden gehört und die Zarin bestürmt, sie zu empfangen. Es waren armselige, schmutzige Gestalten in zerlumpten Kutten, mit wirrem Haar und Bart und fanatischen Gesichtern, die Swetlana eher Widerwillen einflößten.

Sie war ein gläubiger Mensch, aber sie besaß zuviel gesunden Instinkt, um auf das oftmals abstoßende Gebaren dieser Leute hereinzufallen.

Eigentlich hätte sie aus diesem Grunde lieber auf ein Zusammentreffen mit den beiden neuen Stranniki verzichtet, aber noch während sie mit der Zarin plauderte und diese den kleinen Fjodor auf den Armen hielt, meldete die diensttuende Kammerfrau Anna Wyrubowa an, die gleich darauf in das Boudoir gestürmt kam.

„Euer Majestät mögen verzeihen, wenn ich störe, aber Bruder Basil und Mitja Koljaba verlangen nach Ihnen. Bruder Basil hat wieder eine Offenbarung gehabt, die Euer Majestät betrifft."

Die Zarin sprang sofort auf. „Wahrhaftig? Wo sind sie? Ich will sie sehen!"

Sie drückte Swetlana das Kind in die Arme, und die Wyrubowa deutete nach draußen. „In der Kammer, die Sie den beiden zuweisen ließen. Sie haben vor der Ikone des Heiligen Alexej gebetet, gemeinsam mit mir und ... Aber kommen Sie nur und sehen Sie selbst!"

Alexandra Fjodorowna forderte Swetlana auf, sie zu begleiten, und zu dritt liefen sie durch die Vorzimmer, einen Flur, die Treppe hinunter und ins Parterre.

Swetlana hielt ihren Sohn fest an sich gedrückt. Schon in der Halle hörte sie einen seltsam monotonen Singsang, von dem sie einzelne Worte, aber nicht den Sinn verstand. Dann erhob sich eine andere Stimme zu einem ekstatischen Kreischen, das abrupt abbrach, als die Wyrubowa eine Tür aufriß.

In dem Raum dahinter wurden in der Regel herumreisende Pilger und Stranniki untergebracht, wenn sie nach Zarskoje Selo kamen. Das Zimmer war karg möbliert mit zwei Betten, einem Schrank, Tisch und Stühlen und einer allerdings sehr kostbaren großen Ikone zwischen den Fenstern.

Davor lag ein Mann. Seine Arme und Beine zuckten, und er schlug immer wieder mit der Stirn auf den Boden. Seine Füße waren nackt, schmutzig und von großen Schwielen bedeckt. Die Kutte war halb nach oben gerutscht, und Swetlana sah, daß die Waden blutige Wunden von Geißelhieben aufwiesen.

Ein zweiter Mann, offenbar der, der eben noch so entsetzlich geschrien hatte, warf sich auf die Knie, als er der Zarin ansichtig wurde, und rutschte zu ihr hin.

„Mütterchen! Kaiserin!" stammelte er mit einer kindlich hellen Stimme, während Speichel aus seinem Mund tropfte. Swetlana machte unwillkürlich eine Abwehrbewegung, als er Alexandra Fjodorownas Knie umklammerte, aber die Zarin sagte:

„Lassen Sie ihn. Kolja Mitjaba ist ein heiliger Mann." Dann beugte sie sich zu ihm hinunter. „Segne mich, Bruder Kolja. Male mir das Kreuzzeichen auf die Stirn."

Er tat es und murmelte dabei allerhand unverständliches Zeug, von dem Swetlana wiederum nur einige Satzfetzen verstand. „Du Gütige ... Mutter eines neuen Zaren ... Gepriesen sollst du sein und die Gnade Gottes auf dir liegen ..."

Dann sank er in sich zusammen, und ein jammervolles Schluchzen kam aus seinem Mund.

Die Zarin berührte ihn an der Schulter. „Steh auf, Bruder Kolja, ich bitte dich."

Aber er kroch noch mehr in sich zusammen und schüttelte den struppigen Kopf. „... bin es nicht wert ... Muß im Staub liegen und Buße tun für die Sünden, die im heiligen Rußland geschehen. Sie schreien zum Himmel, all die Hurerei, das Prassen, das Betrügen und Morden. Sie morden nicht nur mit Gift und Dolch und Pistolen. Sie töten vor allem die Seelen, diese Teufel, und ich muß mich geißeln, geißeln, um das Böse zu sühnen ..."

Er richtete sich halb auf und riß im Rücken seinen dunklen schmutzigen Bauernkittel auseinander, den er zu Hose und Stiefeln trug. Seine Haut war von halb verschorften, eitrigen Wunden bedeckt, die näßten und bluteten.

„Da seht, was ich für sie tue, die Huren und Mörder!

Seht es, Mütterchen, und betet mit mir zu Gott, daß er mein Opfer annimmt! Denn sonst wird Rußland die Strafe des Herrn treffen, und es wird versinken in einer Flut von Elend. Die sieben Plagen werden über das Land kommen, und nur ich, Kolja Mitjaba, der Bruder der Armen, kann es verhindern."

Er ist wahnsinnig, dachte Swetlana, von Grauen erfaßt. Das Kind in ihrem Arm, aufgeschreckt durch die wüste, laute Stimme, begann zu weinen. Sie preßte es an sich und barg sein Köpfchen an ihrer Schulter.

Rasch wollte sie den Raum verlassen, doch Kolja hielt sie zurück. „Bleib, Töchterchen. Laß es mich ansehen, dein Kind, und laß es von mir gesegnet werden."

Sie fuhr zurück, als er seine Hände nach Fjodor ausstreckte, doch die Zarin nickte ihr zu. „Lassen Sie ihm die Hände auflegen, meine Liebe. Es sind Hände, die Wunder bewirken können." Ihre Augen glänzten, und die Röte auf ihrem Gesicht verriet ihre tiefe Erregung.

„Sei Gott geweiht, Söhnchen", murmelte Kolja Mitjaba und schlug das Kreuz über Fjodor. „Spuck dem Satan ins Gesicht, hörst du? Schlag die Sünde ans Kreuz und bete, bete für Rußland ..." Der Blick seiner flackernden Augen bohrte sich in den von Swetlana. „Und du, Töchterchen ... bist in Samt und Seide gehüllt und hast glitzernde Steine um den Hals. Sieh zu, daß sie dich nicht brennen und würgen, die Hurensteine ..."

Er kam auf die Füße und lief mit grotesken Bewegungen zu der Bettstatt hinüber, auf der seine speckige Fellmütze lag. „Hurensteine!" wiederholte er. „Blendwerk des Satans ..." Er fiel auf die Decke und verstummte. Mit leeren, dumpfen Augen starrte er vor sich hin.

Die Wyrubowa ging auf die Ikone zu und berührte den am Boden Liegenden an der Schulter. „Bruder Basil", flüsterte sie ehrfürchtig. „Steht auf. Ihr seid erschöpft. Ihr müßt neue Kräfte sammeln. Soll man Euch etwas zu essen und zu trinken bringen?"

Als der Mann den Kopf hob, um sie anzublicken, sah Swetlana, daß sein Gesicht schweißüberströmt war. Er war älter, als sie angenommen hatte, vielleicht um die Sechzig, mit tiefen Falten und gelblicher Haut. Er lächelte der Wyrubowa zu und entblößte dabei seinen fast zahnlosen Mund.

„Nichts essen ... nur ein wenig ruhen. Ich war fort, weit fort. Das hat mich müde gemacht."

„Wo wart Ihr?" fragte Anna Alexandrowna. „Erzählt es Ihrer Majestät, so wie Ihr es mir vorhin gesagt habt."

Auf sie gestützt, stand er auf und ließ sich zu Alexandra führen. Er lächelte noch immer, und seine schwarzen tiefliegenden Augen erinnerten Swetlana an den starren Blick eines Raubvogels.

Sie versuchte, den immer noch schreienden Fjodor zu beruhigen, blies ihren warmen Atem in sein helles flaumiges Haar und wiegte ihn hin und her, bis sein Weinen verstummte.

„Ich war am Meer", sagte Bruder Basil mit monotoner Stimme. „Oder nein, es war ein Kornfeld. Der Weizen wogte hin und her wie Wellen, goldgelbe Wellen, Mütterchen. Es war so friedlich. Doch auf einmal ging ein Stöhnen durch das Korn – wie von Menschenstimmen war es. Die Halme neigten sich, und der Himmel wurde dunkel. Und dann begann die Erde zu zittern. Tausende von Pferdehufen stampften sie. Ich hörte Schüsse und Geschrei, und Soldaten ritten über das Feld und schossen alles nieder. Der goldgelbe Weizen wurde rot von Blut, und ich sah Menschen wie Puppen durch die Luft wirbeln und am Boden sterben."

„Wie grauenhaft!" Die Stimme der Zarin klang brüchig, und sie faßte haltsuchend nach dem Arm der Wyrubowa.

„Weiter, Bruder Basil", drängte diese, „was habt Ihr noch gesehen?"

„Es war eine Schlacht, und als sie vorüber war, wurde

der Himmel im Osten wieder hell, und der Weizen richtete sich auf und verdeckte die Toten. Und ich hörte eine Stimme, die von überall her zu kommen schien, und sie rief: ‚Der Sohn der guten Zarin wird das Blut abwaschen und seinem Reich Himmelsfreuden schenken. Im Zarendorf wird er empfangen und geboren werden. Gesegnet sei die Zarin, die über das Meer gekommen ist. Sie hält Rußland in betenden Händen.'"

Der Alte verstummte und senkte in einer Geste der Ergebenheit den Kopf. „So war es, allergnädigstes Mütterchen. Ihr könnt mir den Kopf abschlagen und meine Haut bei lebendigem Leib abziehen lassen, ich werde Euch nichts anderes sagen können." Er schauderte zusammen und schlurfte wieder zu der Ikone, um sich davor zu Boden zu werfen.

Alexandra Fjodorowna wandte Swetlana das Gesicht zu. In ihren Augen glänzten Tränen. „Es sind fast dieselben Worte, die er schon einmal in einer Vision gehört und mir berichtet hat. Der Sohn der guten Zarin ... Im Zarendorf, also hier in Zarskoje Selo, werde ich ihn empfangen und zur Welt bringen. Verstehen Sie nun, meine liebe Swetlana Pawlowna, warum wir in diesem Sommer um keinen Preis nach Peterhof oder Oranienbaum gegangen sind? Die Prophezeiung muß sich hier erfüllen."

Mit einem Blick, in dem Rührung und ein so grenzenloses Verlangen lagen, daß es Swetlana ins Herz schnitt, umfaßte Alexandra den kleinen Fjodor auf den Armen seiner Mutter.

„So Gott will, werde ich auch bald einen Sohn haben. Gott hat meine Gebete erhört. Er hat es mich durch seine Auserwählten wissen lassen."

Arme Zarin, dachte Swetlana, Arme Alexandra Fjodorowna! Am liebsten wäre sie in Tränen ausgebrochen, weil das Mitleid mit der unglücklichen Frau sie überwältigte.

In was für eine Welt nur flüchtete sich die Kaiserin von Rußland in ihrer verzweifelten Sehnsucht nach einem Thronfolger! Wie war es möglich, daß sie diesem Geisteskranken, der unter religiösen Halluzinationen litt, ebenso blind glaubte wie dem anderen, dem der Wahnsinn ins Gesicht geschrieben stand?

Oder waren diese beiden nur Scharlatane, die durch ein geschickt aufgeführtes Theater die Gunst der Zarin erringen wollten?

Swetlana wußte es nicht. Aber sie war sehr deprimiert, als sie in den Soklowschen Palast auf der Wassiljewskij-Insel zurückkehrte. Und sie hatte Angst um Alexandra Fjodorowna.

Im Frühherbst nahm Swetlana den Hofdienst wieder auf. Sie bezog ihr früheres Appartement in Zarskoje Selo, in dem nun eines der Räume als Kinderzimmer eingerichtet worden war. Schura Nikititschna, Fjodors Amme, und Jeanette, ihre französische Zofe, begleiteten sie.

Leonid Soklow kam gelegentlich ebenfalls an den Hof. Dann spielte er wie immer den liebevollen Ehemann und den in seinen Sohn vernarrten Vater.

Manchmal schlief er auch mit Swetlana, aber sie wußte, daß er zahlreiche Geliebte hatte, denn er liebte es, ihr von ihnen zu erzählen und mit seinen amourösen Erlebnissen zu prahlen.

Swetlana war an einem Punkt angelangt, an dem sie das nicht mehr verletzen konnte. Ihr einziges Glück war ihr Sohn. Ihm schenkte sie all die brachliegende Liebe, die in ihr war, und in ihn projizierte sie all das hinein, von dem sie jemals geträumt hatte. Er sollte es gut haben, ihr kleiner Fjodor, und glücklich sein.

Als Swetlana an den Hof zurückkehrte, waren zwar Bruder Basil und Kolja Mitjaba nach Moskau weitergewandert, doch sie erfuhr von der Zarin, daß sie zurückkommen würden.

Statt ihrer beherbergte Zarskoje Selo eine Reihe von anderen Stranniki, auch Frauen darunter, die alle eines gemeinsam hatten: Sie waren schmutzig, zerlumpt und ekstatisch fromm. Es waren Epileptiker und Schwachsinnige darunter, deren Gebaren Swetlana oftmals angst machte. Aber die Zarin verbrachte viel Zeit mit ihnen, nahm an ihren Gebetsstunden teil und lauschte gläubig ihren wirren Ausbrüchen angeblicher Erleuchtung.

Es war eine ungesunde, fiebrige Atmosphäre, und Swetlana wünschte, Alexandra Fjodorowna würde sich daraus befreien. Doch selbst der Zar erschien gelegentlich bei den Stranniki und ließ keinen Zweifel daran, daß er zumindest einigen von ihnen tatsächlich spirituelle Fähigkeiten zugestand.

Dann wurde Zarin Alexandra wieder schwanger, und seitdem stand es für sie fest, daß sie dieses Mal den verheißenen Sohn zur Welt bringen würde.

„Seine Majestät hat mir zwar nie den geringsten Vorwurf gemacht oder eine Spur von Enttäuschung an den Tag gelegt, daß ich nur Mädchen geboren habe", vertraute sie Swetlana an. „Aber ich weiß, wie sehr er darunter gelitten hat, besonders seit Georg Alexandrowitschs Tod. Sein jüngster Bruder, Großfürst Michael, ist nicht der Richtige, um einmal den Thron zu besteigen. Er ist zu schwerfällig und hat nur seine eigenen Interessen im Kopf. Außerdem will er um keinen Preis Zar werden. Also ist es ganz allein meine Aufgabe, Rußland endlich den Zarewitsch zu geben."

Sie sprach viel von dem Ungeborenen und klagte nicht über die vielfältigen Beschwerden der Schwangerschaft. Statt dessen wirkte sie so zuversichtlich und ruhig, wie Swetlana sie noch nie erlebt hatte. Sie war wie ein Mensch, der das Ziel all seiner Wünsche greifbar vor Augen hat.

Swetlana war in Zarskoje Selo, als die Wehen bei der Zarin einsetzten, eine knappe Woche vor dem erwarteten Geburtstermin. Auf Alexandra Fjodorownas Wunsch blieb sie bei ihr während der langen Nachtstunden, in denen die Geburt nur langsam voranschritt.

Auch Sonja Orbeljani war da, während die Wyrubowa vor ein paar Tagen nach Moskau gereist war, um dort eine erkrankte Verwandte zu pflegen. Swetlana war froh darüber. Sie konnte die schwarzhaarige, dickliche Frömmlerin immer weniger leiden, die sie insgeheim für die Hinwendung der Zarin zu einem so ungesunden Mystizismus verantwortlich machte.

Es wurde eine quälende Geburt, die Alexandra Fjodorowna unsagbar geduldig durchlitt.

Sie schrie nicht, wimmerte nur manchmal leise mit fest zusammengepreßten Lippen und war für jedes tröstende Wort und jede Handreichung rührend dankbar.

Endlich, in den Abendstunden des folgenden Tages, erblickte das neue Zarenkind das Licht der Welt – und es war wiederum ein Mädchen.

Alexandra war zunächst zu erschöpft, um allzu enttäuscht zu sein. Außerdem war sie eine gute, liebevolle Mutter. Als man ihr das kleine Mädchen in den Arm legte, küßte sie es und drückte es an sich. Nie hätte sie das Kind, das auf den Namen Anastasia getauft werden sollte, entgelten lassen, daß es nicht der so heiß erflehte Zarewitsch war.

Aber die Verzweiflung kam später.

„Gott hat mich verlassen“, klagte die Zarin, als sie zwei Tage nach der Entbindung mit der Fürstin Orbeljani und Swetlana einmal allein war. Blaß und hinfällig lag sie in den Spitzenkissen ihres Bettes, und ihre Augen waren rot vom Weinen. „Was jede russische Bäuerin zuwege bringt, ihrem Mann gesunde, kräftige Söhne zu schenken, hat er mir versagt. Warum nur? Will er, daß meine Gegner noch mehr über mich triumphieren, als sie es ohnehin tun?“

Swetlana wollte widersprechen, doch Alexandra hob

die Hand. „Nein, nein, meine gute Soklowa, machen Sie mir nichts vor. Ich weiß, daß ich am Hof mehr Feinde als Freunde habe. Man nimmt es mir übel, daß ich gewisse Unsitten anprangere und einen Betrüger und Kriecher ebenso verachte wie diejenigen, die meinen, alles besser zu wissen und besser zu können als der Zar. Er ist zu gütig, um zu durchschauen, daß sie ihn am liebsten zu ihrer Marionette machen würden. Sie wollen einen Herrscher, der gehorsam unterschreibt, was sie ihm an Gesetzesänderungen und angeblichen Reformen vorlegen. Glücklicherweise habe ich einige Male verhindern können, daß solche Zerstörer des Zarentums im Amt blieben, aber das verzeiht man mir nicht. Ach ...“ Sie begann wieder zu weinen. „Und nun werden sie sich die Hände reiben und sagen: Sie taugt zu nichts, diese deutsche Prinzessin, die noch nicht einmal richtig Russisch gelernt hat. Sie wäre besser im Kindbett gestorben. Und damit haben sie vermutlich sogar recht.“

Swetlana nahm ihre Hände. „Um Gottes willen, das dürfen Majestät nicht einmal denken! Wir lieben Sie doch, und Seine Majestät wäre ganz außer sich, wenn er Sie so reden hörte. Er ist ganz vernarrt in die kleine Großfürstin Anastasia. Sie müßten nur sehen, wie gern er sie herumträgt und wie andächtig er sie betrachtet, wenn sie schläft.“

„Ja, er ist so gut“, flüsterte die Zarin. „Und sie ist ja auch reizend, meine kleine Anastasia. Aber sie ist kein Sohn ... kein Sohn!“

Ein neuer Tränenstrom ließ sie verstummen. Sie preßte das Gesicht in die Kissen und weinte so heftig, daß Sonja Orbeljani den Leibarzt der Zarin, Doktor Korowin, rief, der ihr ein Medikament zur Beruhigung eingab.

„Sie wird jetzt ein paar Stunden schlafen“, sagte er später im Vorsaal zu Swetlana. „Aber sie sollte, wenn sie erwacht, nicht allein sein. Würden Sie dafür Sorge tragen, Fürstin?“

Swetlana nickte. Sie wußte ihren kleinen Fjodor in der Obhut von Schura Nikititschna gut aufgehoben, aber sie hatte ihn in den letzten drei Tagen immer nur für ein paar Minuten sehen können, weil sie sich fast ständig in den Gemächern der Kaiserin aufgehalten hatte. Sie hatte sogar auf Alexandras Wunsch hin in einem der Vorzimmer geschlafen.

Aber wenigstens jetzt, wenn die Zarin ein wenig schlummerte, wollte Swetlana eine Weile mit ihrem Sohn verbringen.

Fjodor hatte im Mai seinen ersten Geburtstag gefeiert. Er war ein süßes, lebhaftes Kind von fröhlicher Gemütsart, und Swetlanas Herz floß über vor Liebe, wenn sie mit ihm zusammen war.

„Ich werde veranlassen, daß Ihre Majestät keinen Augenblick lang allein ist", versprach sie dem Arzt. Er war mager und krummbeinig und erinnerte sie in seinen dunklen Kleidern immer ein wenig an einen zerrupften Raben.

Aber sie wußte, daß er nicht nur ein äußerst gewissenhafter Mediziner war, sondern auch hohe menschliche Qualitäten besaß. Der Zarenfamilie war er aufrichtig ergeben – im Gegensatz zu vielen anderen bei Hofe.

Alexandra Fjodorowna hatte die Wahrheit gesagt; sie war fast nirgendwo beliebt, nicht einmal beim Volk, das sonst so bereit war, in seinem gekrönten und gesalbten Herrscherpaar eine Art Mittelding zwischen Gott und den Menschen zu sehen.

Dieser Zar war fern und fremd und ohne Verständnis, so dünkte es den einfachen Russen, und seine Frau eine hochmütige Fremde, die ‚Väterchen' zum Unguten beeinflußte.

Dr. Korowin nickte Swetlana zu. „Was für eine arme Frau", sagte er leise. „Wenn man ihr nur helfen könnte!"

9. Kapitel

Xenia Pawlowna Lasarowa, Swetlanas inzwischen achtzehnjährige Schwester, verließ als eine der letzten das düstere Backsteingebäude der Xenia-Schule. Sie hatte ihre Büchertasche mit einem bunten Band zusammengebunden und trug sie über der Schulter. Ihr langes braunes Haar, das sich in unzähligen kleinen Locken um ihr Gesicht kringelte, war im Nacken zu einem dicken Zopf geflochten und nachlässig aufgesteckt. Sie hatte eine hochgeschlossene hellgraue Bluse an, dazu einen dunkelgrauen Rock und einen blauen Mantel.

Wera Karlowna, ihre Mutter, war jedesmal höchst indigniert, wenn sie ihre zweitälteste Tochter betrachtete. „Wie du wieder aussiehst, Kind!" pflegte sie zu sagen. „Wie eine Gouvernante. Mußt du denn ewig diese unkleidsamen dunklen Farben tragen und eine so schmucklose Frisur? Wirklich, ich verstehe dich nicht."

Auch Xenias Antwort fiel bei solchen Gelegenheiten ziemlich stereotyp aus. „Lassen Sie mich so sein, wie ich möchte, Mama! Für die Schule bin ich genau richtig angezogen. Und ich fühle mich wohl in diesen Sachen. Ich habe einfach keine Lust, mich herauszuputzen wie Irina. Freuen Sie sich, daß Sie wenigstens in ihr eine vorzeigbare Tochter haben."

Bei dem Gedanken an ihre jüngste Schwester lachte Xenia leise in sich hinein. Irina sollte in diesem Winter in die Gesellschaft eingeführt werden, und sie war jetzt schon ganz zappelig vor Vorfreude.

Fast jeden Tag probierte sie neue Frisuren mit ihrem

weichen, etwas dünnen Haar aus, jammerte über ihre schmale Figur, die ihrer Meinung nach viel zu wenig weibliche Rundungen aufwies, und zog Xenias elegante Kleider an, die vor zwei Jahren für sie angefertigt worden waren, als sie noch mit Swetlana zusammen an Bällen und Gesellschaften teilgenommen hatte.

Seit Swetlanas Verheiratung ging Xenia kaum mehr aus und hatte die prachtvollen Abendtoiletten, Gesellschaftskleider und Kostüme mitsamt den Accessoires in den hintersten Winkel ihres Kleiderschranks verbannt.

Xenia Lasarowas einziges Interesse galt dem Lernen. Sie war eine der Besten ihrer Klasse und bereitete sich neben den Schularbeiten zielstrebig auf das spätere Medizinstudium vor, indem sie halbe Nächte hindurch in den Büchern las, die sie sich mit Hilfe eines Studenten von der Petersburger Universität ausgeliehen hatte.

Pjotr Bogdanowitsch Dobrowjew war vier Jahre älter als sie, ein magerer, hochaufgeschlossener junger Mann mit linkischen Bewegungen und kantigem Gesicht, das freilich von wunderschönen warmen Augen beherrscht wurde.

Xenia hatte ihn im Lesesaal der Universitätsbibliothek kennengelernt, und seitdem traf sie sich gelegentlich mit ihm, heimlich, versteht sich, denn ihre Eltern hätten ihr nie gestattet, sich mit einem mittellosen Studenten bürgerlicher Herkunft abzugeben, der seine Ausbildung hauptsächlich durch ein Stipendium finanzierte.

Und noch entsetzter wären sie gewesen, wenn sie über die politischen Ansichten des jungen Mannes Bescheid gewußt hätten.

Pjotr Bogdanowitsch Dobrowjew gehörte der sozialdemokratischen Partei Rußlands an, die im Frühjahr 1898 in Minsk gegründet worden war. Er hatte Xenia viel von den Zielen seiner Partei erzählt, und das meiste, was er sagte, leuchtete ihr ein.

Rußland brauchte Reformen. Der Zar mußte dem Volk eine Verfassung und, wie in anderen Ländern, eine frei gewählte parlamentarische Vertretung zugestehen.

„Das", so sagte Pjotr, „ist der einzige Weg, um Schritt für Schritt das Elend der Arbeiter und Bauern zu verbessern, ein vernünftiges Sozialwesen zu begründen und die ererbten Vorrechte einer zahlenmäßig geringen Oberschicht abzubauen."

An diesem Nachmittag war Xenia mit Pjotr in einer Teestube am Heumarkt verabredet. Dort fanden in einem Hinterzimmer in unregelmäßigen Abständen geheime Treffen der Sozialdemokraten statt. Sie kamen immer nur in kleinen Gruppen zusammen, falls die Geheimpolizei ihre Versammlungen aufspürte.

Pjotr empfing Xenia bereits in der Teestube. Er küßte sie auf beide Wangen. „Schön, daß du da bist. Terenkow hat etwas mitgebracht, das dich gewiß interessieren wird."

Terenkow war ein Deckname, das wußte Xenia. Viele, die hierherkamen, benutzten falsche Namen.

Der Mann, der sich Terenkow nannte, saß im Hinterzimmer an einem großen Holztisch, und der Raum wurde nur durch eine Gaslampe erhellt. Zwei Männer und eine hagere, grobknochige Frau um die Dreißig waren bei ihm.

Xenia war Terenkow noch nie begegnet, aber Pjotr hatte ihr von ihm erzählt. Er sei in Minsk bei der Parteigründung dabeigewesen und ein Vertrauter von Wladimir Iljitsch Uljanow, der sich inzwischen Lenin nannte. Während Lenin in der Verbannung in Sibirien gewesen sei, habe Terenkow durch Mittelsmänner ständig Kontakt mit ihm gehabt und in seinem Sinne die Untergrundarbeit der gleich nach ihrer Gründung verbotenen Partei fortgesetzt.

Als Pjotr und Xenia den Raum betraten, blickte Terenkow die junge Frau überrascht an. „Wer ist das?"

„Sie heißt Xenia", erklärte Pjotr. „Sie gehört noch nicht zu uns, aber sie sympathisiert mit unseren Zielen. Du kannst beruhigt sein, Terenkow, sie wird uns nicht verraten."

Dessen Miene verfinsterte sich. „Es war ausgemacht, daß keine Neuen mitgebracht werden sollten. Du hast gegen die Abmachung gehandelt."

Er war ein großer, vierschrötiger Mann mit einem eigentlich häßlichen Gesicht. Dennoch faszinierte er durch das leidenschaftliche Feuer, das von ihm ausging. Er gehörte zu den Menschen, die, wenn sie einen Raum betraten, sogleich alle Aufmerksamkeit auf sich zogen.

Pjotr legte den Arm um Xenia. „Ich sage dir doch, von ihr droht keine Gefahr. Ich bürge für sie."

Die Frau, die am Tisch saß, stand plötzlich auf. Sie nahm die Lampe auf und leuchtete Xenia ins Gesicht. „Irgendwoher kenne ich sie. Aber ich weiß nicht ..." Sie brach ab. „Wie heißt sie noch außer Xenia?"

„Lasarowa", antwortete Xenia, von dem scharfen, feindseligen Blick der Frau unangenehm berührt. Als Pjotr zischend den Atem ausstieß, begriff sie, daß sie offenbar einen Fehler gemacht hatte.

Die Frau wich zurück. „Xenia Pawlowna, was? Eine von der Lasarow-Brut!" Sie fuhr zu Terenkow herum. „Weißt du, wer das ist? Die Tochter von Graf Pawel Lasarow! Laß uns verschwinden, ehe sie uns die Ochrana auf den Hals hetzt. Ich kenne sie, ich hab' sie ein paarmal gesehen, wenn sie mit ihrer feinen Mama und den Schwestern ausfuhr."

„Stimmt das?" fragte Terenkow. Er fixierte Xenia, als schätze er ab, ob man sie als harmlos einstufen oder am besten auf der Stelle eliminieren sollte.

Sie nickte. „Ja, aber was hat das damit zu tun, daß ich jetzt hier bin? Pjotr und ich sind Freunde. Ich weiß vieles von ihm und euch. Wenn ich euch hätte verraten wollen, hätte ich es längst tun können."

„Und warum bist du hier?"

„Weil Pjotr sagte, es wäre vielleicht interessant für mich. Er möchte, daß ich irgendwann auch zu euch gehöre. Wie kann ich das, wenn ich niemanden von euch kennenlerne?"

„Laß uns verschwinden!" wiederholte die Frau drängend, doch Terenkow wischte ihren Einwand mit einer Handbewegung beiseite. „Sei still, Sofia!"

Er hatte keinen Blick von Xenia genommen, und auf einmal lächelte er.

„Du bist also neugierig, was? Und du hast ein bißchen Appetit darauf, gegen deine Eltern zu opponieren? Das Grafentöchterlein mit der sozialistischen Ader. Willst vielleicht sogar ein bißchen Revolutionär spielen – aber des Nachts in die Behaglichkeit des gräflichen Bettchens zurückkehren. Morgens heiße Schokolade, mittags Tee mit Kascha in einem verräucherten Hinterzimmer oder einem feuchten Keller – und abends Kaviar, Champagner und französische Seidenroben. Solche wie dich gibt es mehrere. Sie wissen nicht, wie Armut brennt, wie Hunger den Magen zerreißt, Kälte die Glieder krumm macht und Angst die Eingeweide zusammenzieht. Sie haben nur Überdruß und Langeweile, und deshalb suchen sie nach einem neuen Nervenkitzel, den sie nie zuvor gekannt haben. Ist es nicht so?"

„Nein", antwortete Xenia. Dieser Terenkow ärgerte sie, aber trotzdem übte er eine sonderbare Faszination auf sie aus. Einem solchen Mann war sie noch nie begegnet, gleichzeitig abstoßend und anziehend, von kalter Intelligenz und sprühender Leidenschaftlichkeit.

Sie holte tief Atem. „Ich habe weder Überdruß noch Langeweile, wie Sie das nennen, denn ich gehe noch zur Schule und will im nächsten Jahr Medizin studieren. Meine Eltern werden mir das vermutlich nie erlauben, und so wird mir gar nichts anderes übrigbleiben, als fortzugehen und mich allein durchzuschlagen. Ich muß sehr fleißig sein, damit ich vielleicht ein Stipendium bekomme. Aber ich werde es schaffen."

Die Frau, die Sofia hieß, lachte schrill. „Glaub ihr kein Wort, Terenkow! Man kennt sie doch, diese adligen Hürchen. Die machen sich nicht die feinen weißen Fingerchen in einem Spital schmutzig, wischen Erbrochenes auf und hätscheln schreiende Bälger mit Krätze und Ungeziefer. Ihre Mildtätigkeit erschöpft sich darin, daß sie ein paar Hände voll Kopeken unter die Leute werfen, wenn sie in ihren Karossen vorüberfahren und man ihnen zuwinkt. Allenfalls lassen sie gelegentlich von der Dienerschaft Suppe und Brot unter den Armen verteilen oder gestatten einem halb erfrorenen Bettler, im Pferdestall zu schlafen, damit er nicht im Frost vor ihrer Haustür krepiert. Ich sage dir ..."

„Halt den Mund, Sofia!" unterbrach Pjotr sie. Er war ganz blaß vor Empörung. „Ich weiß ja, daß du neidisch und giftig bist, aber du wirst dein boshaftes Mundwerk nicht länger an Xenia Pawlowna wetzen. Wenn ich gewußt hätte, daß du heute auch hier bist, hätte ich sie gar nicht mitgebracht." Er griff nach Xenias Hand. „Komm, wir gehen. Verzeih bitte, daß ich dich diesen Ungelegenheiten ausgesetzt habe."

Sie machte sich los. „Es sind keine Ungelegenheiten. Ich kann verstehen, daß man mir mit Mißtrauen begegnet, nachdem man weiß, daß mein Vater Graf Pawel Lasarow ist." Sie funkelte Terenkow an. „Aber das heißt noch lange nicht, daß Sie wissen, wer ich bin. Sie kennen nur meinen Namen."

Diesmal lachte er. „Sie hat Schneid, die Kleine, das muß man ihr lassen." Mit einer raschen Handbewegung umfaßte er ihr Kinn und blickte ihr in die Augen. „Von mir aus kannst du bleiben. Und wenn du tatsächlich, wie Sofia befürchtet, ein doppeltes Spiel spielst, dann wird dich das teuer zu stehen kommen. Auch wenn man uns alle hier verhaftet – für einen stehen zwanzig auf, und dann geht es dir an den Kragen, mein hübsches blaublütiges Täubchen."

Er wandte sich zu den beiden Männern um, die die Szene bisher schweigend beobachtet hatten. „Ljuba, German, seid ihr einverstanden mit meiner Entscheidung?"

„Du wirst schon wissen, was du tust", antwortete der eine, der wie ein schwarzbärtiger Kaukasier aussah, und der andere hob die Schultern. Er war untersetzt und glatzköpfig, mit rosiger Haut und hellen blauen Augen.

„Ist mir egal, ob sie da ist oder geht. Aber vielleicht hat sie ja die Wahrheit gesagt, und sie kann uns eines Tages sogar nützlich sein, wenn sie Medizin studiert. Wir brauchen immer welche, die unseren Leuten die Kugeln herausschneiden und Wunden vernähen. Damit kann man nicht zu jedem Arzt."

„Dann setz dich zu ihnen an den Tisch", sagte Terenkow und versetzte Xenia einen freundschaftlichen Stups. „Setzt euch alle. Sofia, schenk Tee ein."

Die hagere Frau kniff die Lippen zusammen, tat aber, was er von ihr verlangte.

Terenkow hatte indessen ein paar eng beschriebene Seiten aus der Tasche seiner dunkelblauen Kosakenbluse geholt. Er zog die Lampe näher heran und breitete die Blätter auf dem Tisch aus.

„Ich habe eine wichtige Information für euch. Leo Nikolajewitsch Tolstoj hat einen offenen Brief an den Zaren geschrieben. Hier ist die Kopie. Ihr könnt sie euch alle nachher durchlesen, aber die wichtigsten Abschnitte will ich zuvor mit euch besprechen."

Xenia spürte ihr Herz aufgeregt gegen die Rippen schlagen. Leo Tolstoj, der berühmte russische Schriftsteller, von dem ihr Literaturprofessor erst kürzlich in der Schule gesagt hatte, er sei der zweite heimliche Herrscher Rußlands, einer, dessen Thron durch nichts zu erschüttern wäre, hatte sich an den Zaren gewandt ...

Im vergangenen Jahr hatte der Heilige Synod Tolstoj exkommuniziert, wie sie von ihrem Vater wußte, der diesen Schritt natürlich auf das freudigste begrüßt hatte.

Für ihn war der Verfasser von ‚Krieg und Frieden', ‚Anna Karenina' und ‚Herr und Knecht' ein gottloser, verdammungswürdiger Mensch, der an den heiligen Grundfesten der zaristischen Ordnung rüttelte und seinen eigenen Stand – schließlich war er gräflicher Abstammung – verriet.

Aber Tolstojs Anhängerzahl war seit seiner Exkommunikation noch viel größer geworden, und er selbst scheute sich nicht, in offenen Briefen an Minister und Generäle die russischen Verhältnisse zu kritisieren. Zudem ließ er diese Briefe in ausländischen Zeitungen veröffentlichen.

Darum hatte es bisher auch niemand gewagt, ihm ernstlich etwas anzuhaben, denn das hätte eine Welle der Empörung in ganz Europa ausgelöst und die Vorstellung vom ‚barbarischen Rußland' wieder voll aufleben lassen.

Und nun hatte Leo Tolstoj sogar an den Zaren geschrieben!

„Sein Brief ist eine ernsthafte und eindrucksvolle Warnung an Väterchen, endlich den Erfordernissen der Zeit Rechnung zu tragen und die reaktionären Bestrebungen seiner Ratgeber und Handlanger im Keim zu ersticken", sagte Terenkow. „Er schreibt hier:

‚Die Autokratie ist eine überkommene Regierungsform, die den Bedürfnissen eines Stammes in Mittelafrika, der von aller Welt abgesondert lebt, genügen mag, aber nicht den Bedürfnissen des russischen Volkes, das sich die Weltkultur immer mehr zu eigen macht. Deshalb kann diese Herrschaftsform ebenso wie die Orthodoxie, die mit ihr verbunden ist, nur mit Mitteln der Gewalt aufrechterhalten werden. Anders ausgedrückt: So, wie es heute durch die Verstärkung der Ochrana geschieht, durch Verbannung, Hinrichtungen, religiöse Verfolgung, Bücher- und Zeitungsverbot und im allgemeinen durch alle Arten von schlimmen und brutalen Maßnahmen ... Sie hätten diese Taten nicht ausführen können, wenn sie nicht auf den unbedachten Rat Ihrer Mitarbeiter hin das unmögliche Ziel verfolgt hätten, das Leben des russischen Volkes nicht nur anzuhalten, sondern es zu einem früheren völlig überholten Zustand zurückzuführen ...'"

Terenkow blickte in die Runde. „Was glaubt ihr? Wird dieser Brief etwas beim Zaren bewirken?"

Sofia – sie nannte sich mit Nachnamen, wie Xenia später erfuhr, Burlagina – lachte laut auf. „Empörung, was sonst? Er wird ihn lesen und sich über die Anmaßung ärgern, daß man ihm, dem gottgewollten Herrscher, Vorhaltungen und Vorschriften zu machen wagt. Tolstoj hätte sich mit dem Papier, auf das der Brief geschrieben ist, ebensogut den Hintern abwischen können."

Der mit Ljuba Angeredete drehte sich eine Zigarette und zündete sie sich an. „Sei nicht so ordinär. Immerhin ist es bekannt, daß Väterchen ein großer Verehrer von Leo Nikolajewitsch ist. Außerdem wissen wir nicht, ob der Brief nicht in irgendeiner großen französischen oder belgischen Zeitung abgedruckt wird. Oder sogar in einer russischen. Vielleicht in der ‚Iskra' oder ‚Oswoboschdenije'. Wir sollten dafür sorgen, daß das geschieht. Dann kann der Zar den Brief nicht ignorieren."

„Darum habe ich mich bereits gekümmert", erwiderte Terenkow. „Struwe in Paris ist der Text zugegangen."

„Struwe ist dafür nicht mehr der richtige Mann!" warf der rundliche German ein. „Er war mal ein scharfer Hund, aber inzwischen sind ihm die Zähne ausgefallen, und er predigt Mäßigung. Veränderungen – natürlich, aber um Himmels willen nur ja nicht durch Gewalt, sondern mit schleimscheißerischer Verhandlungstaktik! Er jammert über jeden Aufruf zum Klassenkampf, zetert in seiner Zeitschrift über die Semstwos, die ihre Befugnisse überschreiten, wenn sie die allgemeine Schulpflicht und die Abschaffung der Körperstrafe fordern, und hebt diese samtweichen Intellektuellen in den Himmel, die in ihren Utopien von einer weisen Beschränkung des Zarentums sprechen und in einer demokratischen Verfassung das Heil für Rußland sehen."

„Struwe soll den Brief ja nur abdrucken", widersprach Terenkow. „Seine Zeitung wird überall gelesen, und gerade die von dir so geschmähten Intellektuellen, ob sie nun der ‚Einheit für die Befreiung' oder anderen gemäßigteren Organisationen angehören, werden dadurch erfahren, daß ihr hochverehrter Tolstoj wesentlich radikaler als sie selber denkt. Das kann nur gut sein."

„Der Meinung bin ich auch", stimmte Pjotr zu. „Und vielleicht ist Tolstojs Brief ein erster Schritt zur Annäherung zwischen solchen Gemäßigten und uns."

„Spinner sind das", murrte German. „Auf die können wir leicht verzichten"

Xenia hatte sich indessen die Kopie von Tolstojs Brief herangezogen und studierte ihn Satz für Satz. Die Eindringlichkeit seiner Vorhaltungen, die Leidenschaft, mit der er sich für ein neues Rußland einsetzte, und seine Liebe zu den Abertausenden, deren menschenunwürdiges Dasein er verbessern wollte, bewegten sie zutiefst.

Terenkow hatte sie beobachtet und setzte sich plötzlich neben sie auf die Holzbank. „Na, mein Täubchen, was hältst du davon? Ist deine zarte adlige Seele entsetzt, daß Graf Tolstoj es wagt, in solch einem Ton mit dem erlauchtigsten Herrscher aller Rußen zu reden?"

Heftig schüttelte Xenia den Kopf. „Nein, es ist wunderbar, was er schreibt, und vollkommen richtig. Der Zar kann und wird sich dem nicht verschließen."

„Wenn er vorher nicht seine ‚liebe Alix' um Rat fragt", versetzte Terenkow sarkastisch. „Sie wird ihm schon beibringen, daß der gesalbte, gekrönte Herrscher so hoch über allen anderen Sterblichen steht wie der Mond, den die Hunde anbellen."

Er legte Xenia den Arm um die Schultern, und die Berührung traf sie, als wäre sie mit einem bloßliegenden elektrischen Stromkabel in Kontakt gekommen. „Du kennst den Zaren persönlich, nicht wahr?"

Sie brauchte ein paar Sekunden, um den Sinn seiner Frage zu begreifen. Dann nickte sie. „Ja, ich bin ihm vor zwei Jahren vorgestellt worden und seitdem noch einige Male bei Hof begegnet. Er ist, glaube ich, ganz anders, als die meisten vermuten."

„Der gute, liebe Nicky, was?" spottete Terenkow. „Blauäugig, edelmütig und nachgiebig. Ein Kleinbürger reinsten Wassers. Mag sein, daß das bis zu einem gewissen Grade auf ihn zutrifft. Aber für den Zaren von Rußland sind es absolut unpassende, ja, gefährliche Eigenschaften."

Er drückte ihre Schulter. „Ich könnte dir einen langen Vortrag darüber halten, aber ich will dich nicht gleich bei unserem ersten Kennenlernen allzu sehr schockieren, meine kleine Gräfin. Vielleicht sehen wir uns ja öfter, und dann wirst du – wenn du so klug bist, wie es den Anschein hat – sehr schnell dahinterkommen, warum wir diesen Zaren so satt haben, daß wir ihn aus vollem Herzen zum Teufel wünschen."

Xenia schwieg. Sie hatte auf einmal das Empfinden, daß sie Pjotr besser nicht zu diesem Treffen begleitet hätte.

Es lag nicht an dem, was sie hier erfahren hatte, sondern an der Tatsache, daß dieser Terenkow eine tiefe Unruhe in ihr hervorrief.

Sie blickte ihn an, sah sein unrasiertes, zerklüftetes Gesicht mit der dunklen Haarmähne, die ihm weit in den Nacken reichte, seine schwarzen Augen mit den über der Nasenwurzel zusammengewachsenen Brauen, roch seine Ausdünstung nach Schweiß und Kohl und Zwiebeln – alles Dinge, die ihr bisher Widerwillen eingeflößt hatten, und verstand sich selbst nicht, daß sie sich auf einmal auf unerklärliche Weise davon angezogen fühlte.

Sie wünschte, er würde seinen Arm von ihrer Schulter nehmen, und fürchtete diesen Augenblick zugleich, da seine Berührung einen prickelnden Schauer in ihr hervorrief.

Ich bin verrückt, dachte sie und rutschte auf ihrem Sitz ein bißchen tiefer in sich zusammen, um Terenkows Hand auszuweichen, die immer noch ihre Schulter preßte.

In seinen Augen lag ein wissender Ausdruck, als er es bemerkte, und er zog lächelnd seine Finger zurück.

„Und jetzt müssen wir uns leider von dir verabschieden, meine hübsche kleine Gräfin. Wir haben noch etwas zu bereden, das nicht für deine Ohren bestimmt ist."

Als sie aufstand, wollte Pjotr sie begleiten, doch Terenkow sagte: „Du bleibst, Dobrowjew. Ich brauche dich noch."

„Ich bringe Xenia Pawlowna nur zur Straße", erwiderte Pjotr hastig und hielt ihr die Tür auf.

Sofia lachte über die kleine Höflichkeitsbezeugung. „Wie ein echter Bourgeois, findet ihr nicht?"

Xenia warf ihr einen aufgebrachten Blick zu. „Muß man schlechte Manieren haben, um von Ihnen akzeptiert zu werden?"

Die Männer lachten, und draußen sagte Pjotr zu ihr: „Das war richtig. Sofia ist wirklich manchmal unerträglich. Sie steckt voller Gift und schüttet es über alle und alles aus."

„Ist sie Terenkows Freundin?" fragte Xenia neugierig, und er hob die Schultern.

„Ich glaube nicht. Auf jeden Fall ist sie hinter ihm her. Aber Terenkow ist keiner, der sich an eine Frau bindet.

Er sagt, Gefühle kann man sich nicht erlauben, wenn man im Untergrund arbeitet. Es wäre zu gefährlich."

„Er ist ziemlich radikal, nicht wahr?"

„Er hat seine Überzeugung, und dafür tut er viel", erwiderte Pjotr vage, und sie runzelte die Stirn.

„Meinst du, er würde auch Bombenattentate planen?"

„Davon hat er noch nie etwas gesagt. Nein, ich bin sicher, daß er wie wir denkt: Streiks und Demonstrationen sind legale Mittel, um etwas durchzusetzen, auch wenn der Zar sie als ungesetzlich bezeichnet. Aber Terroranschläge und ähnliche Gewaltmaßnahmen – nein, dazu wird Terenkow niemals ja sagen."

Am Abend fand im Lasarowschen Palais ein Souper statt. Etwa hundert Gäste waren geladen, darunter auch Swetlana und Leonid Soklow.

Widerstrebend hatte Xenia die Weisung ihrer Mutter befolgt und sich von Akulina Iwanowna in eine elegante Abendtoilette helfen lassen. Irina, ihre Schwester, trug ein reizendes violettes Spitzenkleid, das mit dunklerer Zackenlitze und ebensolchen Seidenbändern verziert war. Dazu hatte sie weiße Rosen in ihrem Haar und an dem breiten Schärpengürtel.

Xenia ging in silbriggrauem Taft, der ein etwas dunkleres Karomuster aufwies. Das Haar hatte sie im Nacken mit einer großen schwarzen Samtschleife zusammengebunden.

Ein Orchester spielte auf der Empore des großen Speisesaals, der verschwenderisch mit Blumen aus den Treibhäusern des Lasarowschen Palastes geschmückt war.

Xenias Tischherr war ein Leutnant aus Jurijs Garderegiment, ein Graf Konstantin Baljentschew, etwa in Jurijs Alter, der während des Essens pausenlos von den Paraden auf dem Marsfeld und in Krasnoje Selo und den glanzvollen Bällen der Wintersaison schwadronierte.

Sein Geschwätz langweilte Xenia, und sie war erleichtert, als ihr Vater die Tafel aufhob und die Gäste in die einzelnen Salons und den Wintergarten bat, wo noch Getränke, Petit fours, Konfekt und alle möglichen Delikatessen serviert wurden.

Man fand sich in kleinen Gruppen zusammen, plauderte, lauschte einer Sängerin, die italienische Arien zum besten gab, und einem jungen Lyriker, der eine pathetische Hymne auf das Haus Romanow geschrieben hatte, die er nun vortrug.

In der Bibliothek und im Arbeitszimmer Graf Lasarows wurde geraucht und lebhaft über politische Fragen diskutiert. Die Baronin Praljamowa setzte sich im Musikzimmer an den Flügel und spielte Melodien aus ‚Eugen Onegin', und Wera Karlowna winkte ihren drei Töchtern und tuschelte ihnen zu, sie sollten sich gefälligst eine Weile mit Tante Jekaterina unterhalten.

„Ihr habt sie noch kaum beachtet, und das gehört sich nicht. Ich möchte keinesfalls, daß sie einen schlechten Eindruck von euch mit nach Hause nimmt."

Jekaterina Karessowa, die seit ewigen Zeiten verwitwete Cousine der Gräfin, thronte auf einem Kanapee im chinesischen Salon, wie immer ein Miniaturbild der Zarin an der Brust, und lächelte den drei Lasarow-Töchtern huldvoll entgegen.

Jede küßte ihr pflichtschuldig die Hand und erhielt die Aufforderung, sich zu ihr zu setzen. Swetlana war die erste, die von ihr examiniert wurde, hauptsächlich natürlich über das Zarenpaar, die kleinen Großfürstinnen und ob es denn stimme, daß die Kaiserin wieder in gesegneten Umständen sei.

Nikolaus und Alexandra hielten sich im Augenblick in Peterhof auf, und Swetlana war nur für zwei Tage in die Hauptstadt gekommen, um bei ihrer Schneiderin ein paar neue Toiletten für die Wintersaison in Auftrag zu geben und die Soiree ihrer Eltern zu besuchen.

„Ja“, erwiderte Swetlana, „Ihre Majestät erwartet ein fünftes Kind, und wir beten alle darum, daß es diesmal ein Sohn sein möge.“

„Es wird ein Sohn“, sagte Tante Jekaterina. „Doktor Nizier Philippe hat ihn ihr doch vorausgesagt.“

„Sie kennen ihn?“ fragte Swetlana überrascht, und die Karessowa nickte.

„Er ist mir im letzten Winter im Haus des Fürsten Romanowskij vorgestellt worden. Das war, bevor er offiziell an den Hof eingeladen wurde. Ein sehr beeindrukkender Mann. Ihre Majestät tut gut daran, ihm zu vertrauen.“

Swetlana schwieg. Seit Nizier Philippe vor einem Vierteljahr an den Hof gekommen war, hatte er einen fast unbegrenzten Einfluß auf die Kaiserin – aber auch auf Zar Nikolaus gewonnen.

Philippe stammte aus Lyon, wo er bereits große Erfolge als Hellseher, Wunderheiler und Hypnotiseur errungen haben sollte. Bei Hof führte er vielbestaunte spiritistische Sitzungen und Hypnoseexperimente durch und behandelte auch die körperlichen Leiden der Zarin.

Sei es nun, daß er wirklich etwas von Naturmedizin verstand, sei es, daß Alexandras grenzenloses Vertrauen zu ihm eine Besserung bewirkt hatte, auf jeden Fall erschien sie gesünder und ausgeglichener als seit langem.

„Doktor Philippe verfügt wirklich über rätselhafte, ungewöhnliche Kräfte“, fuhr Jekaterina Karessowa fort. „Die Baronin Rosen und die Gräfin Ignatjew konsultieren ihn regelmäßig. Er deutet ihre Träume, legt ihnen die Hände auf und hat die Baronin Rosen dadurch von ihrer Migräne und die Gräfin von ihrem Magenleiden befreit. Er hat ihnen auch verraten, daß er Einfluß darauf nehmen kann, ob eine Frau einen Sohn oder eine Tochter zur Welt bringt. Dann werden wir also endlich bald einen kleinen Zarewitsch haben.“

Xenia hörte nur mit halbem Ohr hin, wie die Karessowa sich anschließend darüber ausließ, daß die Geburt eines Thronfolgers endlich ‚den schlechten Menschen, die das Zarenpaar anfeinden, den Mund stopfen werde'. All diese Sozialisten und verführten Narren, die es wagten, Seiner Majestät Reformen vorzuschreiben und sogar von einem Umsturz redeten, diese unverschämten Agitatoren, die die Arbeiter zu Streiks aufriefen und den Bauern predigten, sie sollten den Großgrundbesitzern das Land wegnehmen, würden dann einsehen, daß Gott mit dem Zaren war und man gegen Ihn sündigte, wenn man Seine Majestät angriff.

In Xenias Ohren klang es beispiellos dumm, was die Karessowa redete, aber sie hatte derlei Dinge immer wieder bis zum Überdruß in ihrem Elternhaus gehört.

Begriff denn niemand, daß die Situation viel ernster und bedrohlicher war, als alle hier glaubten?

Und was würden Papa und Mama, Tante Jekaterina und diese ganze illustre Gesellschaft sagen, wenn sie wüßten, wo sie, Xenia, heute nachmittag gewesen war?

Sie unterdrückte ein nervöses Kichern. Mama und die Tante, dachte sie, würden in Ohnmacht fallen und Papa alles aus mir herauszuprügeln versuchen, was ich von Pjotr, Terenkow und den anderen weiß. Aber ich würde nichts verraten, denn ich stehe auf ihrer Seite.

Wenn sogar Tolstoj ihre Ideen und Ziele teilte, mußten sie gut und richtig sein.

Xenia sah Terenkow ein paar Tage später wieder. Sie kam vom Newskij-Prospekt, wo sie Besorgungen gemacht hatte, und überquerte gerade die Anitschkow-Brücke, als eine Mietdroschke neben ihr hielt. Terenkow beugte sich aus dem offenen Fenster.

„Steig ein, ich bringe dich nach Hause."

Xenia erschrak ein wenig. „Aber ich bin gleich daheim. Es sind nur noch ein paar Schritte."

Er lachte. „Ich weiß. Wir können einen Umweg fahren. Nun komm schon, ich beiße dich nicht. Oder soll ich Euer Gnaden sagen und dich untertänigst um die Gunst bitten, daß du dich eine kleine Weile mit einem Niedriggeborenen wie mir unterhältst?“

Sie war achtzehn Jahre jung, und sein Spott weckte ihren Trotz.

„Ich rede mit jedem, der sich anständig benimmt“, sagte sie und warf einen Blick auf die Uhr, die an einer Goldkette um ihren Hals hing. „Eine halbe Stunde hätte ich Zeit.“

„Dann komm“, sagte er, öffnete die Kutschentür und half ihr beim Einsteigen.

Dann wandte er sich dem Kutscher zu. „Bring uns auf die Petersburger Seite, Onkelchen.“

Das Pferdchen, eine kleine rotbraune Stute mit dunklerer Mähne, zog gemächlich an. Sie fuhren über die Schloßbrücke, an der Börse auf der Wassiljewskij-Insel vorbei, und Terenko sagte: „Hier wohnt sie irgendwo, deine Schwester, die mit dem fürstlichen Schwein Leonid Soklow verheiratet ist, nicht wahr?“

Xenia hatte Soklow von Anfang an genauso wenig leiden können wie Swetlana. Deshalb hatte sie es ziemlich getroffen, daß ihre schöne Schwester ausgerechnet ihn geheiratet hatte.

Seitdem hatte Xenia immer wieder zu erfahren versucht, wie Swetlanas Leben mit Leonid verlief. Aber ihre Schwester sprach nicht darüber, und wenn Xenia ihr direkte Fragen gestellt hatte, hatte sie immer nur geantwortet: „Ich bin nicht glücklicher oder unglücklicher als andere Frauen, die eine Vernunftehe eingegangen sind. Mach dir keine Gedanken, Malenka, es geht mir nicht schlecht.“

„Heh, woran denkst du?“ Terenkow stieß Xenia leicht in die Seite. „Ich habe dich etwas gefragt.“

Sie wandte den Kopf zum Fenster. „Meine Schwester

wohnt in der Nähe vom Bolschoj-Prospekt. Aber Sie sind anscheinend ganz gut über meine Familie informiert?"

Er lachte. „Ich habe mich erkundigt, nachdem Pjotr dich mitgebracht hatte. Ärgert es dich, daß ich deinen Schwager als fürstliches Schwein bezeichnet habe?"

Xenia preßte die Lippen zusammen. „Es ist mir egal, wie Sie ihn nennen. Der ganze Leonid Iwanowitsch ist mir egal!"

„Oha, du magst ihn offenbar nicht besonders? Warum nicht?"

Sie warf ihm einen halb lachenden, halb ärgerlichen Blick zu. „Das geht Sie nichts an. Haben Sie mich nur mitgenommen, um mich nach meiner Familie auszufragen?"

„Nein", sagte er und strich mit der Hand über ihr Haar. Seine Finger glitten unter den langen Zopf, zu dem sie es gebunden hatte, und umfaßten ihren Nacken.

„Ich wollte dich wiedersehen. Du interessierst mich – ein Vögelchen, das das seidene, gut gepolsterte Nest verlassen will, um sich in ein ungewisses Abenteuer zu stürzen. Warum tust du das?"

Sie dachte einen Moment über ihre Antwort nach. Dann sagte sie, und es klang irgendwie rührend in seiner ernsthaften Aufrichtigkeit: „Weil ich nicht so leben möchte wie meine Mutter. Weil ich es überhaupt nicht richtig finde, wie sie und die vielen anderen leben, die ich kenne. Ich will etwas Nützliches tun, und ich möchte die Freiheit haben, mir auszusuchen, was das sein soll. Aber dort, wo ich herkomme, ist das nicht möglich, und darum denke ich, daß man es ändern muß."

Die Droschke zockelte jetzt über eine der vielen Brükken, die über die kleine Newka führten.

„Du bist also eine Idealistin", sagte Terenkow nach einer Weile.

Xenia lachte leise. Sie fühlte sich plötzlich wohl in seiner Gesellschaft. Er nahm sie ernst, und sie konnte mit ihm, genau wie mit Pjotr, über all das reden, was sie beschäftigte.

„Ich weiß nicht. Meine Pläne sind eigentlich ziemlich real. Pjotr hat Ihnen ja schon davon erzählt. Ich will Ärztin werden. Und irgendwie werde ich es schaffen", setzte sie trotzig hinzu.

Er warf ihr einen schrägen Seitenblick zu. „Ich glaube fast, du hast recht. Du bist sehr zielstrebig und resolut."

Wieder lachte sie. „Ich habe zum Glück den Dickkopf meines Vaters geerbt. Es wird schlimm werden, wenn wir uns über meine Pläne auseinandersetzen. Er wird nicht nachgeben – und ich auch nicht."

„Und was willst du dann tun?"

„Was wohl? Meine Sachen packen und fortgehen. Das heißt, ich hoffe, daß ich meine persönlichen Dinge mitnehmen darf. Ich besitze ein wenig Schmuck und eine Menge unnützer teurer Kleidungsstücke, die ich kaum getragen habe. Man kann das alles verkaufen, und ich denke, daß ich davon eine Weile leben kann. Und vielleicht bekomme ich ja auch ein Stipendium. Sie müssen wissen, daß ich eine der besten Schülerinnen meines Jahrgangs bin."

Wieder lächelte er über den unverkennbaren Stolz in ihrer Stimme. „Und wann wird sie stattfinden, diese unvermeidliche Auseinandersetzung zwischen dir und deinem Papa?"

Sie hob die Schultern. „Im nächsten Jahr, schätze ich, wenn ich die Schule beendet habe und mich an der Universität eintragen lassen will. Ich hoffe nur, Papa wird nicht so wütend, daß er mich nach Kowistowo schickt. Dann müßte ich nämlich bei Nacht und Nebel verschwinden." Sie warf ihm einen fragenden Blick zu. „Wie heißen Sie übrigens sonst noch – außer Terenkow?"

„Du kannst mich Grischa nennen", erwiderte er und strich abermals über ihren Nacken.

„Grischa – und weiter?"

„Nichts weiter. Keinen Iwanowitsch oder sonst einen Vatersnamen. Den habe ich abgelegt, weil er nichts zur Sache tut."

„Also gut, Grischa ..." Xenia drehte den Kopf ein wenig zur Seite, um der Berührung seiner Hand zu entgehen.

„Magst du das nicht?" fragte er sofort, und sie wurde rot.

„Ich glaube, nein. Außerdem muß ich nun wirklich nach Hause."

Er ließ sie los und beugte sich auf dem Kutschensitz nach vorn. „Wie du willst. Onkelchen, fahr zurück!" rief er dem Kutscher zu, der etwas Unverständliches als Antwort brummte, aber gehorsam sein Pferdchen wendete.

Terenkow schwieg, bis sie die Schloßbrücke passierten und der Wagen in den Newskij-Prospekt einbog. Dann erkundigte er sich: „Soll ich dich an der Sadowaja absetzen? Dann hast du es nicht mehr weit bis zu eurem gräflichen Palais."

„Ich kann nichts dafür, daß ich dort wohne", erwiderte sie, verärgert über den Spott in seiner Stimme. „Und vermutlich wird es nicht mehr lange der Fall sein."

„Nein, nicht mehr lange", entgegnete er gedehnt. „So oder so." Mit einem Finger seiner dunkel behaarten und kräftigen Hand strich er über ihre Nase.

„Also genieße noch ein Weilchen die seidenbezogenen Fauteuils, die Schokolade am Morgen in deinem spitzenberieselten Bettchen und die perfekte Schönheit, die euch Reiche dank eurer Dienstboten umgibt. Ein Hälmchen Unkraut im Park, und es wird ausgezupft. Ein Stäubchen Ruß auf dem Kamin, und es wird fortgewischt, eine Fluse auf dem kostbaren Teppich, sie wird aufgenommen. Und ihr macht euch nie die feinen weißen Fingerchen schmutzig. Darum ekelt ihr euch auch vor den Armen, weil sie so dreckig und zerlumpt sind, nicht wahr? Angewidert dreht ihr den Kopf zur Seite, wenn ihr solch einen Menschen seht. Nur ja keinen zweiten Blick riskieren, man könnte ja vor lauter Abscheu ein paar Eiterbläschen auf die Lippen bekommen. Vielleicht wirft man ihm ein paar Kopeken hin, diesem erbärmlichen Bündel Mensch – die moderne Art des Ablaßhandels, um sich von der Sünde der Gewissenlosigkeit und der Ausbeutung loszukaufen, aber ..."

Xenia riß die Kutschentür auf. „Ich weiß nicht, warum ich mir das anhören soll! Halt an, Kutscher, ich will aussteigen."

Verletzt und zornig blickte sie Terenkow an und konnte es nicht verhindern, daß ihr Tränen in die Augen schossen. „Was habe ich Ihnen getan, daß Sie auf einmal so voller Haß sind? Lassen Sie mich doch in Ruhe!"

Die Kutsche kam zum Stehen, und Xenia sprang so hastig hinaus, daß sie mit dem Knöchel umknickte und humpelnd davonlief.

Eine Woche später, sie kam gerade aus der Schule und war in Begleitung der beiden Nobokow-Töchter Darja und Lara, begegnete Terenkow ihr auf der Straße. Er grüßte sie im Vorübergehen mit übertriebener Höflichkeit und folgte ihr dann in einigem Abstand.

Xenia bemerkte es, als sie einmal stehenblieb, um sich ihr Schuhband zu richten.

Darja und Lara Nobokowa wohnten neben der Kasanschen Kathedrale. Nachdem sie sich von Xenia verabschiedet hatten, beschleunigte Terenkow seinen Schritt und holte sie wenig später ein.

„Wie ich sehe, gehst du wieder ganz normal. Du hast dir also neulich, bei deinem überstürzten Abgang, keine ernsthafte Verletzung zugezogen", sagte er. „Das freut mich."

Sie ging weiter und warf ihm nur einen schrägen Seitenblick zu. „Und warum laufen Sie mir heute nach? Wieder nur, um mich zu kränken?"

„Nein, ich wollte dir Abbitte leisten. Es tut mir leid, was ich dir neulich an den Kopf geworfen habe, obwohl es natürlich für fast alle deines Standes zutrifft. Du bist, so scheint es, eine Ausnahme."

Daß er sich bei ihr so ohne alle Umschweife entschuldigte, entwaffnete sie. Ein Lächeln flog über ihr hübsches Gesicht, und Terenkow dachte: Sie ist wirklich süß. Man muß kein Opfer bringen, wenn man sie sich gefügig machen will. Es würde mir auch so Freude machen, sie zu verführen, selbst wenn sie keine Gräfin Lasarowa wäre.

Eine Kutsche fuhr langsam vorüber, und aus dem Wagenfenster winkten Xenia einige junge Leute zu. Sie biß sich auf die Lippen.

„Jetzt hat man uns zusammen gesehen. Hoffentlich tratschen die Mossolows es nicht brühwarm weiter. Wenn meine Eltern erfahren, daß ich mit einem fremden Mann auf der Straße geredet habe, werden sie genau wissen wollen, wer das war und was wir zusammen gesprochen haben."

„Nun, dann denkst du dir eben eine Geschichte aus", meinte er leichthin und fügte in dem gleichen nebensächlichen Ton hinzu: „Mossolow? Heißt so nicht der Kabinettchef des Hofministers?"

Sie nickte. „In der Kutsche saßen seine Enkeltöchter, wenn ich richtig gesehen habe, und die beiden Söhne von General Kuropatkin. Alexandra Mossolowa ist eine fürchterliche Klatschbase und so neugierig wie eine Katze."

„Aber sie gehört zu deinem engeren Bekanntenkreis, ja? Und die jungen Kuropatkins auch?" forschte er.

„Ja – schon. Vorgestern waren die Mossolows zu Tee bei uns, und am Freitag findet bei den Kuropatkins, glaube ich, ein Liederabend statt, an dem Schaljapin singt. Haben Sie ihn schon einmal gehört? Er hat eine wunderbare Stimme."

„Ja, das ist wahr", sagte Terenkow. „Ich war einmal in der Oper und habe ihn auf einer Probe zu ‚Ein Leben für den Zaren' gehört. German – du hast ihn ja kennengelernt – hat einen Bruder, der dort Bühnenarbeiter ist. Der hat mich in den Zuschauerraum geschmuggelt."

„Und sonst waren Sie noch nie in der Oper?" fragte sie, und Terenkow schüttelte den Kopf.

„Nein. Du vergißt, daß unsereins dafür kein Geld hat. Ganz abgesehen davon, daß mich jeder Logenschließer wegen meiner abgerissenen Kleider hinauswerfen würde."

An diesem Mittag trug er eine Kosakenbluse und eine speckige Mütze zu einer Kniehose, die mehrfach ungeschickt geflickt war. Meist war der Stoff nur mit groben Stichen zusammengezogen worden.

Xenia sah es und empfand plötzlich Mitleid mit ihm. Er sah es an ihrem Augenausdruck und knurrte: „Hör zu, Kätzchen, ich kann alles vertragen, aber nicht, wenn mich jemand bedauert."

„Und ich mag es nicht, wenn man mich Kätzchen nennt", konterte sie lachend.

„Gut, dann sind wir quitt." Er bemerkte, daß sie einen verstohlenen Blick auf ihre Uhr warf. „Du mußt heim, was? Schade, ich hatte gedacht, wir könnten noch eine Weile miteinander reden. Aber vielleicht konnen wir uns ein anderes Mal treffen."

Sie wußte, daß sie dazu besser nein sagen sollte, aber sie tat es nicht. Noch nie war sie einem Menschen wie diesem Grischa Terenkow begegnet. Er interessierte sie, und sie wollte mehr von ihm erfahren.

Seine Ausdrucksweise war gebildet, also stammte er vermutlich aus einer gutbürgerlichen Familie, die ihm den Besuch einer höheren Schule ermöglicht hatte. Auch hatte er ein absolut sicheres Auftreten, ohne die geringste Spur von Unterwürfigkeit.

Aber wovon lebte er? Er hatte offenbar viel Zeit, also

schien er nicht zu arbeiten. Auch hatte er nie irgendeinen Beruf erwähnt.

„Also was ist?“ drängte Terenkow. „Hast du morgen nachmittag Zeit?“

„Ja“, antwortete sie zögernd. „Ich kann sagen, daß ich zum Französischkurs muß. Der findet immer von drei bis fünf Uhr nachmittags statt, und ich habe ihn belegt, um meine Sprachkenntnisse zu verbessern. Aber natürlich kann ich die Stunden auch einmal ausfallen lassen.“

„Schön, dann treffen wir uns im Park hinter der Erlöserkirche. Ich warte beim Hauptportal, einverstanden?“

„Einverstanden.“ Sie lachte ein wenig. „Aber seien Sie pünktlich. Ich kann es nicht ausstehen, wenn jemand nicht die verabredete Zeit einhält.“ Sie winkte ihm verabschiedend zu und lief dann eilig davon.

Terenkow sah ihr mit glitzernden Augen nach. Er war sicher, daß er mit Xenia Lasarowa einen phantastischen Fang gemacht hatte!

Grischa Terenkow, der eigentlich Gregor Lwowitsch Lapuchin hieß, stammte aus einer angesehenen Moskauer Kaufmannsfamilie. Während seines Studiums war er mit linksextremistischen Studentengruppen in Verbindung gekommen und hatte sich ihnen mit glühender Begeisterung angeschlossen.

Er verachtete die wohlanständige Bürgerlichkeit seiner Familie, den Geschäftssinn seines Vaters, die Frömmigkeit von Mutter und Schwestern und brach sein Studium ab, um bei einer Zeitung zu arbeiten, deren Büros bereits wenige Wochen darauf von der Geheimpolizei geschlossen wurden. Einige Mitarbeiter, darunter auch Grischa, wurden verhaftet, und nur dem Einfluß seines Vaters war es zu verdanken, daß er nach ein paar Tagen wieder auf freien Fuß gesetzt wurde.

Trotzdem war der Bruch mit seiner Familie nicht mehr aufzuhalten. Nach einer letzten heftigen Auseinandersetzung mit seinem Vater verließ Grischa Moskau und ging nach Minsk, wo er kurze Zeit später der neugegründeten russischen Sozialdemokratischen Partei beitrat.

Zehn Tage nach ihrer ersten Versammlung wurde die Organisation durch eine Anzahl Festnahmen auseinandergesprengt.

Dennoch bestand sie illegal weiter, und Terenkow, wie Grischa sich nunmehr nannte, wurde ein Mitglied des Zentralkomitees der Partei. Lenin, aus seiner dreijährigen Verbannung nach Sibirien zurückgekehrt, erkannte die Fähigkeiten dieses leidenschaftlichen Anhängers der sozialistischen Lehre und betraute ihn mit allerhand Sonderaufgaben, besonders agitatorischer Art, die Grischa in der Folgezeit durch halb Rußland führten.

Er organisierte Streiks und Demonstrationen und war einer der Drahtzieher bei der Ermordung des Bildungsministers Bogolepow gewesen.

Auch nachdem Lenin sich ins Ausland abgesetzt hatte, um von dort aus seine politische Arbeit fortzusetzen, blieb Grischa einer der wichtigsten Verbindungsleute für ihn in Rußland. Er lieferte Artikel und Reportagen für die ‚Iskra', eine Zeitung, die Lenin in seinem Exil ins Leben gerufen hatte und in der entschlossen zum revolutionären Kampf in Rußland und die Abschaffung des Zarentums aufgerufen wurde.

Terenkow war ein Revolutionär reinsten Wassers und bereit, für den geplanten Umsturz jedes Opfer zu bringen. Was zählte da eine Xenia Lasarowa?

Lenin hatte einmal von den ‚nützlichen Idioten" ‚gesprochen, den Steigbügelhaltern seiner Machtübernahme, und nicht anders bewertete Terenkow die Tochter von Graf Pawel Lasarow. Sie sollte sein ganz persönlicher nützlicher Idiot' sein.

Xenia kannte viele Leute, die am Zarenhof eine wichtige Rolle spielten, verkehrte in den besten Häusern und konnte ihm auf diese Weise manche wertvolle Information liefern. Und genau das war es, was sie für Terenkow so wertvoll machte. Daß sie zudem jung und hübsch war, war in seinen Augen eine angenehme Zugabe.

Von jenem Mittag an trafen sie sich zwei- oder dreimal wöchentlich in der kleinen Parkanlage hinter der Erlöserkirche, gingen spazieren, wenn das Wetter es erlaubte, oder tranken Tee in einem der zahlreichen Lokale zwischen der Fontanka und dem Katharinen-Kanal.

Dort standen enge hohe Häuser mit schmutzigen Hinterhöfen, es war ein schlecht beleumundetes Viertel, aber es hatte den Vorteil, daß Xenia hier auf keinen Bekannten stoßen würde.

Terenkow wohnte in der Nähe; er hatte zwei Dachzimmer in der Stoliarnyj Pereulok gemietet, und als er Xenia das erste Mal dorthin mitnahm, war sie entsetzt, in welcher Armseligkeit er lebte.

Die kleinen Fenster gingen auf einen Hinterhof mit geschwärzten Brandmauern hinaus, der Gestank von Müll und Katzenkot wehte herauf, wenn man sie öffnete, und die kärgliche Einrichtung – ein Tisch, zwei wacklige Lehnstühle, ein wurmstichiger Schrank und eine ebensolche Anrichte – war zerschlissen und voller Flecken.

Durch die halboffene Tür waren ein ungemachtes, zerwühltes Bett und ein emailliertes, halb verrostetes Gestell mit Waschschüssel und Krug zu sehen.

Terenkow gewahrte Xenias schockierte Blicke und lachte. „Ich weiß, du hast es feiner daheim. Aber mir genügt es. Außerdem kann ich schnell von hier verschwinden, falls es einmal nötig sein sollte. Vom Fenster aus führt eine Feuerleiter in den Hof, und durch die Keller und andere Hinterhöfe ist man weg wie eine Ratte, die hundert Schlupflöcher hat."

Er fegte einen Stapel Broschüren und Schriftstücke von einem der Stühle. „Komm, setz dich. Du brauchst keine Angst zu haben, Wanzen gibt es hier nicht. Und die Alte, von der ich die Zimmer gemietet habe, kommt auch nicht gleich herauf gestampft und schreit Zeter und Mordio, weil ich ein Mädchen bei mir habe. So was ist man hier gewöhnt."

Xenia gehorchte und zog ihr dunkelgrünes Cape, das an der Innenseite mit einem karierten Schottenstoff gefüttert war, enger um sich. „Es ist kalt", sagte sie, und Terenkow ging zu dem Ofen in der Ecke.

„Warte, ich mach' uns Feuer. In zehn Minuten ist es warm."

Sie beobachtete ihn, wie er Papier und Holzspäne aus einem Korb nahm und in die Feuerstelle schichtete. Dann entzündete er das Papier, und gleich darauf züngelten die ersten Flämmchen hoch.

Er blies ein wenig hinein und legte Holz nach. Dann stand er auf und holte aus der Anrichte eine Flasche und zwei Gläser. „Es ist guter Wodka, kein Fusel. Trink einen Schluck, der wärmt dich zusätzlich von innen."

Sie hatte noch nie Wodka getrunken, und der scharfe Alkohol ließ sie husten. Er rann ihre Kehle hinunter in den Magen, und gleich darauf verspürte sie tatsächlich eine angenehme Wärme, die sich in kleinen Wellen in ihr ausbreitete.

Terenkow lachte, weil sie das Gesicht verzog, und leerte sein Glas in einem Zug. Dann ging er vor ihr in die Hocke und nahm ihre Hände. „Warum sagst du nichts? Hast du Angst?"

Sie schüttelte den Kopf. „Müßte ich das denn?"

„Vermutlich bist du zum ersten Mal mit einem Mann in dessen Wohnung allein. Und dann noch mit einem so ungehobelten, unberechenbaren, auf dessen gute Manieren man nicht bauen kann. Meine kleine Gräfin, was bist du doch für ein leichtsinniges Geschöpf!"

Sie wollte ihre Finger zurückziehen, doch er hielt sie fest und legte sie gegen seine Wange. „Oder bin ich gar nicht der erste bei dir? Hast du schon deine verbotenen Spielchen gespielt?“

„Nein“, sagte sie. „Und ich bin auch nicht hergekommen, um jetzt damit anzufangen. Ich wollte sehen, wie du lebst, das war alles.“

Er zog die Augenbrauen hoch. „Oh, was sind wir doch für eine Heuchlerin, meine teure Xenia Pawlowna! Für was hältst du mich? Für einen grünen Jungen wie deinen Pjotr Dobrowjew? Den kannst du vielleicht mit einem Wink deiner hübschen Augen dirigieren und ihm weismachen, daß du ein tugendhaftes Mädchen bist, das man nur aus der Ferne anhimmeln darf. Aber ich habe vom ersten Augenblick an gemerkt, daß du Feuer im Hintern hast und wie sehr es dir gefällt, wenn ich dich berühre. Also gib es ruhig zu.“

Sie biß die Zähne zusammen, um das Zittern ihrer Lippen zu unterdrücken, als er ihre Brust umfaßte und mit der Daumenkuppe darüberstrich.

„Das ist nicht wahr. Ich habe nie ... Bitte, laß mich los!“

Er gab keine Antwort, sondern fing an, sie wild und zügellos zu küssen. Xenia drehte vergeblich den Kopf hin und her, um ihm zu entkommen. Als sie die Arme gegen ihn stemmen wollte, drückte er sie so fest an sich, daß sie keinen Finger mehr rühren konnte.

„Wehr dich doch nicht. Sag lieber, daß du es willst, genauso sehr wie ich. Los, sag es ...“

„Nein“, würgte sie hervor. „Bitte, ich will gehen ...“

Er gab sie so abrupt frei, daß sie taumelte und in den Lehnstuhl zurückfiel. Während er seinen Atem zur Ruhe zwang, musterte er sie aus schmalen, funkelnden Augen. Dann sagte er leise: „Ich bin dir nicht gut genug, was? Du bist zwar scharf auf mich, aber gleichzeitig schaudert deine hochadlige Seele vor mir zurück. Der dreckige Muschik, der in einer Dachkammer haust ... An so etwas wirft sich eine Lasarowa nicht weg. Gut, dann geh. Beweg deinen verdammten Hintern und verschwinde!“

Fast hätte er gelacht, als sie genauso reagierte, wie er es erwartet hatte: Sie blieb sitzen, die Hände im Schoß verkrampft, und blickte unglücklich zu ihm hoch.

„Du siehst das falsch, Grischa. Ich bin wirklich nicht hochmütig. Man sucht sich das Haus nicht aus, in dem man geboren wird. Aber du warst plötzlich so anders ... so gewalttätig. Das hat mich erschreckt."

Er schüttelte den Kopf. „Ich glaube dir nicht, mein Kind. Wenn ich zu deinen adligen Vornehmtuern gehörte oder wenigstens ein gutbetuchter Bourgeois wäre – mit Haus und Dienerschaft, hättest du mich nicht zurückgewiesen. Aber du hast schon recht: Was willst du mit einem wie mir? Ich nehme dich höchstens in den Dreck mit, in dem ich lebe. Unsereins steht doch immer mit einem Bein im Gefängnis oder riskiert, zum Krüppel geschossen, von Kosakenpferden niedergeritten oder nach Sibirien geschickt zu werden. Nein, nein, du hast vernünftig gehandelt, daß du dich da nicht hineinziehen läßt."

Seine Stimme klang bitter, und der Blick, mit dem er Xenia bedachte, war so verletzt und voller Traurigkeit, daß ihr das Herz schmolz.

„Du hältst mich für feige, was?" fragte sie. „Du meinst, ich hätte das alles nur dahergeredet, was ich dir über meine Einstellung zu euren Zielen gesagt habe. Aber das ist nicht wahr. Ich bewundere dich, daß du für ein neues, besseres Rußland kämpfst und dafür deine Sicherheit aufs Spiel setzt, und ich wünsche, ich könnte dir dabei helfen. Für mich bist du kein dreckiger Muschik, Grischa, sondern ein sehr mutiger, selbstloser Mann, der freiwillig ein so armseliges Leben führt, weil er sich seine Ideale nicht abkaufen läßt."

Er hatte ihr inzwischen erzählt, daß er aus einem wohlhabenden, angesehenen Elternhaus stammte, dessen Tür ihm wegen seiner politischen Überzeugung verschlossen war, und das hatte Xenia sehr beeindruckt.

Sie stand auf und ging auf Terenkow zu. Mit einer scheuen Bewegung legte sie die Hände auf seine Brust und schmiegte ihre Wange gegen den rauhen Stoff seines Hemdes.

„Laß das", sagte er und versuchte, sie von sich zu schieben. „Ich bin auch nur ein Mensch, Xenia, und ich begehre dich, seit ich dich das erste Mal gesehen habe. Deshalb solltest du jetzt wirklich gehen. Verzeih mir, daß ich eben den Kopf verloren habe. Es wird nicht wieder geschehen."

„Verzeih du mir", sagte sie leise, ohne ihn anzusehen, „daß ich dich zurückgewiesen habe. Aber ich war wirklich nur erschrocken, weil du auf einmal so verändert warst." Sie seufzte und hob den Kopf, und er sah, daß Tränen in ihren Augen standen. „Ich fürchte, ich bin sehr unerfahren, Grischa. Du wirst behutsam mit mir umgehen müssen."

Da hob er sie hoch und trug sie in seine Schlafkammer zum Bett.

10. Kapitel

Dr. Nizier Philippe, der eigentlich Nizier-Vachot hieß und nie einen Doktortitel erworben, aber das Metzgerhandwerk erlernt hatte, hielt im Salon der Baronin Rosen eine traumatische Séance ab. Es war selten genug, daß er nach St. Petersburg kam, lebte er doch normalerweise in Zarskoje Selo, seit ihn die Prinzessinnen Militza und Stana der Zarin wegen seiner übernatürlichen Fähigkeiten, seiner Gabe des Hellsehens und des Wunderheilens vorgestellt hatten.

Die beiden waren Töchter des Fürsten und späteren Königs von Montenegro, die, in Petersburg erzogen, Mitglieder der russischen Zarenfamilie geheiratet hatten.

Zarin Alexandra Fjodorowna vertraute den beiden jungen Frauen, weil sie ihr, im Gegensatz zu den meisten bei Hof, offenkundige Sympathien entgegenbrachten. Und in Doktor Philippe sah sie ein wahres Gottesgeschenk.

Swetlana war einen Monat lang in Petersburg gewesen. Eigentlich hatte sie nur ein paar Tage bleiben wollen, doch ihr kleiner Sohn war an einer eitrigen Halsentzündung erkrankt, die mit hohem Fieber einherging, so daß sie die Zarin um Beurlaubung gebeten hatte, bis der inzwischen knapp Zweijährige wieder ganz gesund war.

An diesem Abend war Swetlana nur widerstrebend in das Palais der Baronin Rosen gekommen, aber die ältliche exaltierte Frau hatte so lange auf sie eingeredet, bis sie endlich zugesagt hatte. Es ging Fjodor besser, er war indessen fieberfrei und durfte schon zeitweilig aufstehen.

Leonid Soklow war in Finnland, wo er ausgedehnte Ländereien besaß, und hatte bei seiner Abreise erklärt, daß er mindestens einen Monat lang fortbleiben werde. Der Dienstbotenklatsch hatte Swetlana zugetragen, daß er nicht allein gefahren war. Seine neueste Geliebte, eine Sängerin der Kaiserlichen Oper namens Elena Frantucci, ein bleiches, lasterhaftes Geschöpf, hatte ihn begleitet.

Swetlana war es gleichgültig. Die Frantucci schien in Leonids Augen besondere Talente zu haben, denn er war bereits seit dem letzten Winter mit ihr liiert, und Swetlana war dankbar, daß er sie seitdem nicht mehr angerührt hatte.

Sie kam etwas zu spät in das Rosensche Palais, und ein Diener führte sie in einen nur von Kerzen erhellten Raum, dessen Fenster mit schwarzen Samtportieren verhängt waren.

Die Gäste der Baronin waren überwiegend Frauen, Swetlana entdeckte lediglich zwei Männer darunter. Der eine war Fürst Mestscherskij, ein vertrauter Freund von Zar Nikolaus, der es innerhalb kurzer Zeit zu großem Einfluß gebracht hatte, der andere der Hofstallmeister Burdukow, der bei gewissen Leuten nur dadurch zu Ansehen gelangt war, indem er Informationen aus der engeren Umgebung der kaiserlichen Familie weitergab und die Adjutanten des Herrschers regelmäßig mit größeren Summen bestach.

Nizier Philippe stand über die Gräfin Murawjew gebeugt, die malerisch hingegossen, mit geschlossenen Augen auf einer Ottomane lag. Er hatte breite Hände mit stumpfen Fingern, mit denen er in gleichmäßigem Rhythmus über ihre Schläfen strich.

„Von nun an", sagte er in beschwörendem Tonfall, „wird Ihre Schlaflosigkeit vorbei sein. Fürchten Sie sich nicht mehr davor, zu Bett zu gehen. Wenn Sie heute abend nach Hause kommen, werden Sie so müde sein, daß Sie sogleich Ihr Schlafzimmer aufsuchen. Und dann werden Sie herrlich schlafen – viele Stunden lang. Wenn Sie erwachen, werden Sie sich frisch und ausgeruht fühlen, und dieser Zustand wird anhalten, weil Sie Nacht für Nacht so wunderbar schlafen werden."

„Ja ..." Die Murawjewa lächelte selig. „Ich werde schlafen. Danke, Meister ... Sie haben mich gerettet."

Nizier Philippe strich noch einmal über ihren Kopf, dann trat er zurück. „Ich bin etwas erschöpft. Ich muß mich eine Weile ausruhen."

Die Baronin Rosen schob ihm eigenhändig einen Sessel hin, in den er sich hineinfallen ließ und das Gesicht mit den Händen bedeckte.

„Ruhen Sie, Doktor Philippe. Erholen Sie sich, und wenn Sie sich kräftiger fühlen, müssen Sie mir unbedingt noch einen Traum deuten, den ich in der letzten Nacht hatte. Er war sehr merkwürdig, und ich weiß, offen gestanden, nicht, was ich davon halten soll."

„Später, meine teuerste Baronin", murmelte er, ohne aufzusehen. „Sie wissen, Ihre Träume interessieren mich brennend, weil sie so aufschlußreich und manches Mal sogar in gewisser Weise prophetisch sind. Sie haben offenbar mediale Fähigkeiten."

Die Rosen bedachte ihn mit einem anbetenden Blick, während die Gräfin Murawjew sich auf ihrer Ottomane aufsetzte und mit einem immer noch benommenen Gesichtsausdruck vor sich hinstarrte.

Swetlana war sicher: Nizier Philippe hatte sie hypnotisiert. Auf diese Weise, das wußte sie, konnte man bei labilen Charakteren tatsächlich gewisse Leiden heilen – wie Schlaflosigkeit, Migräne, nervöse Magenbeschwerden und ähnliches.

Aber im übrigen hielt Swetlana diesen Nizier Philippe für einen Scharlatan. Es war ganz unmöglich, was seine Anhänger – und leider auch das Zarenpaar – glaubten: daß er Einfluß darauf hatte, ob eine Schwangere einen Sohn oder eine Tochter gebar. Doch genau das hatte er behauptet.

Als die Zarin Swetlana davon erzählt hatte, hatte diese gelacht. „Um Himmels willen, Euer Majestät, Sie nehmen doch solch einen Schwindel nicht ernst?"

Darüber war Alexandra Fjodorowna, die Swetlana sonst sehr zugetan war, regelrecht zornig geworden. „Ich verbiete Ihnen, die Fähigkeiten von Doktor Philippe als Schwindel abzutun! Er ist ein begnadeter Mensch, der in seiner Heimat schon sehr vielen Frauen geholfen hat, die sich sehnlichst einen Sohn wünschten."

„Hat er Euer Majestät das erzählt?" hatte Swetlana gefragt, und die Zarin hatte aufgebracht genickt.

„Ja, und ich glaube ihm. Seine Majestät tut es übrigens auch. Wir haben großes Vertrauen zu Doktor Philippe. Also bitte, sagen Sie nie wieder ein abwertendes Wort gegen ihn."

Swetlana hatte sich gefügt, aber am liebsten hätte sie Alexandra Fjodorowna geschüttelt. Wie konnte eine Frau von ihrer Intelligenz und Bildung, eine Frau, die sonst so unbestechlich war in ihrem Urteil über jede Unaufrichtigkeit und Heuchelei, diesem Mann so grenzenlos vertrauen! Man brauchte Nizier Philippe doch nur anzusehen, um zu wissen, daß er ein Kriecher übelster Art war!

Aber der Kummer, daß sie noch immer keinem Sohn das Leben geschenkt hatte, hatte Alexandra seelisch krank gemacht. Sie mußte diesen Sohn haben – der verzweifelte Wunsch beherrschte sie inzwischen dermaßen, daß daneben kein Raum mehr für vernünftige Überlegungen war.

Arme Kaiserin, dachte Swetlana, während sie Nizier Philippe betrachtete. Ein Betrüger mehr, der ihr ins Gesicht lügt und sie am Ende noch hoffnungsloser und zerstörter zurückläßt, als sie es ohnehin schon ist.

Die Baronin Rosen hatte sie inzwischen entdeckt und kam mit aufgeregten Trippelschritten auf sie zu.

„Ist er nicht wunderbar?" fragte sie mit einer Kopfbewegung in Philippes Richtung. „Wie schade, daß Sie erst jetzt gekommen sind. Der Meister hat uns einen kleinen Vortrag gehalten über eine ganz neue Art der Medizin, die im Kommen ist. Er nennt sie *geistige* Medizin, und sie wird mehr bewirken als alle Medikamente und Operationen, die wir bisher kannten. Er sagt, daß die meisten Krankheiten ihren Ursprung in der Seele haben, und dort müsse man ansetzen, um sie zu kurieren."

„Damit hat Doktor Philippe vermutlich recht", gab Swetlana zu. „Aber dennoch werden wir auf die herkömmliche Medizin nicht verzichten können. Ein vereiterter Zahn oder ein ebensolcher Blinddarm werden nach wie vor der chirurgischen Behandlung bedürfen, und eine Grippe muß mit entsprechenden Pulvern oder Extrakten bekämpft werden."

„Dessen bin ich mir nicht mehr so sicher", widersprach die Baronin. „Schließlich vermag man mit der geistigen Medizin sogar Wunderheilungen zu vollbringen. Da versagen die herkömmlichen Behandlungsmethoden der Herren Ärzte. Ich sage Ihnen eines, meine liebe Swetlana Pawlowna – gegen jemanden wie Doktor Philippe mit seinem Einfühlungsvermögen und seinen heilenden Händen sind sie allesamt Stümper."

„Dann sind Sie also nicht mehr in Behandlung bei Doktor Fjodorow?" fragte Swetlana, doch die Rosen nickte.

„Gelegentlich noch. Immerhin verordnet mir Doktor Fjodorow einige Medikamente, die mir helfen. Warum sollte ich darauf verzichten? Allerdings ..." Sie beugte sich vor und blickte Swetlana mit einem verschwörerischen Lächeln an. „Allerdings habe ich in anderen Dingen ein weitaus größeres Vertrauen zu Doktor Philippes Fähigkeiten. Er hat sich noch nie in seinen Voraussagen geirrt. Der Gräfin Anna Stomajewa hat er auf den Kopf zugesagt, daß ihr Gatte sie betrügt – und wenige Wochen später hat Fürst Scheremetjew ihn mit seiner Frau in flagranti ertappt. Und Wladimir Mestscherskij hat Doktor Philippe vor einem räuberischen Überfall gewarnt, der noch in der nämlichen Nacht passiert ist."

Swetlana schwieg. Es hatte vermutlich wenig Sinn, der Baronin zu erklären, daß Graf Stomajew laufend Affären hatte, die für niemanden in St. Petersburg ein Geheimnis waren, da er den unseligen Hang besaß, sich in zwielichtigen Spelunken zu betrinken, so daß es kein Wunder war, wenn man ihn einmal ausraubte.

Die Rosen wollte in Philippe einen Mann mit übernatürlichen Kräften sehen und würde alles glauben, was er ihr und anderen einredete, ebenso wie die Zarin.

Alexandra Fjodorowna war indessen wieder schwanger. Das Kind sollte in drei Monaten geboren werden, und daß die Zarin abermals verzweifelt auf einen Sohn hoffte, war nichts Neues.

Neu war nur, daß Alexandra sich während dieser fünften Schwangerschaft so wohl und gesund fühlte wie bei keiner anderen zuvor.

Und dies war, wie sie Swetlana strahlend berichtete, als diese in der Woche darauf nach Zarkoje Selo zurückkehrte, einzig und allein auf Doktor Philippes heilenden Einfluß zurückzuführen.

Alexandra Fjodorowna sah hübsch und blühend aus, sie hatte schon vor zwei Monaten aufgehört, ein Korsett zu tragen, kleidete sich in helle weite Gewänder und hatte alle offiziellen Verpflichtungen abgesagt.

Da sie sich ohnehin nicht gern in der Öffentlichkeit zeigte, mochte letzteres ihr seelisches Wohlbefinden gesteigert haben, dennoch war selbst Swetlana verwundert, wie lebhaft und unbeschwert die Zarin wirkte.

Sie unternahm lange Spaziergänge, spielte mit ihren kleinen Töchtern und lachte mehr, als Swetlana es jemals bei ihr erlebt hatte.

„Der Himmel selbst hat mir Doktor Philippe geschickt“, erklärte die Zarin. „Seit er bei uns ist, habe ich nicht einmal mehr unter Herzbeschwerden oder geschwollenen Gliedern gelitten. Ich schlafe gut, ich habe einen gesunden Appetit, und ich ... ach, ich freue mich so sehr darauf, endlich meinen kleinen Zarewitsch im Arm zu halten.“

Auch der Zar war heiterer, als Swetlana ihn kannte. Und er war Nizier Philippe gegenüber von der gleichen rührenden Dankbarkeit wie seine Frau. Um sie auch offiziell zu bezeugen, ließ er dem Franzosen durch Kriegsminister Kuropatkin Rang und Titel eines Militärarztes und Wirklichen Staatsrates verleihen, und dies war sicherlich nur der Anfang von Philippes Aufstieg. Niemand in Zarskoje Selo zweifelte daran, daß den Wunderdoktor nach der Geburt des Thronfolgers noch höhere Ehrungen und Gunstbezeugungen erwarteten.

Der errechnete Geburtstermin rückte näher, und in Petersburg wartete man Tag für Tag vergeblich auf die Salutschüsse von der Peter-und-Paul-Festung, die die Geburt des so sehnlich erwarteten Zarewitsch verkündigten. Es geschah nicht.

Leonid Soklow war aus Finnland zurückgekehrt und kam mehrmals in der Woche nach Zarskoje Selo, wo er sich, wie immer, wenn er Publikum hatte, als betont liebevoller Ehemann gab.

Swetlana ertrug seine Gegenwart nur schwer. Sein zärtliches Gebaren vor anderen verursachte ihr Widerwillen, und wenn er über Nacht blieb und seine Rechte als Ehemann geltend machte – er begründete sie wieder einmal damit, daß er nicht nur ihren Romanow-Bastard großziehen, sondern einen eigenen Sohn zeugen wolle – erduldete sie das nur mit zusammengebissenen Zähnen.

Leonid war es auch, der als erster behauptete, die Zarin sei vermutlich gar nicht schwanger, sondern Nizier

Philippe habe ihr dies lediglich kraft seiner hypnotischen Fähigkeiten einsuggeriert.

„Sie ist hysterisch, deine heißgeliebte Kaiserin, und das macht sie für solchen Hokuspokus empfänglich", sagte er, aber Swetlana widersprach.

„Als ob es nicht untrügliche Anzeichen für eine Schwangerschaft gäbe! So etwas kann man sich nicht einbilden."

Doch er lachte nur. „Ihr Weiber seid doch allesamt hysterisch. Und dieser angebliche Doktor Philippe – pardon, der hochwohlgeborene Militärarzt und Wirkliche Staatsrat – verfügt zweifelsohne über hypnotische Kräfte, so daß es ihm nicht schwerfallen dürfte, einer so wundergläubigen, labilen Person wie deiner Alexandra Fjodorowna ein Kind in den Bauch zu reden. Ich beneide ihn um diese Fähigkeiten! Was kann man alles damit erreichen! Vielleicht wende ich mich einmal an ihn, damit er dir suggeriert, daß du total verrückt nach mir bist. Ich würde es sehr genießen, wenn du unter mir liegst und vor Lust schreist und nicht genug von mir bekommst."

„Ich weiß nicht viel über Hypnose", entgegnete sie kalt, „aber doch soviel, daß man keinen Menschen dadurch veranlassen kann, Dinge zu tun, die ihm zuwider sind."

Einen Moment lang sah er sie so wütend an, daß sie Furcht empfand, aber dann lachte er wieder nur und wandte sich zur Tür. „Ich fahre nach Petersburg. Du kannst also aufatmen, meine Teure. Aber ich werde wiederkommen, denn ich habe es mir nun einmal in den Kopf gesetzt, dir ein Kind zu machen. Einen echten kleinen Prinzen Soklow."

Die Tage vergingen, der errechnete Geburtstermin des Zarenkindes war längst verstrichen, doch bei Alexandra Fjodorowna setzten keine Wehen ein.

Sie lag inzwischen zu Bett und wartete stündlich auf die Geburt ihres Sohnes. Von ihren Frauen wollte sie nur

Swetlana, die Fürstin Orbeljani und die Wyrubowa um sich haben.

Auch der Zar verbrachte viele Stunden bei seiner Frau, doch das Warten zermürbte alle in zunehmendem Maße. Swetlana und der eigentlich immer heiter gestimmten Orbeljani fiel es täglich schwerer, der Zarin Fröhlichkeit und Zuversicht vorzuspielen. Lediglich die Wyrubowa glaubte nach wie vor felsenfest an die baldige Geburt des Zarewitsch.

„Doktor Philippe hat es gesagt, und er irrt sich niemals", beteuerte sie mit glänzenden Augen.

Sie setzte sich auch vehement gegen Swetlanas Vorschlag zur Wehr, einen zweiten Arzt hinzuzuziehen, der die Zarin untersuchen sollte, als nach einer weiteren Woche noch immer keine Wehen bei ihr eingesetzt hatten.

„Wozu? Ihre Majestät hat Doktor Philippe, und das genügt. Es kommt schon einmal vor, daß ein Kind sich länger Zeit läßt, als es normalerweise der Fall ist. Das ist kein Grund zur Besorgnis."

„Aber man sollte sichergehen, daß mit dem Baby alles in Ordnung ist", wandte Swetlana ein, und die Orbeljani nickte.

„Dieser Meinung bin ich auch." Sie wandte sich an Zar Nikolaus, der der kleinen Debatte bisher schweigend gefolgt war. „Bitte, Euer Majestät, lassen Sie Professor Ott rufen. Er kennt die zarte Gesundheit der Kaiserin. Vielleicht sind irgendwelche Komplikationen aufgetreten, die ihr und dem Kind schaden."

Nikolaus kam an Alexandras Bett. Zärtlich wie immer lächelte er auf sie hinunter. „Und was möchtest du, meine Liebe?"

Ihre Augen waren voller Unruhe. „Ich weiß nicht ... Ich will Doktor Philippe nicht kränken. Andererseits, wenn dem Kleinen irgend etwas fehlt und unser Zögern alles noch verschlimmert ..."

Sie sprachen englisch miteinander, das die Orbeljani

und die Wyrubowa kaum beherrschten, und Swetlana stand auf und trat an das Fußende des Bettes. „Ich bitte Sie, Euer Majestät, schicken Sie nach Professor Ott – um Ihrer und des Kindes Sicherheit willen", sagte sie ebenfalls in englisch. „Bestimmt ist es nicht gut, wenn die Geburt sich allzu lange verzögert. Zumindest wächst das Baby mit jedem weiteren Tag, der verstreicht, und um so schwerer wird die Entbindung sein."

Helle Angst stand auf einmal in Nikolaus' Augen. „Das habe ich noch gar nicht bedacht. Sie haben recht, Fürstin, man muß etwas unternehmen, schon um Ihrer Majestät unnötige Qualen zu ersparen. Ich schicke sogleich einen Adjutanten zu dem Professor."

An der Tür hielt Alexandra ihn noch einmal auf. „Aber sprich erst mit Doktor Philippe darüber. Ich möchte um keinen Preis, daß er verärgert wird. Bitte, Nicky ..."

„Schon gut", erwiderte er nervös. „Er wird es einsehen. Schließlich ist er kein Frauenarzt wie Ott. Mach dir keine Sorgen, meine Liebe. Wie du weißt, ist Doktor Philippe ein sehr verständnisvoller Mann."

Professor Ott kam am Abend desselben Tages. Er blieb fast eine Stunde bei der Zarin. Auch Nikolaus war bei ihr, während Swetlana und die Orbeljani im Vorzimmer warteten. Die Wyrubowa war zur Kirche gegangen, um, wie sie gesagt hatte, für ihre teuerste Kaiserin zu beten.

Swetlana sprang auf, als sich die Tür zu Alexandras Schlafzimmer öffnete. Der Zar kam heraus. Sie wollte auf ihn zueilen, ihn fragen, doch er winkte ab und ging so rasch an ihr vorbei, daß sie gar nicht dazu kam. Aber sie sah, daß seine Augen voller Tränen standen.

Dann fiel die Tür hinter ihm ins Schloß.

Professor Ott, ein schwergewichtiger Mann mit einem graumelierten Kinnbart, tauchte im Vorzimmer auf. „Gehen Sie zu Ihrer Majestät", forderte er Swetlana und die Orbeljani auf. „Ich habe ihr ein Beruhigungsmittel gegeben. Sie wird bald einschlafen, denke ich. Aber sie sollte vorerst nicht allein sein."

„Was ist passiert?" fragte die Orbeljani. Auf ihren Stock gestützt, stand sie auf. „Was haben Sie festgestellt?" Ihre Stimme klang angstvoll.

Das ohnehin immer etwas düster wirkende Gesicht des Professors verfinsterte sich noch mehr. „Es werden ja ohnehin alle erfahren, also kann ich es Ihnen ebensogut gleich sagen: Ihre Majestät ist überhaupt nicht schwanger. Sie hat neun Monate lang geglaubt, ein Kind zu erwarten, aber das war leider in Irrtum."

Dieses Mal weinte Alexandra nicht, sie begehrte auch nicht gegen diesen neuen, für sie so schrecklichen Schlag auf. Sie war still, wie betäubt, und zu Swetlana sagte sie nur:

„Ich möchte nicht darüber sprechen. Also sagen Sie nichts und fragen Sie nichts. Es würde genügend andere geben, die um so mehr darüber reden, weil sie sich an meinem Unglück freuen."

Schon am nächsten Tag stand sie auf, verließ ihre Privatgemächer und nahm wieder am gesellschaftlichen Leben in Zarskoje Selo teil.

Swetlana begriff: Die Zarin trat die Flucht nach vorn an, um ihren Widersachern die Stirn zu bieten. Wenn man tat, als wäre nichts geschehen, würde das schadenfrohe Gerede am schnellsten verstummen.

Aus diesem Grunde wurde auch Nizier Philippe nicht sogleich vom Hof entfernt. Er blieb noch mehrere Monate, scheinbar nach wie vor vom Zarenpaar hoch geschätzt, wenngleich die Zahl seiner Jüngerinnen täglich mehr zusammenschmolz, so daß er zu Beginn des Jahres 1903 Zar Nikolaus von sich aus darum bat, in seine Heimat zurückkehren zu dürfen.

Der Abschied wurde ihm in allen Ehren gewährt, und Nizier Philippe reiste, mit Geld und fürstlichen Geschenken ausgestattet, nach Frankreich zurück.

Immerhin konnte er es nicht unterlassen, der Zarin bei einer letzten Audienz zu prophezeien, daß Gott ihr an seiner Statt einen neuen Beistand senden werde, der ihr in all ihren Nöten helfen könne. Es war nicht schwer, auf eine solche ‚Weissagung' zu kommen, denn Alexandra Fjodorowna gab es nicht auf, weiterhin nach Wunderheilern und heiligen Narren zu suchen, die ihr, wie sie fest glaubte, eines Tages durch ihre Gebete und Kasteiungen zu dem so heiß ersehnten männlichen Erben verhelfen würden.

Aber mit seiner letzten Prophezeiung sollte Nizier Philippe dennoch recht behalten. So sahen es später jedenfalls das Zarenpaar und so viele andere aus seiner Umgebung.

Der Mann, der der unglücklichen Kaiserin in ihrer Angst und grenzenlosen Verzweiflung als einziger tatsächlich zu helfen vermochte und dadurch einen unbeschränkten und unheilvollen Einfluß auf sie und Nikolaus II. gewann, hieß Grigorij Jefimowitsch Nowych. Er wurde in dem kleinen sibirischen Dorf Pokrowskoje, zwischen Tjumen und Tobolsk gelegen, geboren und trug den Beinamen Rasputin.

„Und du warst am vergangenen Donnerstag zum Tee bei der Gräfin Ignatjew?" fragte Grischa Terenkow. Er lag mit Xenia im Bett. Sie hatten sich geliebt und waren beide noch nackt. Träge strich er mit dem Daumen über ihre dunklen Brustspitzen. „Wie war es denn? Hatte die alte Vettel interessante Leute da?"

Sie nickte. „Außenminister Graf Lamsdorf, Maurice Bompard, den französischen Botschafter, Innenminister Plehwe, Oberst Besobrasow ..."

Terenkow pfiff durch die Zähne. „Wirklich? Ich wußte gar nicht, daß Besobrasow in Petersburg ist. Und? Hast du etwas Wichtiges aufgeschnappt?"

Sie setzte sich auf und griff nach dem Mieder, das neben dem Bett auf dem Boden lag. Während sie es überzog und zuhakte, nickte sie.

„Bompard und Plehwe haben gestritten. Der Botschafter hat dem Innenminister vorgeworfen, er verhindere durch seine rigorosen Maßnahmen, daß das russische Volk auch nur noch einen Funken Sympathie für seinen Zaren empfinde. Nikolaus sei seinen Untertanen ferner als der Mond, und Plehwe solle liebe ein paar befähigte Diplomaten aus seinem Ministerium damit beauftragen, für Seine Majestät Pluspunkte zu sammeln, als ständig neue Hetzkampagnen gegen die Juden zu inszenieren und mit härtester Waffengewalt gegen Arbeiterdemonstrationen vorzugehen – alles im Namen des Zaren."

„Und was hat Plehwe geantwortet?"

Xenia kicherte. „Oh, es war sehr spannend, wie die beiden aufeinander losgegangen sind. Plehwe war rot wie ein gekochter Hummer, und die Ignatjewa rang die Hände und beschwor ihn und Bompard, doch um Gottes willen friedlich zu bleiben und keinen Eklat heraufzubeschwören."

Grischa runzelte die dichten Brauen. „Ich will keine Milieuschilderung von dir hören, sondern Tatsachen."

Sie warf ihm einen halb erschrockenen, halb trotzigen Blick zu. „Manchmal ist deine Liebenswürdigkeit wirklich nicht mehr zu überbieten, Grischa. Also schön. Plehwe sagte, er sei nur deshalb zum Innenminister ernannt worden, weil er für seine Unnachgiebigkeit bekannt sei. Er würde seiner Aufgabe nicht mehr gerecht, wenn er einen milderen Kurs einschlüge. Im übrigen rechne er damit, daß man die Untertanen Seiner Majestät von ihren revolutionären Ambitionen ablenken könne, wenn man gezielt ihre Wut gegen die Juden aufstachele. Wörtlich sagte er, es sei nutzbringend, nationale Haßgefühle anzuheizen, und der Antisemitismus sei ein prächtiges Ventil für übererregte, von sozialistischen Demagogen aufgehetzte Gemüter."

„Gemein, aber klug", sagte Terenkow und verließ das Bett. Er ging zum Tisch und zündete sich eine Papyrossi an. Seit einiger Zeit hatte er eine Wohnung in der Nähe des Moskauer Bahnhofs gemietet. Sie war nicht allzu groß mit ihren drei Zimmern, aber doch wesentlich ansprechender als das schmutzige Loch in der Stoliarnyj Pereulok, das er vordem bewohnt hatte.

Xenia hatte ein übriges dazu getan, die Wohnung behaglicher einzurichten, indem sie nach und nach Kissen, hübsches Geschirr, einen silbernen Samowar und Porzellanleuchter heimlich aus dem elterlichen Palais mitgebracht hatte.

Terenkow schlüpfte in Hemd und Hose und schrieb ein paar Notizen in ein blau eingebundenes Heft. „Ich bin kein Judenfreund, aber wenn Plehwe Erfolg hat und es wieder einmal zu Pogromen kommt, könnte sich daran tatsächlich die Volkswut abreagieren."

„Es hat schon eines in Kischinew gegeben", berichtete Xenia. „Die Presse durfte nicht darüber berichten. Aber Lamsdorf warf Plehwe vor, daß dabei mehrere hundert Juden, auch Frauen und Kinder, erschlagen worden seien. Man hat ihre Häuser geplündert und hinterher in Brand gesteckt, und Militär und Polizei haben mit verschränkten Armen zugesehen."

Er lachte. „Es ist wirklich ein Fluch, dem ‚auserwählten Volk' anzugehören. Wenn früher ein Monarch bei den jüdischen Geschäftsleuten und Bankiers hoch verschuldet war, behauptete er, die Juden hätten die Brunnen vergiftet und sich an unschuldigen kleinen Christensäuglingen vergriffen, um sie bei ihren scheußlichen religiösen Ritualen abzuschlachten, und schon stürmte das Volk ihre Häuser und machte alles nieder, was sich ihm in den Weg stellte – und der Fürst oder König war seine Gläubiger los. Heutzutage müssen die Juden eben für politische Interessen herhalten, aber der Effekt ist der gleiche."

Er wandte sich um und warf Xenia einen zufriedenen Blick zu. „Erzähl weiter. Was hat es sonst noch bei der Ignatjewa gegeben?“

„Der französische Botschafter ist vorzeitig gegangen, nachdem es ihm nicht gelungen war, Plehwe zu einem gemäßigteren Kurs zu bewegen. Im Gegenteil – der Minister behauptete, je größer der Widerstand des Volkes werde, um so härter müsse er dagegen vorgehen. Im übrigen habe er noch einen Trumpf im Ärmel, und das sei das leider immer noch unter japanischer Oberhoheit stehende Korea. Ein Krieg mit Japan werde vermutlich alle revolutionären Bestrebungen in Rußland niederschlagen. Vielleicht nicht bei einigen unbelehrbaren Wirrköpfen, doch die hätten dann nicht mehr die Unterstützung des Volkes.“

„Wenn es sich da mal nicht verrechnet, das schlaue Innenministerchen!“ sagte Terenkow lachend. „Ein siegreicher Krieg könnte eventuell solche Folgen haben, aber nicht ein verlorener. Unsere Militärs sind allesamt satt, vollgefressen und selbstherrlich. Sie unterschätzen die Japaner und bilden sich ein, ein Feldzug wäre eine Art Parade mit ein bißchen Geschützdonner und schneidigen Attacken. Welch ein gefährlicher Irrtum, für den Tausende guter russischer Männer sterben werden!“

„Du meinst also, es wird Krieg geben?“ fragte sie furchtsam, und Terenkow nickte.

„Es sieht so aus, und das nicht erst seit heute. Schließlich stehen bereits seit einigen Jahren russische Truppen im Süden der Mandschurei, und obwohl der Zar der chinesischen Kaiserin zugesagt hat, sie in drei Etappen abzuziehen, hält er sich nicht mehr daran. Im übrigen weißt du selbst, daß seit neuestem eine Anzahl Geschäftemacher und Glücksritter bei Hof herumschwirren, an deren Spitze sich Großfürst Alexander Michailowitsch gestellt hat. Sie liegen Nikolaus ebenso wie der deutsche Kaiser in den Ohren, daß Korea Rußland einverleibt werden müsse, wobei der Großfürst und seine Clique natürlich sehr handfeste materielle Interessen daran haben. Du hast mir doch selbst erzählt, daß man bereits eine Gesellschaft zum Abbau der koreanischen Bodenschätze gegründet hat, da es dort sehr große Vorkommen von Eisen, Steinkohle und Gold gibt, von dem Waldreichtum um den Fluß Yalou herum einmal abgesehen."

„Aber Finanzminister Witte ist gegen einen Krieg", warf Xenia ein, und Grischa zuckte mit den Schultern.

„Er wird sich nicht durchsetzen. Weder gegen Plehwe, der schon jetzt überall fleißig verkünden läßt, die hiesigen Aufrührer und Unruhestifter steckten mit Japan unter einer Decke und ein siegreicher Krieg könne dazu beitragen, sich ihrer gänzlich zu entledigen, noch gegen Nikolaus' Vetter, den Großfürsten, und die Geldhaie, die dieser um sich versammelt hat."

Xenia war während ihrer Unterhaltung ebenfalls aufgestanden und hatte sich angekleidet. Nun ging sie in das nebenan gelegene Wohnzimmer und schenkte Grischa und sich Tee aus dem Samowar ein, der auf einem niedrigen Tischchen stand.

„Ich wünschte, es gäbe keinen Krieg", sagte sie seufzend. „Könnt ihr denn nichts tun, um ihn zu verhindern?"

„Wie denn?" fragte er bitter. „Für einen gewaltsamen Umsturz ist die Zeit noch nicht reif. Und wir können auch nicht alle Kriegstreiber eliminieren. Sie sind wie eine Hydra – es wachsen immer wieder Köpfe nach."

Mit gerunzelter Stirn blickte sie zu ihm hoch. „Grischa ... damit hast du doch nichts zu tun, oder? Ich meine, du beteiligst dich nicht an irgendwelchen Bombenanschlägen oder ähnlichen Attentaten?"

„Natürlich nicht", erwiderte er leichthin. „Ich sage dir doch, so etwas bringt nicht viel. Die Ermordung von Innenminister Sipjagin hat uns Plehwe beschert, der es noch ärger als sein Vorgänger treibt. Und die Attentate auf Bogdanowitsch, den Präfekten von Ufa, und diesen Verräter Bobrikow, der Finnland ganz und gar dem Zaren ausgeliefert hat, haben den beiden zwar bis in alle Ewigkeit die Mäuler gestopft, aber an den Verhältnissen hat sich trotzdem nichts geändert."

Sie atmete auf. „Manchmal habe ich Angst um dich, weißt du? Täglich werden so viele Menschen verhaftet – oder sogar erschossen, wenn sie ergriffen werden."

Er strich ihr über das dunkle Haar. „Keine Sorgen, meine kleine Gräfin, ich gebe schon acht. Und du mußt natürlich weiterhin Augen und Ohren offenhalten. Es könnte ja sein, daß du irgendwann bei euren stinkfeinen gesellschaftlichen Zusammenkünften etwas aufschnappst, aus dem du ableitest, daß ich oder die Unsrigen ganz allgemein in akuter Gefahr sind. Dann mußt du mir das sofort sagen."

„Aber ja", versicherte sie. „Ich will doch nicht, daß euch etwas geschieht." Ihre braunen Augen glänzten. „Wenn du mir nur erlauben würdest, bei euch mitzuarbeiten. Aber du nimmst mich zu keinem eurer Treffen mit, und du erzählst mir auch nie, was ihr dort beredet und welche Entschlüsse ihr gefaßt habt."

„Das sollst du auch nicht wissen", erwiderte er kurz angebunden. „Dann kannst du wenigstens nichts ausplaudern."

„Grischa!" rief sie empört. „Ich würde doch nie ..."

„Freiwillig nicht, mein Täubchen, davon bin ich überzeugt. Aber wenn man dich foltert – nein, ich will dich dieser Gefahr gar nicht erst aussetzen! Deshalb will ich dich auch nicht bei unseren Versammlungen dabeihaben. Je weniger Leute wissen, daß wir beide zusammengehören, um so besser. Dann kann auch nichts durchsickern."

„Du meinst, es sind nicht alle bei euch zuverlässig?"

Er trank seinen Tee aus. „Spitzel gibt es überall. Nein, meine kleine Gräfin, was dich und mich verbindet, soll unser Geheimnis bleiben" Er seufzte gespielt theatralisch und legte die Hand auf sein Herz. „Das ist leider die einzige Art von Romantik, die ich dir bieten kann."

„Aber ich würde trotzdem so gerne mehr tun", beharrte sie. „Bitte, denk doch einmal darüber nach!"

„Nein", beschied er sie entschlossen. „Du tust genug für uns, indem du mir alle Neuigkeiten berichtest, die du zu Hause oder auf irgendwelchen Festivitäten aufschnappst, mein hübscher kleiner Spion. Auf diese Weise erfahre ich sehr viel Nützliches."

„Aber etwas weißt du noch nicht", sagte sie und kam auf seinen Schoß, als er sich in seinen Lehnstuhl setzte und sie an sich zog. „Meine Schwester Swetlana hat es mir aus Zarskoje Selo geschrieben. Sie begleitet das Zarenpaar Ende Juli nach Sarow. Natürlich nicht sie allein. Der ganze Hof wird mitreisen."

„Sarow? Sarow?" überlegte er. „Wo liegt das?"

„Irgendwo an der Oberwolga. Dort hat vor hundert Jahren ein Mönch namens Seraphim gelebt, der vielen Frauen zu Söhnen verholfen hat, indem er sie zu einer heiligen Quelle führte, in der sie sich badeten. Nach seinem Tode wurde Seraphim neben der Quelle begraben, und es heißt, daß sie noch immer bei vielen Frauen ihre wundertätige Wirkung entfaltet."

Terenkow brach in Gelächter aus. „Und jetzt erhofft sich Alexandra Fjodorowna von diesem Hokuspokus ebenfalls einen Sohn?"

„Nicht nur sie. Auch der Zar tut es, und er hat sich dazu entschlossen, Seraphim von Sarow heiligsprechen zu lassen, um ihn den Bitten um einen Thronfolger geneigt zu machen."

Terenkow schob Xenia ein Stück von sich. „Glaubst du etwa auch an solchen Humbug?"

Fast entrüstet schüttelte sie den Kopf. „Natürlich nicht! Aber manchmal hilft es, wenn die betreffende Frau daran glaubt!"

Er lachte immer noch. „So, wie an die Schwangerschaft, die dieser Scharlatan Philippe der Zarin eingeredet hat, was? Ach komm, hör auf! Das ist alles blühender Unsinn. Und im Grunde ist es auch völlig egal, ob die Romanows noch einen Zarewitsch in die Welt setzen oder nicht. Er wird ganz gewiß nicht mehr über Rußland herrschen."

Xenia wußte, daß es Terenkows und seiner Gesinnungsgenossen Ziel war, die Monarchie eines Tages völlig abzuschaffen. Allerdings, so hatte er ihr immer wieder beteuert, mit legalen Mitteln. Wenn erst die demokratische Verfassung eingeführt worden war und das Volk seine Vertreter selbst wählen konnte, würden diese nach und nach die Regierungsgewalt übernehmen. Der Zar wäre damit eines Tages überflüssig, aber wenn man ihm noch einige repräsentative Aufgaben lassen wolle, um die naiven Zarentreuen nicht allzu sehr vor den Kopf zu stoßen, so sei das etwas, womit das neue demokratische Rußland durchaus leben könne.

„Am dreißigsten Juli soll Seraphim von Sarow heiliggesprochen werden", berichtete Xenia. „Und in der darauffolgenden Nacht wird die Zarin in der Quelle baden, die ihm geweiht ist und an der schon so viele Wunder geschehen sein sollen."

„Nun, vom Baden hat noch keine ein Kind gekriegt." Terenkow wollte Xenia enger an sich ziehen, aber sie wich ihm aus.

„Ich muß gehen. Es ist schon spät."

„Mußt du wirklich?" fragte er halbherzig, während er darüber nachdachte, ob man an diesem dreißigsten Juli nicht etwas unternehmen könne ...

Wenn die Zarin in der Quelle badete, war sie vermutlich nur von ihren Hofdamen umgeben. Die Wachen würden sich weiter entfernt aufhalten.

Andererseits konnte man sicher sein, daß das ganze Gelände hermetisch abgeriegelt war. Nicht einmal eine

Maus würde ungesehen durch den Kordon der Geheimpolizisten und Garden hindurchschlüpfen können. Und der Zar? Wo würde er sich während der Zeremonie aufhalten?

„Nikolaus begleitet seine Frau in dieses Nest, dieses Sarow, nicht wahr?“ fragte Terenkow beiläufig, während er zusah, wie Xenia in ihre Schuhe schlüpfte und dann vor dem Spiegel über dem Kamin ihr Haar richtete.

„Aber ja. Bei einem solchen Anlaß sind sie immer zusammen.“

„Und wo werden sie wohnen?“

Sie hob die Schultern. „Ich habe keine Ahnung. Vielleicht im Hause des Provinzgouverneurs – oder im Kloster der Mönche, deren Ordensgründer Seraphim ist. Da sie mit großem Gefolge reisen, wird sich der Hofstaat vermutlich auf beide Unterkünfte verteilen.“

„Vermutlich“, murmelte er desinteressiert. Und er dachte: Das muß man sich vorher ansehen. An Ort und Stelle kann man mehr erfahren.

Xenia war fertig und kam zu ihm. „Wann sehen wir uns wieder? Morgen oder übermorgen?“

Er küßte sie. „Ich weiß es noch nicht, mein Täubchen. Ich muß für ein paar Tage verreisen – nach Finnland“, setzte er hastig hinzu, als er den fragenden Ausdruck ihrer Augen sah. „Ich treffe mich dort mit einigen von uns, die im Exil leben. Möglich, daß auch Wladimir Iljitsch hinkommt.“

„Lenin?“ fragte sie überrascht. „Aber ich denke ...“

„Psst ...“ Er legte ihr den Finger auf die Lippen. „Kleine Mädchen dürfen nicht so neugierig sein. Vergiß es. Ich schicke dir Nachricht, wenn ich zurück bin.“

„Sei vorsichtig“, bat sie und küßte ihn noch einmal.

Sie war nicht besonders fromm, weil sie nicht mehr zu glauben vermochte, daß es einen Gott gab, dessen Stellvertreter die satten, vollgefressenen Kirchenherren und Popen waren, die mit so unbeschreiblichem Hochmut über das Elend der ihnen Anvertrauten hinwegblickten. Manchmal dachte sie, daß es Gott überhaupt nicht gab, denn wie hätte er all das Unrecht, diese menschenverachtende Willkür und die Not zulassen können, ohne mit Feuer vom Himmel dazwischenzufahren?

Trotzdem hätte Xenia jetzt gern das Kreuzzeichen über Grischa geschlagen, weil in einer solchen Geste etwas lag, das irgendwie Trost und Mut verleiht.

Aber sie tat es natürlich nicht, weil sie wußte, daß Terenkow sie dann ausgelacht hätte oder sogar ärgerlich geworden wäre.

„Mach dir keine Sorgen", erwiderte er. „Mir geschieht schon nichts."

Als sie fort war, überlegte er, ob er jemanden mitnehmen sollte auf die Fahrt nach Sarow, German vielleicht oder Ljuba, aber dann verwarf er diesen Gedanken wieder. Es war besser, allein zu reisen, um die Örtlichkeiten zu inspizieren.

Terenkow schenkte sich einen Wodka ein und trat ans Fenster. Unten sah er Xenia die Straße überqueren. Wie hübsch sie war mit ihrem krausen dunklen Haar, das in der Sonne leicht rötlich schimmerte! Eine hübsche kleine Katze ...

Irgendwann würde er sich von ihr trennen müssen, spätestens dann, wenn sie von ihrem Vater auf die Straße gesetzt wurde.

Der Gedanke behagte Terenkow nicht, denn er hatte sich an Xenia gewöhnt. Aber sie hatte inzwischen die Schule beendet und wollte zum Wintersemester mit dem Medizinstudium beginnen. Und es war eigentlich gar keine Frage, daß Graf Lasarow dann seine so aus der Art geschlagene Tochter hinauswarf, falls sie ihre Pläne nicht aufgab. Noch hatte Xenia nicht mit ihrem Vater gesprochen, sie hatte wohl doch Furcht vor der Auseinandersetzung, aber noch in diesem Sommer mußte sie es tun.

„Wenn mein Vater nicht nachgibt, dann komme ich für immer zu dir“, hatte Xenia zu Terenkow gesagt. „Die Heimlichkeiten sind dann vorbei, und das ist gut so.“

Er hatte ihr zugestimmt. Aber was sollte er mit einer Xenia Lasarowa, die seine Wäsche wusch, die Wohnung sauberhielt und für ihn kochte, wenn sie nicht gerade in der Universität war oder als Hilfskraft in irgendeinem Krankenhaus arbeitete, um ihr Studium zu finanzieren? Frauen bekamen nur untergeordnete Stellungen; ihre Berufstätigkeit beschränkte sich in der Regel auf Dienstbotenleistungen.

Auch Xenia würde diese Erfahrung machen müssen.

Noch träumte sie von einer Beschäftigung in einem Büro, einer Bibliothek oder einem wissenschaftlichen Institut. Aber derlei Posten waren den Männern vorbehalten.

Terenkow sah sie in der schmalen Gasse verschwinden, die zwischen seiner Wohnung und dem Newskij-Prospekt lag. Ihm gefiel ihr Gang. Er war energisch und doch anmutig, und der Schwung ihrer Hüften bewirkte, daß die Männer ihr nachsahen.

Vielleicht würde er sie doch noch ein paar Wochen bei sich behalten, ehe er sie verließ.

Aber eines Morgens würde sie wach werden und allein in seinem Bett liegen. Dann mußte sie zusehen, wie sie zurechtkam. Er konnte sich keine Fesseln leisten.

11. Kapitel

„Du solltest heute nacht ebenfalls in der Quelle des nunmehr heiligen Seraphim baden", sagte Leonid Soklow zu Swetlana. „Vielleicht bekommst du dann endlich den Sohn, den ich von dir haben will."

Sie saß vor dem ovalen Spiegel ihres Schlafzimmers, das ihr und Leonid bei ihrer Ankunft in Sarow im Seraphim-Kloster zugewiesen worden war. Jeanette, ihre Zofe, hatte ihr beim Umkleiden geholfen und ihr den Kokoschnik mit dem halbmondförmigen Diadem und dem langen Schleier auf das zu einem Zopf geflochtene weizenblonde Haar gesetzt.

Leonid lehnte in der Tür, bereits in der Galauniform eines Generals der Artillerie, zu dem er im letzten Winter ernannt worden war, und im Spiegel konnte Swetlana das Glitzern seiner merkwürdig goldbraunen Augen sehen.

„Ich habe bereits einen Sohn", erwiderte sie kühl. „Also wird es wohl an dir liegen, wenn ich nicht schwanger werde. Mademoiselle Frantucci und deine anderen Geliebten werden es ja offenbar auch nicht. Dabei ist Elena Frantucci doch angeblich ganz wild auf ein Kind von dir."

Mit einem zornigen Wink hatte Leonid die Zofe schon bei Swetlanas ersten Worten aus dem Zimmer gescheucht. Er schloß die Tür hinter dem Mädchen und kam mit zwei langen Schritten zu seiner Frau. „Halt's Maul, Romanow-Hure! Oder soll ich es dir stopfen?"

„Nur zu", erwiderte sie unerschrocken. „Ihre Majestät wird zweifellos fragen, was mir fehlt, und wer will mich daran hindern, ihr dann endlich einmal die Wahrheit zu sagen? Wäre dir das recht?"

„Ich kann dir deine Frechheiten auch später noch heimzahlen. Du hast nicht alle Tage Hofdienst. Im übrigen baue nicht zu sehr auf die Zuneigung, die dir die Zarin entgegenbringt. Du wärst nicht die erste, die bei ihr in Ungnade gefallen ist, weil sie irgend etwas gesagt oder getan hat, was Alexandra Fjodorownas fades Gemüt gekränkt hat. Die Wyrubowa ist geschickter im Umgang mit ihr. Singen und beten und ihr immer neue Kretins und heilige Idioten zuführen – damit macht sie sich unentbehrlich, während man dir an der Nasenspitze ansieht, wie sehr du ‚Mütterchens' Wunderheiler und Propheten verabscheust."

Swetlana stand auf. „Ich habe keine Lust, mit dir über Ihre Majestät zu diskutieren. Denn wie du dich über sie ausläßt, ist in meinen Augen noch viel verabscheuungswürdiger."

„Du ...", sagte er drohend, aber sie machte sich von ihm los, als er nach ihrem Arm griff.

„Laß mich. Es ist gleich neun Uhr, und das Bankett beginnt pünktlich."

Das Refektorium, der große Speisesaal des Klosters, lag im ersten Stock und war vom Gästehaus durch einen langen Kreuzgang zu erreichen. Es gab hier kein elektrisches Licht, aber die Mönche hatten Fackeln entzündet, und in dem riesigen Refektorium brannten mehrere hundert Kerzen. Die Säulen und wuchtigen Steinquader strahlten Kälte aus, trotz des milden Sommerabends.

Swetlana hatte ihren Platz bei den Frauen der Zarin. Hin und wieder warf sie einen besorgten Blick auf Alexandra Fjodorowna, zu deren Linken Vater Theophan saß, einer der geistlichen Würdenträger am Zarenhof.

Er war ein hagerer, asketischer Mann mit überraschend durchdringenden blauen Augen, fanatisch fromm und dem Mystizismus zugeneigt. Seit langem hatte er gegen die geisteskranken Scharlatane, die sich um die Zarin drängten, einen erbitterten Kampf geführt. Nur der Glaube und die Heiligen der Kirche könnten der Kaiserin helfen, hatte er wieder und wieder gepredigt – und heute endlich einen Sieg davongetragen. Alexandra würde dem Teufelsspuk, wie Vater Theophan die Krämpfe und Anfälle der irrsinnigen Krüppel und Idioten bezeichnete, den Rücken kehren und sich in einer feierlichen Zeremonie dem am Mittag heiliggesprochenen Seraphim von Sarow zuwenden.

Die Zarin war sehr bleich an diesem Abend. Sie aß kaum und hörte fast ausschließlich Vater Theophan zu, der von Seraphim von Sarow erzählte und den vielen Gebetserhörungen, die dieser gütige Heilige bewirkt habe.

Gegen Mitternacht wurde die Tafel aufgehoben, und die Zarin begab sich mit ihren Frauen in die Klosterkirche. Dort warf sie sich vor einem Steinbild des Heiligen zu Boden und verharrte lange im Gebet.

Hinter der goldenen Ikonostase sangen die Mönche. Sie sangen ein Lied von Gottes Liebe und Hilfe für alle, die beladen waren, und Swetlana, die dicht hinter Alexandra Fjodorowna kniete und sah, wie sie zitterte und weinte, dachte: Wenn es wahr ist, Gott, was diese da singen, wenn du wirklich gütig und voller Erbarmen bist, dann hilf dieser armen gepeinigten Frau. Laß sie den Sohn bekommen, um den sie so verzweifelt fleht. Wenn du es aber anders beschlossen hast, so schenk wenigstens ihr und dem Zaren Frieden und Tragkraft für das, was du ihnen auferlegst. Vielleicht ist es manchmal nicht gut, dir etwas abtrotzen zu wollen, Gott, doch dann gib immerhin die Einsicht, warum du manche Bitten nicht erfüllst. Sei nicht so entsetzlich fern und stumm in deinen goldenen Himmeln!

Als Kind hatte man Swetlana gelehrt, daß man so mit Gott nicht reden durfte, aber sie tat es trotzdem, weil das Mitleid mit der Zarin ihr das Herz abdrückte.

Die Mönche geleiteten Alexandra Fjodorowna und ihre Frauen in einem langen Zug durch den Park und blieben erst am Klosterportal zurück.

Ihr Gesang begleitete die Zarin, wie sie in ihrem hellen bodenlangen Mantel zu der heiligen Quelle schritt, dort noch einmal betend niederkniete, bevor sie ihre Kleider ablegte und, nur mit einem langen weißen Hemd angetan, in dem heilenden Wasser badete.

Vier Tage blieb das Zarenpaar in Sarow. Nikolaus empfing Delegationen von Adel und Kirche, und wo immer er sich in der Öffentlichkeit zeigte, war er von jubelnden Menschen umringt. Manchmal war das Gedränge so dicht, daß seine Adjutanten ihn auf die Schultern heben mußten. Von dort aus winkte er der Menge zu und war glücklich über die Liebe, die ihm entgegenschlug.

Am fünften Tag kehrte das Zarenpaar nach Petersburg zurück. Zuvor hielt Vater Theophan noch einen Dankgottesdienst in der Klosterkirche ab, in dem er den Segen des Himmels und die Hilfe des Heiligen Seraphim auf die Majestäten und insbesondere auf Alexandra Fjodorowna herabflehte.

Die Kaiserin und Nikolaus II. wirkten wie von einer schweren Last befreit. Swetlana hatte selten erlebt, daß die beiden so unverkrampft und heiter Abschied nahmen.

Der Zar segnete die Mönche, die sich in der Kirche und davor versammelt hatten, ebenso die Bevölkerung, die sich wiederum eingefunden hatte, um ‚Väterchens' Abreise mitzuerleben.

Alexandra nahm eine der flachshaarigen Töchter des Provinzgouverneurs Graf Ljasow auf den Arm und drückte die Neunjährige an sich, während sie der Menge lächelnd zuwinkte.

In diesem Augenblick geschah es. Einer der Mönche, die auf dem Kirchenvorplatz knieten, richtete sich plötzlich auf. Im hellen Sommerlicht blitzte eine Waffe. Er zielte auf den Zaren, wollte abdrücken, doch im nämlichen Moment warf sich einer der Geheimpolizisten in Zivil, die während der gesamten Reise ständig um das Zarenpaar herum waren, auf ihn und schlug ihm den Arm hoch. Der Schuß löste sich und ging ins Leere.

Sekunden später waren Zar und Zarin von einem Kordon der Garde in die Kirche zurückgedrängt worden. Die schweren Tore flogen zu, während drei weitere Polizisten den Attentäter vollends überwältigten.

Jemand hatte Alexandra die kleine Ljasowa abgenommen. Weiß vor Schrecken umarmte die Zarin ihren Mann.

„Er wollte dich töten, Nicky! O Gott, er wollte dich töten!" Weinend küßte sie sein Gesicht. „Sag, ist dir wirklich nichts passiert?"

Nikolaus drückte sie an sich. „Gar nichts. Ich bitte dich, beruhige dich, Alix."

Graf Ljasow, der Gouverneur von Sarow, drängte sich zu ihnen durch und fiel vor dem Zaren auf die Knie. „Väterchen! Allergnädigste kaiserliche Majestät, wie konnte das geschehen? Ich schwöre, seit ich weiß, daß Eure Majestäten uns die Gnade Eures Besuches gewähren wollten, habe ich alle Wachen und Kontrollen um das Vierfache verstärken lassen. Diese Stadt war sauber von allen kriminellen und anarchistischen Halunken. Und doch ist solch ein Verbrecher hindurchgeschlüpft und hat die Hand gegen Eure geheiligte Majestät ..." Er verstummte schluchzend und machte Anstalten, die Füße des Zaren zu küssen.

Nikolaus wich ein wenig zurück. „Schon gut. Niemand macht Ihnen einen Vorwurf, Graf Ljasow. Stehen Sie auf, ich bitte Sie."

Aber der Gouverneur verharrte kniend auf dem Boden und fuhr fort, sich anzuklagen. „In einer Mönchskutte hat er sich eingeschlichen, der Verfluchte. Hätte man denn jeden einzelnen Klosterbruder, der hier herumläuft, täglich von neuem überprüfen müssen? Ja, o ja, jetzt sehe ich es ein. Ich habe es versäumt. Ich bin ein pflichtvergessener Diener Eurer Kaiserlichen Majestät und verdiente, aufgehängt zu werden oder nach Sibirien verbannt ..."

Das Portal wurde geöffnet, und Jurij Lasarow, der an diesem Morgen die Garde zu Pferde befehligte, kam herein.

Mit knappen Worten erstattete er dem Zaren Rapport. Der Attentäter sei gefangengenommen und bereits in Gewahrsam gebracht worden. Garden und Polizei hätten die Menschen auseinandergetrieben, und das Gelände um die Stadt werde noch durchkämmt.

Am frühen Nachmittag sei nach menschlichem Ermessen die Straße nach Twer geräumt, so daß die Majestäten dann ungehindert abreisen und in Twer den Sonderzug besteigen könnten, der sie in die Hauptstadt zurückbrächte.

„Bis dahin allerdings, so läßt Graf Wetlugin, Oberkommandierender der Garden, untertänigst bitten, mögen die Majestäten hier im Kloster bleiben und sich nicht ins Freie begeben", schloß Jurij.

So geschah es denn auch. Vater Gawril, der Prior des Klosters, ließ im streng bewachten Refektorium eine Mittagsmahlzeit servieren, aber Nikolaus und Alexandra sowie den meisten ihrer Begleitung hatte das unglückselige Vorkommnis den Appetit verschlagen. Auch die gelöste Stimmung war dahin; alle wirkten bedrückt und ängstlich und fragten sich, ob der festgenommene Attentäter ein Einzelgänger gewesen sei oder ob noch Komplizen von ihm im Kloster oder in der Stadt lauerten.

Swetlana erkundigte sich bei Jurij danach, doch ihr Bruder hob nur die Schultern. „Soviel ich weiß, hat er bis jetzt keinerlei Aussagen gemacht. Man kennt nicht einmal seinen Namen."

„Und was wird mit ihm geschehen?"

„Er wird nach Petersburg gebracht und dort abgeurteilt werden. Aber nicht, bevor er nicht den Mund aufgemacht hat. Man wird ihn Tag und Nacht verhören, bis er seine Hintermänner preisgibt."

Es war wie immer, wenn der Zar auf Reisen ging: Zwei Eisenbahnzüge, die einander glichen wie ein Ei dem anderen mit ihren luxuriösen Salonwagen fuhren von Twer in Richtung St. Petersburg.

Niemand wußte, in welchem der beiden Züge sich Seine Majestät befand. Das war eine der seit langem praktizierten Sicherheitsvorkehrungen, um die Gefahr eines Bombenattentats zu verringern.

Alexandra und Nikolaus soupierten im zweiten Zug, der eine Stunde nach dem ersten den Bahnhof von Twer verließ. Zuvor hatten sie den ersten Zug bestiegen, der hinter Twer auf einem Abstellgleis wartete, bis sie in den zweiten umsteigen konnten.

Swetlana gehörte zu der kleinen Gesellschaft, die das Zarenpaar auf seiner Fahrt begleitete. Mit Erleichterung hatte sie festgestellt, daß Leonid Soklow sich in dem vorausfahrenden Zug befand.

Alexandra war noch immer verstört. „Es war so schön in Sarow", sagte sie. „Man hätte meinen können, inmitten von soviel Liebe und Begeisterung gäbe es kein Verbrechen. Und doch hat dieser Mensch versucht, dich umzubringen, Nicky. Es war Gottes Schutz, der dich bewahrt hat."

„Ganz gewiß", erwiderte der Zar und streichelte ihre Hand. „Gott hat mich auf meinen Platz gestellt. Es ist sein Wille, daß ich ihn ausfülle. Darum ist er auch mit mir und wird mich weiterhin vor allem Schaden bewahren."

Swetlana fand sein Gottvertrauen rührend, aber es machte ihr gleichzeitig angst. Wenn man sich ausschließlich auf das Walten einer höheren Macht verließ, wog man seine Entscheidungen oftmals nicht sorgfältig genug ab, weil man meinte, es werde ohnehin alles gutgehen. Und das konnte für einen Zaren Rußlands – ach was, für ganz Rußland sehr bedrohlich werden.

„Der Attentäter ist ein gewisser Gregor Lapuchin", berichtete Swetlana zwei Wochen später bei einem Besuch im Lasarowschen Palais ihren Eltern und Schwestern. „Er hat sich zwar standhaft geweigert, seinen Namen zu nennen, aber da er schon seit längerem von der Geheimpolizei gesucht wurde, hat man ihn anhand seiner Personenbeschreibung identifizieren können. Danach hat er schließlich alles zugegeben. Sein Deckname, unter dem er in den letzten Jahren im Untergrund gearbeitet hat, ist Terwenkow ... oder Trenkow? Nein, jetzt weiß ich es wieder: Grischa Terenkow."

Xenia entglitt das Glas mit Himbeerlimonade, das sie gerade zum Mund führen wollte. Sie sprang auf. „Wie ungeschickt von mir!"

Als sie das Glas auf den Tisch zurücksetzen wollte, rutschte es ihr aus den zitternden Fingern und zerschellte am Boden.

„Ja, wirklich, sehr ungeschickt", sagte ihre Mutter tadelnd. „Du wirst dich umziehen müssen, Kind."

Xenia erwiderte nichts. Sie stürzte zu der Glastür, die den Wintergarten von dem dahinter liegenden Salon trennte, und lief so rasch davon, als würde sie verfolgt.

Wera Karlowna seufzte. „Ich weiß nicht, was mit ihr los ist. Sie ist seit einiger Zeit schrecklich nervös. Dabei hat sie doch überhaupt keinen Grund dazu. Sie hat die Schule beendet und alle Prüfungen mit Bravour bestanden, obwohl ich persönlich noch immer nicht viel davon halte, wenn ein junges Mädchen aus guter Familie sich den Kopf mit all diesem Wissen vollstopft. Meine Großmutter hat immer gesagt: Zu vieles Lernen macht verrückt. Und vielleicht hatte sie gar nicht so unrecht damit."

Ihre jüngste Tochter Irina kicherte und erntete einen verweisenden Blick der Mutter. „Ich weiß nicht, was es da zu lachen gibt!"

Irina, zart und dunkelhaarig, mit einem so durchscheinenden Teint wie dünnes Porzellan, biß sich von innen in die Wangen. „Verzeihung, Mama", murmelte sie. „Ich mußte nur gerade an Monsieur Selbmann, unseren Hauslehrer, denken. Er weiß fast alles und studiert immer noch halbe Nächte hindurch in seinen Büchern – und ein bißchen verrückt ist er auch. Neulich ist er vor lauter Zerstreutheit in Pantoffeln aus dem Haus gegangen und ..."

„Schon gut!" fiel ihr Vater ihr ins Wort. „Das interessiert im Augenblick niemanden." Er wandte sich Swetlana zu. „Dieser Attentäter – du sagst, er habe im Untergrund gearbeitet. Hat man wenigstens die Namen seiner Komplizen aus ihm herausgeprügelt?"

„Soviel ich weiß, nicht. Er behauptet, er habe den Mordversuch an Zar Nikolaus allein geplant, und es gäbe keine Mitwisser."

Wera Karlowna schauderte zusammen. „Dieser Unmensch! Richtet eine Pistole auf unseren allergnädigsten Herrscher! Mein Himmel, was geht in solch einem Verbrechergehirn nur vor! An ein Pferd binden und zu Tode schleifen sollte man ihn!"

„Er wird ganz bestimmt zum Tode verurteilt werden", sagte Swetlana. „Übrigens, wie geht es Jurij? Ich habe ihn seit den Ereignissen in Sarow gar nicht mehr gesehen."

„Bei uns läßt er sich auch nur noch höchst selten blikken", erwiderte Graf Lasarow mißmutig. „Ich hoffe nur, daß er sich nicht mit Saufbolden und liederlichen Frauenzimmern herumtreibt."

„Aber Jurij doch nicht!" widersprach Wera Karlowna sogleich. „Er ist ein sehr pflichtbewußter junger Offizier, über den seine Vorgesetzten nur Gutes zu berichten wissen."

„Ach, haben sie Ihnen das gesagt?“ erkundigte sich ihr Mann spöttisch.

Sie schob gekränkt das Kinn vor. „Das nicht. Doch als ich gestern von den Scheremetjews kam, habe ich seiner Wohnung einen Besuch abgestattet. Ich hoffte, Jurij wäre zu Hause, aber ich habe nur seinen Diener angetroffen, der mir sagte, daß unser Sohn Dienst hätte. Wir haben uns ein paar Minuten unterhalten, und dabei erwähnte Igor, daß unser Sohn wohl in Kürze zum Rittmeister befördert werden würde. Und das wird man wohl kaum vom Faulenzen und Herumtreiben.“

„Sprechen Sie von Igor Kurjakow, Mama, dem Sohn unserer Haushälterin in Kowistowo?“ fragte Swetlana, und Wera Karlowna nickte.

„Natürlich. Igor ist ja praktisch mit Jurij aufgewachsen, und als er sich diese Wohnung am Newa-Kai mietete, ist er mit ihm gegangen.“

„Ich mag Igor nicht besonders“, meldete Irina sich wieder zu Wort. „Er hat irgend etwas Hinterhältiges an sich, auch wenn er immer sehr höflich tut.“

„Unsinn!“ protestierte Wera Karlowna. „Er *ist* höflich. Und sehr tüchtig. Da ich schon einmal da war, habe ich natürlich Jurijs Wohnung in Augenschein genommen. Igor hält alles mustergültig in Ordnung.“

Das Gespräch wurde durch Xenias Rückkehr unterbrochen. Sie hatte sich umgezogen und wirkte äußerlich völlig unbefangen, als sie sich wieder setzte. Aber Swetlana schien es, als ob die Schwester geweint hätte. Ihre Augen waren gerötet.

Swetlana stand auf. „Ich würde gern noch ein wenig in den Park gehen. Kommst du mit, Xenia?“

Als die Jüngere nickte, hakte sie sich bei ihr unter. „Zeigst du mir den neuen Pavillon, den Papa hat bauen lassen?“

„Gern. Er wird dir gefallen. Er ist ganz streng im klassizistischen Stil gehalten, und in der Mitte befindet sich ein Springbrunnen. Dadurch ist es dort immer angenehm kühl."

„Setzt aber Hüte auf", rief Wera Karlowna den beiden jungen Frauen nach. „Nicht, daß ihr euch den Teint durch die Sonne ruiniert."

„Wir bleiben im Schatten", rief Xenia zurück. „Machen Sie sich keine Sorgen, Mama!"

Ihre Stimme klang heiter und energisch wie zumeist. Dennoch fragte Swetlana, nachdem sie eine Weile schweigend durch den sommerlichen Park geschlendert waren: „Was ist los mit dir, Malenka? Hast du Kummer? Kann ich dir auf irgendeine Weise helfen?"

Für einen Moment schloß Xenia die Augen. Jetzt alles sagen dürfen, die Angst gestehen, die sie umklammert hielt, sich von der Seele reden, was sie mit so großem Entsetzen erfüllte!

Grischa hatte ein Attentat auf den Zaren verübt. Sie hatten ihn gefaßt, und nun würde er hingerichtet werden.

Xenia fürchtete nicht, daß Terenkow sie verraten könnte. So etwas tat er nicht; schließlich wollte er sie nicht in Gefahr bringen.

Aus dem gleichen Grund aber mußte auch sie schweigen. Niemand, selbst Swetlana nicht, durfte wissen, daß Grischa Terenkow eine Geliebte mit Namen Xenia Lasarowa gehabt hatte, die ihm so manche Neuigkeit berichtet hatte, die sie im Haus ihrer Eltern und anderswo aufgeschnappt hatte.

Swetlana hatte sie von der Seite beobachtet und sehr wohl gesehen, wie sich in Xenias Gesicht Furcht und Trauer spiegelten. „Komm, sprich dich aus", drängte sie. „Ich sehe doch, daß dich etwas bedrückt."

„Das stimmt", erwiderte die Jüngere leise. „Und du weißt auch, was es ist. Ich habe die Schule beendet, und zum Winter möchte ich mit dem Studium anfangen. Aber ich bin sicher, daß Papa es nicht erlauben wird."

„Und dann?“ fragte Swetlana. „Wirst du deine Pläne aufgeben, wenn er darauf besteht?“

Xenia wandte ihr das Gesicht zu. „Du kennst mich doch. Ich gebe nie etwas auf, was ich mir in den Kopf gesetzt habe. Ich will Ärztin werden – egal, was unsere Eltern sagen oder tun.“ Sie lächelte ein wenig, obwohl sie selbst nicht an ihre nächsten Worte glaubte. „Und vielleicht gibt Papa ja auch nach, wenn er sieht, wie ernst es mir ist.“

Swetlana drückte ihren Arm. „Ich helfe dir, soweit es in meiner Macht steht. Du kannst dich auf mich verlassen.“ Ein Schatten glitt über ihr Gesicht. „Am liebsten würde ich sagen: Komm zu mir, wenn Papa halsstarrig bleibt. Aber das kann ich nicht. Ich bin die meiste Zeit bei Hof, und zum Herbst soll ich mit dem Zarenpaar auf Reisen gehen. Er will den Bruder der Zarin in Hessen-Darmstadt besuchen und auch einige Tage in Potsdam bei dem deutschen Kaiser verbringen. Ursprünglich stand auch noch England auf dem Reiseplan, doch da inzwischen Queen Viktoria, die Großmutter der Zarin, verstorben ist, hat Alexandra Fjodorowna diesen Gedanken aufgegeben. Und im kommenden Jahr werden wir wohl für eine Zeitlang an die Krim fahren. Ich kann mir allerdings nicht vorstellen, daß du dich mit Leonid allein unter einem Dach so viele Monate lang wohl fühlen würdest.“

„Er mag mich nicht, doch das beruht auf Gegenseitigkeit. Ich habe nie begriffen, warum du ausgerechnet ihn geheiratet hast.“

Swetlana blickte in den sommerlich blauen Himmel. „Was hätte ich sonst tun sollen? Ich wollte mein Kind behalten.“

„Aber du bist nicht glücklich mit Leonid ...“

„Nein. Deshalb bin ich froh, daß ich in der nächsten Zeit viel auf Reisen sein werde. Der einzige Wermutstropfen dabei ist, daß ich Fjodor nicht mitnehmen kann. Aber solch eine weite Fahrt ist für ein kleines Kind zu strapaziös. Außerdem ist Fjodorenka bei seiner Kinderfrau in den besten Händen. Und ich hoffe, daß auch Mama und du sich um ihn kümmern werden, damit er mich nicht zu sehr vermißt."

Sie blieb stehen und gab ihrer Schwester einen Kuß auf die Wange. „Aber laß uns nicht von mir reden. Hast du wirklich keinen anderen Kummer außer dem, den du mir gesagt hast?"

Xenia schüttelte den Kopf. „Nein, mach dir keine Gedanken. Sonst ist alles in Ordnung."

Swetlana glaubte ihr nicht ganz, doch sie wußte, daß ihre Schwester nichts weiter sagen würde. Deshalb meinte sie nur: „Aber vergiß nicht: Wenn du Hilfe brauchst – ich bin immer für dich da."

Xenia nickte. „Danke." Dann fügte sie mit einem kleinen etwas verrutschten Lächeln hinzu: „Dafür werde ich dich auch, wenn ich Ärztin bin, ein Leben lang kostenlos behandeln."

Zwei Tage später traf sie Pjotr Dorowjew im Lesesaal der Alexander-Bibliothek. Sie hatten sich dort in den vergangenen Monaten hin und wieder gesehen, wenn Xenia kam, um ein bestimmtes Buch auszuleihen oder an Ort und Stelle zu studieren und sich Notizen zu machen, und oft war Pjotr dann ebenfalls dagewesen.

Sie vermutete, daß er ihretwegen so häufig in die Bibliothek kam, immer in der Hoffnung, sie dort vorzufinden. Aber sie hatte ihm erklärt, daß sie nicht mehr so häufig wie früher mit ihm zusammensein könne. Bekannte ihrer Eltern hätten sie mehrmals beobachtet, und sie hätte deswegen daheim großen Ärger bekommen.

Pjotr hatte es hingenommen und Xenia nur mit einem langen traurigen Blick angeschaut. „Schade", hatte er gemeint. „Aber es ist wohl nicht zu ändern."

Dieses Mal wirkte er sehr erfreut, als sie hereinkam und sich zu ihm an einen der langen Tische setzte. „Wie geht es dir?" fragte er, und sie lächelte ihm zu.

„Ganz gut. Und dir?“

Er beantwortete ihre Frage nicht, sondern sagte nur: „Ganz gut – was heißt das? Nicht so gut wie sonst?“

Sie machte eine wegwerfende Handbewegung. „Na ja, es gibt eben nicht an allen Tagen Sonnenschein. Aber ich kann nicht klagen. Weißt du schon, daß ich meine Abschlußprüfungen an der Xenia-Schule mit ‚sehr gut‘ bestanden habe? Das ist wichtig, wenn ich mich bei der Universität einschreibe und vielleicht ein Stipendium beantragen muß.“

„Gratuliere!“ Seine tiefliegenden dunklen Augen strahlten sie an.

Einige der jungen Studenten, die mit ihnen an den langen Tischen saßen, eifrig in dickleibigen Büchern lasen und sich das Wesentliche notierten, hoben irritiert die Köpfe. „Seid doch leise!“ rief einer. „Bei eurem Gerede kann man ja nicht arbeiten.“

Xenia lächelte entschuldigend. „Verzeihung, wir wollten euch nicht stören.“

Pjotr stand auf. „Laß uns in die Vorhalle gehen. Dort können wir miteinander reden.“

Sie folgte ihm, und er zog sie mit sich zu einer der Steinbänke, die in die Wandnischen eingelassen waren.

„Hast du schon gehört, was mit Terenkow passiert ist?“ erkundigte er sich, und sie nickte.

„Sofia ist ganz außer sich“, fuhr er fort. „Ich denke, daß sie heftig in ihn verliebt war.“

Sie schaffte es, ironisch zu lächeln. „Kann schon sein. Arme Sofia ...“

„Terenkow ist ein großer Verlust für uns“, sagte Pjotr. „Er hat uns alle motiviert und die besten Verbindungen gehabt.“

„Ja, das ist wahr.“ Sie bedachte ihn mit einem unruhigen Blick. „Ich weiß nicht, wie weit du dich engagiert hast, Pjotr. Aber im Augenblick wäre es ratsam, sich ruhig zu verhalten.“

„Das sagen German und Ljuba auch. Wir nützen unserer Sache nichts, wenn wir ebenfalls im Gefängnis landen. Es ist wichtig, zu überleben."

Er zögerte und sprach es dann doch aus: „Außerdem finde ich es schlimm, daß er solch einen Alleingang gemacht und versucht hat, den Zaren zu erschießen. Damit hat er mehr Schaden als Nutzen bewirkt."

„Er muß seiner Sache wohl vollständig sicher gewesen sein ..."

Pjotr legte ihr die Hand auf den Arm. „Hoffentlich verrät er uns nicht."

„Bestimmt nicht", sagte Xenia überzeugt. „Ich bin ganz gut informiert. Er hat bisher lediglich seinen Namen zugegeben, als man ihn identifiziert hat. Ansonsten schweigt er hartnäckig."

Er lächelte ihr scheu zu. „Weißt du, was ich manchmal gedacht habe? Daß du dich in Terenkow verliebt hast. Du warst so fasziniert von ihm, als du ihn kennenlerntest. Das hat mir Sorgen gemacht."

„Warum?" fragte sie geradeheraus, und er hob die Schultern.

„Ich habe immer gedacht, daß du zu schade für ihn bist – als Mensch, meine ich. Terenkow ist ein Revolutionär, und er würde alles und alle seinen politischen Zielen opfern. Wenn es darum geht, hätte er auch auf dich keine Rücksicht genommen."

Wie recht du hast, dachte sie. Grischa hat bestimmt keinen Gedanken an mich verschwendet, als er nach Sarow fuhr. Er hat mich sogar belogen, was das Ziel seiner Reise anbelangte.

Laut sagte sie: „Es gab vermutlich nichts, worauf er hätte Rücksicht nehmen müssen, auch nicht auf Sofia. So, wie ich ihn einschätze, war er ein Einzelgänger, einer, der haßte und den Umsturz wollte, und der Zweck heiligte seiner Meinung nach alle Mittel."

„Damit hast du zweifellos recht", erwiderte Pjotr.

„Aber gerade deshalb habe ich mir Sorgen um dich gemacht."

Xenia lächelte. „Das war lieb von dir, aber absolut unnötig."

Er betrachtete sie. „Du bist schmaler geworden. Aber es steht dir gut. Wird deine Familie den Sommer über hierbleiben? Oder geht ihr auf euer Landgut?"

„Mama wollte es unbedingt, aber Papa sagt, er sei im Augenblick in Petersburg unabkömmlich. Er ist ins Kriegsministerium berufen worden und neuerdings fast jeden Tag in Peterhof, wo sich der Zar aufhält, um mit ihm, Admiral Alexejew und Herrn Besobrasow zu konferieren. Papa erzählt daheim nicht viel darüber, aber soviel ich verstanden habe, geht es immer noch um die Mandschurei und Korea. Japan ist wohl bereit, Rußland die Mandschurei abzutreten, aber entschlossen, keine Übergriffe auf koreanischen Boden zu dulden."

Pjotr nickte. Er war gut informiert, was sich im Fernen Osten abspielte und welche Interessengruppen den Zaren bestürmten, einen Krieg mit Japan anzufangen, um an die koreanischen Holz- und Bodenschätze zu kommen. Einzig Außenminister Graf Lamsdorf bemühte sich nach wie vor, den Frieden zu erhalten, aber er stand, nachdem Zar Nikolaus vor wenigen Tagen urplötzlich seinen Finanzminister Witte durch den bisherigen Direktor der Staatsbank, Pleske, ersetzen ließ, ziemlich allein unter den engeren Beratern des Zaren.

Xenia lächelte Pjotr zu. „Ich bin eigentlich ganz froh, daß wir hierbleiben, so sehr ich Kowistowo liebe. Aber hier kann ich mich besser auf mein Studium vorbereiten."

„Das ist wahr. Und wenn ich dir dabei helfen kann – du brauchst es nur zu sagen." Für einen Moment legte er seine Hand auf die ihre, und sie las in seinen Augen, wie gern er sie hatte.

„Du bist sehr nett", sagte sie leise. „Ich danke dir."

Sie hatte Pjotr immer gemocht. Er besaß Güte und

Mitgefühl für die Nöte anderer. Bei Terenkow hatte sie das manchmal vermißt. Dennoch ...

Xenia schauderte, wenn sie daran dachte, was ihn erwartete. Ein Erschießungskommando in einem grauen Gefängnishof. Man führte ihn aus seiner Zelle mit gefesselten Händen, stellte ihn an eine Mauer oder einen Bretterzaun. Dann wurden ihm die Augen verbunden, während diejenigen, die ihn töten sollten, Aufstellung nahmen, ihre Gewehre hoben, zielten.

Das letzte, was er hören würde, war die Stimme des Anführers, wie er zählte: ‚Eins, zwei, drei ... Feuer!'

Gewiß würden Grischa mehrere Kugeln treffen. Er würde stürzen, sich vielleicht noch einmal aufbäumen, mit den Füßen über den Boden scharren, um dann für immer still zu werden.

Aber vielleicht wurde er auch gehenkt ... Xenia schluckte. Sie hatte einmal einen gesehen, der sich selbst aufgehängt hatte. Einer der Gutsarbeiter von Kowistowo war es gewesen, ein wilder bärtiger Kerl, der hinter jedem Weiberrock hergelaufen war.

Irgendwann war er anders geworden, und er sprach auch nicht darüber. Wassja hatte er geheißen, und seine Kumpane hatten ihn gehänselt. „Was ist los mit dir, alter Hurenbock? Säufst nicht mehr, prügelst dich nicht mehr und grapscht keiner mehr zwischen die Schenkel. Hat dich eine, die du sitzengelassen hast, kastriert?"

Wassja hatte ihnen keine Antwort darauf gegeben. Er hatte sie reden lassen und ihnen aus seinen schwermütigen Augen einen Blick zugeworfen, der so voll abgrundtiefer Traurigkeit war, daß sie schließlich von ihm abließen.

„Der ist nicht mehr richtig im Kopf", hatte es plötzlich geheißen. „Viel Hirn hat er ja nie gehabt, und das bißchen ist ihm bei den Weibern abhanden gekommen."

Und dann, eines Tages, es war in der Karwoche gewesen, hatte Wassja sich im Obstgarten an einem alten knorrigen Apfelbaum erhängt. Durch einen dummen Zufall war Xenia dazugekommen, wie sie ihn gefunden hatten. Man hatte sie gleich ins Haus zurückgeführt, aber zuvor hatte sie doch noch Wassjas schwarzblau verfärbtes Gesicht und die hervorgequollenen Augen gesehen.

„Er war wohl gemütskrank", hatte Doktor Schedrinow gesagt, den man zu dem Toten gerufen hatte. „Dagegen hätte man nichts tun können. Solch ein Leiden zerfrißt die Seele und läßt nichts übrig als den unbezwingbaren Wunsch, zu sterben. Armer Kerl!"

Und dann hatte er einen fürchterlichen Streit mit Vater Theodosius, dem Popen von Kowistowo, gehabt, der Wassja nicht hatte beerdigen wollen, weil er, mit einer Todsünde belastet, gestorben sei.

„Was bist du doch für ein Verbrecher!" hatte Doktor Schedrinow gebrüllt, daß man es auf dem ganzen Gutshof hatte hören können. „Verweigerst einem armen Kranken ein christliches Begräbnis. Aber wenn irgendein Dreckskerl, ein Lügner und Betrüger, ein Frauenschänder und Halsabschneider verreckt und wegen seiner Untaten geradewegs zur Hölle fährt, dann kommst du elender Weihrauchfurzer mit hocherhobenem Kreuz, singst den ‚Großen Abschied' und segnest seinen verfluchten Kadaver, nur um dir hinterher beim Leichenschmaus den Wanst vollschlagen zu können."

Theodosius war dem aufgebrachten Arzt keine Antwort schuldig geblieben, und da er eine mächtige Baßstimme hatte, war er sogar noch lauter als Dr. Schedrinow geworden, den er als hirnrissigen Giftmischer und Mißgeburt des Satans bezeichnet hatte.

Immerhin hatte der Pope am nächsten Mittag Wassja doch noch begraben, weil er am Abend zuvor in der Dämmerung die Haustreppe hinuntergefallen war und sich dabei den Arm ausgekugelt hatte. Doktor Schedrinow hatte keinen Finger für Theodosius gerührt, bevor dieser ihm nicht schwor, Wassjas Beerdigung durchzuführen. „Und zwar so, als müßtest du Graf Lasarow persönlich zu Grabe tragen."

Erst danach hatte er dem jammernden Popen den Arm wieder eingerenkt.

Xenia aber hatte sich noch lange an den toten Knecht erinnert und immer wieder sein schrecklich entstelltes Gesicht vor sich gesehen.

So soll Grischa nicht sterben, dachte sie gequält. Bitte, bitte nicht.

Pjotr hatte sie beobachtet. „Was ist? Was hast du?" fragte er besorgt. „Du bist auf einmal ganz blaß."

Sie zwang sich zu einem Lächeln. „Ich habe ein wenig Kopfschmerzen. Wahrscheinlich bekommen wir heute noch ein Gewitter. Es ist schrecklich schwül, findest du nicht?"

„Ach, das ist es um diese Jahreszeit immer in St. Petersburg. Die Schwüle steigt aus den Sümpfen hoch, auf denen die Stadt erbaut ist." Er zögerte und sprach dann doch aus, was ihm auf dem Herzen lag. „Meinst du, daß wir uns jetzt wieder öfter treffen können? Es ist doch eine Menge Zeit vergangen, seit du deshalb Ärger mit deinen Eltern bekommen hast. Bestimmt haben sie die Sache inzwischen vergessen."

Als sie ihm zustimmte, strahlte sein Gesicht dermaßen auf, daß Xenia ganz gerührt war. „Wollen wir uns für morgen verabreden? Wenn es immer noch schwül ist, können wir ans Meer fahren. Dort ist es erträglicher als in der Stadt."

Sie lachte. „Aber nur, wenn ich die Droschke bezahlen darf."

Das war ein alter Streitpunkt zwischen ihnen. Xenia wußte, daß Pjotr über sehr wenig Geldmittel verfügte. Sein Vater besaß eine kleine Ziegelei in der Gegend um Nowgorod und konnte ihn mit nur geringen Zahlungen unterstützen. Trotzdem hatte Pjotr nie gewollt, daß Xenia bei ihren Zusammentreffen etwas für ihn bezahlte, sondern hatte stets darauf gedrungen, sie einzuladen. Doch diesmal stimmte er zu. „Einverstanden. Wenn du nur kommst ..."

Grischa Terenkow wurde am 28. September 1903 erschossen. Bis zuletzt hatte er bei allen Verhören und selbst unter der Folter hartnäckig geschwiegen und keinen seiner Gesinnungsfreunde preisgegeben.

Wie es üblich war, sollte ein Pope ihn auf seinem letzten Weg begleiten, doch Terenkow sagte: „Verpiß dich, Alter. Ich glaube an keinen Gott und noch weniger an seine angeblichen Stellvertreter auf Erden. Ich brauche deine Gebete nicht. Sie bewirken nur, daß mir die Kotze hochsteigt."

Als er die Augen verbunden bekam, wollte er sich dagegen wehren. Aber die Soldaten hielten ihn fest und legten ihm die Binde um, und er konnte sie mit seinen gefesselten Händen nicht abstreifen.

„Es lebe die Revolution!" rief er, während die Soldaten ihre Gewehre anlegten und er das Knacken der Hähne hörte. „Es lebe Wladimir Iljitsch Lenin! Tod dem Zaren! Tod allen ..."

Die helle Stimme des jungen Offiziers, der frisch von der Kadettenschule kam, überschlug sich fast, als er „Feuer!" schrie. Die Gewehrsalve peitschte auf, und Terenkow stürzte, von mehreren Kugeln gleichzeitig getroffen, auf das Pflaster des Festungshofes.

Er war sofort tot, und der junge Offizier schlug hastig ein Kreuz, als er auf den Leichnam hinunterblickte, dem man nun die Binde abnahm und dessen Gesicht ein starres, triumphierendes Grinsen zeigte.

12. Kapitel

Drei Tage später verließ Zar Nikolaus II. mit seiner Gemahlin und großem Hofstaat die russische Hauptstadt. Die Fahrt in den prunkvollen Salonwagen ging über Warschau und Krakau ins sächsische Dresden und weiter nach Süden in das Großherzogtum von Hessen-Darmstadt, in dem Alexandra Fjodorowna geboren worden war.

Wenn Swetlana später an diese Reise zurückdachte, so erschien sie ihr wie eine einzige ermüdende Kette von Festlichkeiten, Empfängen, Soireen, Theateraufführungen, Konzerten und Bällen.

Der deutsche Kaiser Wilhelm II. empfing seinen ‚lieben Vetter Nicky' in Potsdam mit brüderlicher Herzlichkeit und versuchte krampfhaft, den Schein eines rein familiären Zusammentreffens zweier gekrönter Häupter aufrechtzuerhalten.

Aber es sickerte dennoch durch, daß die beiden Monarchen zwischen Jagdausflügen und Truppenparaden hochpolitische Gespräche führten, in denen ‚Willy', wie der Zar seinen deutschen Cousin nannte, immer wieder darauf drängte, endlich den längst fälligen Krieg mit Japan zu beginnen.

„Diese Makaken-Nation", so sagte er, „wird es nicht wagen, von sich aus die unbesiegbare zaristische Armee anzugreifen. Darum müssen Sie handeln, denn es steht vollkommen außer Frage, daß Korea russisch sein muß und wird."

Es waren Worte, die Zar Nikolaus gern hörte, denn er hatte schon vor seiner Thronbesteigung manchmal davon geträumt, das russische Reich nach Fernost auszudehnen.

„Sie haben große und heilige Aufgaben zu erfüllen, mein lieber Nicky", fuhr der deutsche Kaiser eindringlich fort. „Im Inneren Ihres Landes rücksichtslose Anarchisten und fanatische Nihilisten zu bekämpfen sowie das Kreuz und die alte christliche Kultur gegen die Barbarei und das Heidentum des Ostens zu verteidigen. Aber Sie werden mit Gottes Hilfe die ‚Gelbe Gefahr' bannen, die sonst eines Tages das ganze Abendland bedrohen könnte."

Swetlana gefiel Wilhelm II. nicht sonderlich. Sie fand ihn hohl, phrasendreschend und allzu militant. Und sein stählerner Blick und der sorgfältig mit Wachs gezwirbelte Schnurrbart kamen ihr immer ein wenig lächerlich vor.

So war sie froh, als Nikolaus und Alexandra noch vor dem Wintereinbruch nach Polen reisten, wo der Zar jagen wollte.

Sie verbrachten auch noch das Weihnachtsfest dort, und bei diesem Anlaß wurde offiziell bekanntgegeben, daß Alexandra Fjodorowna wieder ein Kind erwartete.

Swetlana hatte sie es schon vorher anvertraut, mit Tränen in den Augen und wie immer von der Hoffnung beseelt, daß sie nun endlich, endlich den Thronfolger zur Welt bringen werde.

„Das Kind soll im Juli geboren werden, also genau ein Jahr nach der Heiligsprechung von Seraphim", sagte sie. „Das läßt mich hoffen, daß meine Gebete erhört worden sind."

Sie war sehr schön in diesen Tagen, eine zarte, glückliche Frau, die, den Anfeindungen des russischen Adels für ein paar Monate entronnen, neue Kräfte geschöpft hatte.

Im Januar 1904 traf das Zarenpaar wieder in St. Petersburg ein und eröffnete traditionsgemäß die Wintersaison mit einem großen Ball im Winterpalais.

Leonid Soklow empfing seine heimgekehrte Frau mit der Nachricht, daß er eine neue Geliebte habe – Natalja, die Tochter seines Haushofmeisters Arpad Kriwoschin.

„Sie ist in einer Klosterschule in der Nähe von Moskau erzogen worden, wie du dich vielleicht erinnerst", sagte er, und Swetlana hätte ihn für sein schmutziges Grinsen ohrfeigen mögen. „Aber vor ein paar Wochen ist sie heimgekommen, gerade siebzehn geworden und so blond und unschuldig, wie du es auch einmal warst, meine Teure. Trotzdem hatte ich es nicht schwer mit ihr. Sie ist mir zugefallen wie du deinem schwindsüchtigen Großfürsten. Ich habe ihr eine Wohnung auf der Wassiljewskij-Insel an der Smolenka eingerichtet. Und in der vorigen Woche hat sie mir gestanden, daß sie schwanger von mir ist."

„Nun, das wird ihren Vater Arpad Wasiljewitsch gewiß sehr freuen", entgegnete Swetlana und hoffte, daß sie genau den gleichen zynischen Ton getroffen hatte wie Leonid.

Er zuckte mit den Schultern. „Bedauerlicherweise mußte ich mich von ihm trennen. Er hat es an der nötigen Ehrerbietung fehlen lassen, als er dahinterkam, daß seine angebetete Natalja, das zarte weiße Schwänchen, ein paar schwarze Flecken auf sein makelloses Gefieder bekommen hat. Aber sorge dich nicht, meine Liebe, in wenigen Tagen wird Baron Launitz seinen Posten übernehmen. Ich glaube, du kennst Stepan Michailowitsch bereits."

Und ob sie ihn kannte! Stepan von Launitz stammte aus dem Baltikum und gehörte seit langem zu der Clique von Spielern, Trinkern und Tagedieben, die Leonid um sich versammelte. „Eine durchaus angemessene Wahl, die du da getroffen hast", sagte sie spöttisch, und er lachte.

„Ja, ich denke auch. Aber willst du mir nicht gratulieren?"

„Wozu?"

„Daß ich Vater werde. Du weißt, wie sehr ich mir das gewünscht habe. Es liegt also nicht an mir, daß du seit Fjodor nicht mehr in andere Umstände gekommen bist. Wenn Natalja einen Sohn bekommt, werde ich ihn anerkennen und zusammen mit Fjodor erziehen lassen."

„Und wenn es ein Mädchen wird?"

„Mädchen interessieren mich nicht besonders", erwiderte er wegwerfend, „es sei denn, in meinem Bett. Aber ich werde natürlich für meine Tochter sorgen, genau wie für ihre Mutter, und ansonsten weiter auf einen Sohn hoffen."

Er betrachtete sie aus schmalen Augen. „Du siehst wohl aus. Offenbar sind dir die Reise und meine Abwesenheit bekommen. Zu dumm, daß jetzt die Wintersaison angefangen hat und Ihre Majestät sich in Petersburg aufhalten. Da kannst du mir nicht so leicht aus dem Weg gehen. Schließlich erwartet man von uns, daß wir uns gemeinsam in der Öffentlichkeit zeigen."

Swetlana antwortete nicht sofort. Aber dann sprach sie doch aus, was ihr seit langem durch den Kopf ging und was sie sich mehr als alles auf der Welt wünschte.

„Warum eigentlich? Es gibt genügend Paare, die sich zerstritten haben und deshalb getrennte Wege gehen. Wir könnten es ebenso halten. Du weißt, daß mir diese Farce seit langem zuwider ist."

„Aber mir nicht, mein Herz", sagte er lachend. „Im Gegenteil, ich zeige mich gern mit meiner schönen Frau, und trotz Natalja werde ich weiterhin darauf bestehen, daß du deine Pflichten als Ehefrau erfüllst. Es bereitet mir inzwischen ungeheures Vergnügen, mit dir zu schlafen und zu spüren, wie du vor Widerwillen bis in den letzten Winkel deiner edlen Seele erbebst. Eine Art Perversität vielleicht, die freilich gar nicht so selten ist. Warum sonst würden so viele Frauenzimmer vergewaltigt?"

Swetlana wurde einer Antwort enthoben, weil die Tür zum Salon aufflog und Fjodor hereingestürmt kam.

Er war mit seiner Amme Schura Nikititschna im Schlitten ausgefahren und hatte dadurch die Heimkehr seiner Mutter versäumt.

Mit einem Jubelschrei warf er sich in ihre Arme. „Matuschka! Schura sagt, daß ich gewachsen bin – eine ganze Handspanne, während du fort warst. Sieh nur ..."

Swetlana drückte ihn an sich, küßte sein von der Kälte gerötetes Gesichtchen und atmete glücklich seinen Duft nach Seife und frischer Schneeluft ein. „Aber ja, Fjodorenka, mindestens eine Handspanne. Wer hätte das gedacht!"

„Du warst aber auch lange fort", sagte er ernsthaft, „und ich habe Schura schon erklärt, daß ich das nicht mehr zulassen werde. Das werde ich auch der Zarin sagen, wenn ich sie wiedersehe."

Sie strich ihm das blonde Haar aus der Stirn. „Tu das, mein Herzchen. Ihre Majestät wird dich sicher verstehen, weil auch ihre kleinen Mädchen sie vermißt haben."

„Matuschka", setzte Fjodor an, „kommst du gleich in mein Spielzimmer? Ich muß dir etwas zeigen – eine Überraschung."

„Fjodor Leonidowitsch!" unterbrach Soklow die kleine Unterhaltung, und das Kind wandte sich zu ihm um.

„Ja, Papa?"

„Du sollst deine Mutter doch nicht mehr mit Matuschka und du anreden. Es heißt *maman* und Sie, hat dir das Monsieur Mounet nicht oft genug eingeschärft?"

Das Strahlen wich aus den blauen Kinderaugen. „Ja, Papa. Ich habe es bloß vergessen, weil ich mich so toll gefreut habe. *Excuse* ..."

„Wer ist Monsieur Mounet?" fragte Swetlana dazwischen, und Leonid Soklow lächelte.

„Fjodor Leonidowitschs Hauslehrer. Ich habe ihn während deiner Abwesenheit eingestellt. Ein junger Franzose, der mir von den Denissows empfohlen worden ist. Er hat ausgezeichnete Referenzen und wird unserem Sohn die ersten Manieren und einige Französischkenntnisse beibringen."

„Jetzt schon?" protestierte sie. „Er wird doch erst vier!"

„Na und? Fjodor ist nicht nur dein, sondern auch mein Sohn, ein Prinz Soklow. Ich will, daß er entsprechend erzogen wird. Damit kann man nicht früh genug anfangen."

Es war der reine Hohn, der aus seinen Worten sprach, doch Swetlana begriff, daß sie nichts dagegen tun konnte. Es war durchaus üblich, daß die Kinder hochgestellter Persönlichkeiten mit drei, vier Jahren ihren ersten Hauslehrer bekamen.

Dennoch empfand sie Traurigkeit, weil sie wußte, daß dadurch Fjodors unbeschwertes Heranwachsen beschnitten wurde. Er war ein so fröhliches, argloses Kind; mußte er sich wirklich jetzt schon den Kopf mit französischen Vokabeln vollstopfen lassen und seine reizende Unbefangenheit gegen eine Art Dressur eintauschen?

Denn etwas anderes war es nicht, wenn man einem knapp Vierjährigen Verbeugungen und Handküsse beibrachte und ihn zwang, seine Eltern zu siezen.

Dieses ‚Sie' schuf eine Barriere, die Swetlana zwischen sich und ihrem Sohn am liebsten niemals aufgerichtet hätte.

Sie drückte Fjodor an sich. „Weißt du was, mein Herzchen? Es genügt, wenn du vor Fremden *maman* und *Sie* zu mir sagst. Sind wir unter uns, bin und bleibe ich deine Matuschka, einverstanden?"

Seine blauen Augen glänzten wieder. „Ja, *maman*!" Er griff nach ihrer Hand. „Und nun kommen Sie in mein Spielzimmer. Ich muß Ihnen den Vogel zeigen, den mir Tante Irina zu Weihnachten geschenkt hat. Es ist ein Papagei, und er kann ‚Fjodor' sagen und genau wie Schura lachen ... Und ich habe ihn Brasslet getauft. Ich wollte ihm noch beibringen, ‚Guten Tag, Swetlana Pawlowna' zu sagen, aber das habe ich nicht mehr geschafft."

Ach, er war so reizend, und sie hatte ihn so lieb! Wie konnte sie ihn nur davor schützen, daß Leonid ihn eines Tages nach seinen Vorstellungen zu formen versuchte?

Am frühen Nachmittag kam ihre Mutter. Wera Karlowna erschien Swetlana gealtert, obwohl sie sie doch nur ein paar Monate lang nicht gesehen hatte, und noch konfuser als sonst.

Den Grund erfuhr Swetlana, als einer der Diener den Tee in ihrem behaglich warmen hellen Privatsalon serviert und sich wieder zurückgezogen hatte.

„Deine Schwester ist fort", brachte Gräfin Lasarowa mit zitternder Stimme hervor, kaum daß sie mit Swetlana allein war. Sie zerkrümelte einen der kleinen englischen Teekuchen zwischen den Fingern. „Sie hat im Oktober das Haus verlassen, nachdem es einen entsetzlichen Auftritt zwischen ihr und deinem Vater gegeben hatte."

„Du sprichst von Xenia?" fragte Swetlana, und ihre Mutter brach in Tränen aus.

„Natürlich. Irina würde uns so etwas nie antun. Sie ist ein so liebes, fügsames Kind. Aber Xenia war ja immer ein wenig eigenwillig. Trotzdem hätte ich nie erwartet, daß sie so selbstsüchtig und unverantwortlich handeln könnte. Uns das anzutun ..."

„Wo ist sie denn jetzt? Ich meine, wo lebt sie – und wovon?"

Wera Karlowna hob die Schultern. „Wie soll ich das wissen? Dein Vater hat mir verboten, nach ihr zu suchen. Er duldet nicht einmal, daß ihr Name zu Hause fällt. Sie wäre nicht mehr seine Tochter, hat er gesagt."

Swetlana schluckte. So waren sie, ihre Eltern: hart und ohne Verständnis für andere der Vater und die Mutter ein hohles Geschöpf, das es nicht wagte, sich gegen seine Anordnungen aufzulehnen, sondern statt dessen lieber in Selbstmitleid versank.

„Wollen Sie damit sagen, daß Xenia seit Oktober aus

dem Haus ist und Sie sich nicht darum gekümmert haben, wie es ihr geht?"

„Was sollte ich denn tun?" fragte Wera Karlowna weinerlich. „Sie hätte ja nicht zu gehen brauchen, sondern nur ihre verrückten Ideen aufgeben müssen. Medizin studieren will sie, stell dir das vor! Eine Lasarowa zwischen diesen ungepflegten Studenten, die die Köpfe voll haben mit lauter verbrecherischen, umstürzlerischen Ideen! Und wenn sie mit dem Studium fertig ist, hat sie gesagt, will sie an ein Krankenhaus in irgendeinem Arbeiterviertel gehen und sich mit diesem schmutzigen Gesindel abgeben. Wirklich, ich begreife das nicht!"

„Denken Sie denn, nur reiche und angesehene Leute hätten Anspruch auf einen Arzt?" sagte Swetlana, so ruhig sie es vermochte.

„Natürlich nicht. Aber ich finde, daß jemand aus unserer Familie nicht in dieses primitive Milieu gehört. Ganz abgesehen davon, daß es irgendwie unanständig ist. Als Ärztin und vermutlich auch schon während ihres Studiums muß sie schließlich auch Männer untersuchen ..."

„Das steht zu befürchten", erwiderte Swetlana. Aber da ihre Mutter kein Ohr für Zwischentöne hatte, hörte sie den Spott nicht heraus. Statt dessen nickte sie eifrig.

„Du findest es also auch *degoutant*, daß Xenia solche Pläne hat? Ich kann dir gar nicht schildern, wie sehr dein Vater sich aufgeregt hat, als sie damit herausrückte. Ich dachte, er bekäme einen Herzschlag. Du hast uns ja ebenfalls schon großen Kummer bereitet, Swetlana, Gott sei's geklagt, aber wenigstens bist du zur Vernunft gekommen, hast eine glänzende Partie gemacht und bist nun glücklich und angesehen. Xenia hatte leider schon immer irgendwie einen Hang nach unten. Die Art, wie sie sich anzog, so schmucklos und unkleidsam, als wäre sie irgendeine Angestellte in einem Kontor ... Dabei hätte sie sich, wenn sie sich nur ein wenig Mühe gegeben hätte, gewiß sehr gut verheiraten können. Schließlich ist sie recht hübsch."

„Hat Papa sie hinausgeworfen?“ erkundigte Swetlana sich, ohne auf die Tiraden ihrer Mutter einzugehen.

Wera Karlowna trank einen Schluck Tee. „Ausgezeichnet“, lobte sie. „Also ich weiß wirklich nicht, weshalb mir bei dir der Tee immer besser schmeckt, als wenn ich ihn zu Hause zubereite. Du mußt mir einmal sagen, welche Sorte du verwendest oder wo du ihn herbeziehst ... Ach, was hattest du eben noch gefragt? Ob Papa deine Schwester hinausgeworfen hat? Nein, nein, wo denkst du hin. Er hat ihr nur rundheraus verboten, die Universität zu besuchen. Und natürlich durfte sie ein paar Tage lang das Haus nicht verlassen. Er erwartete, daß sie zu ihm käme und sich für ihr ungebührliches Ansinnen entschuldigte. Schließlich ist man seinen Eltern zum Gehorsam verpflichtet. Aber eines Morgens war Xenia einfach fort. Sie hat ihre gesamten Kleider mitgenommen und ihren ganzen Schmuck. Auch das Diadem, das sie von meiner Mutter geerbt hat – du erinnerst dich, das mit den Rubinen und dem großen Brillanten in der Mitte.“

Swetlana entspannte sich ein wenig, während sie in Gedanken überschlug, was die Jüngere an Schmuck besessen hatte und wieviel das Diadem wert war, selbst wenn sie es bei irgendeinem Wucherer unter Preis verkaufte. Kluge Xenia! Wenigstens war sie nicht kopflos davongelaufen. Eine Zeitlang würde sie sich mit dem Geld über Wasser halten können. Freilich reichte es nicht ewig ...

Wera Karlowna begann wieder zu weinen. „Dieses undankbare Kind! Ich weiß nicht, womit dein Vater und ich das verdient haben! Wir haben immer das Beste für euch gewollt, euch eine ausgezeichnete Erziehung angedeihen lassen und mit Festigkeit und Liebe versucht, euch, den Traditionen eurer Herkunft entsprechend, anzuleiten. Ihr könnt nicht sagen, daß wir euch darin kein Vorbild gegeben haben, und es wäre auch Xenias vornehmste Pflicht gewesen, dem nachzueifern.“

„Ach, Mama!“ Swetlana seufzte. „Xenia hat eben andere Vorstellungen von ihrem Leben. Finden Sie das wirklich so verwerflich?“

„Was denn sonst? Sie ist unsere Tochter, und sie hat uns zu gehorchen, bis wir sie in die Hände eines anständigen Gatten übergeben, dessen Wünschen sie dann freilich mehr Folge zu leisten hat als den unseren.“

„Aber Xenia möchte gar nicht heiraten – jedenfalls nicht so bald“, warf Swetlana ein. „Sie sagt, sie wolle nicht nur die Frau eines Mannes sein, sondern selbst etwas leisten. Das ist doch nichts Verdammenswürdiges.“

Ihre Mutter runzelte die Brauen. „Du hast also mit ihr über ihre Hirngespinste gesprochen? Und warum hast du uns nicht auf der Stelle davon unterrichtet?“

„Warum sollte ich Xenias Vertrauen mißbrauchen?“ gab Swetlana zurück. „In meinen Augen hatte sie nichts Unrechtes oder Unehrenhaftes vor.“

Wera Karlowna leerte ihre Tasse und schob sie mit beleidigter Miene von sich. „Ich glaube, es ist besser, wenn ich meinen Besuch beende, bevor es auch noch zu einem Zerwürfnis zwischen uns beiden kommt. Ich werde deinem Vater nichts von unserem Gespräch erzählen. Er hätte Mühe, auch noch diese Enttäuschung zu verkraften.“ Sie stand auf, läutete nach dem Diener und befahl: „Meinen Mantel und meinen Wagen!“

Dann rauschte sie so rasch aus dem Zimmer, daß Swetlana gar nicht dazu kam, sie in die Halle zu begleiten.

Schon am nächsten Tag stellte Swetlana Nachforschungen nach ihrer Schwester an. Es war nicht schwierig, sie zu finden, da Xenia sich, wie erwartet, an der Petersburger Universität eingeschrieben hatte.

Als sie an einem trüben, schneeverhangenen Nachmittag das Universitätsgelände auf der Wassiljewskij-Insel verließ, wartete Swetlana in ihrem Schlitten auf sie. Xenia blieb stehen, als sie angerufen wurde, blickte sich unsicher nach allen Seiten um und entdeckte dann das elegante Gefährt.

Swetlana winkte. „Komm her, Malenka, steig ein!"

Xenia gehorchte zögernd. In ihrem offenen klugen Gesicht stritten Überraschung, Freude und mißtrauische Abwehr. „Hat Papa dich geschickt?" fragte sie als erstes.

Swetlana schüttelte lächelnd den Kopf. „Auch Mama nicht. Ich bin hier, weil ich dich wiedersehen wollte. Ich muß doch wissen, wie es dir geht. Komm, laß dich anschauen. Dünn bist du geworden. Arbeitest du zuviel, oder gönnst du dir nicht genügend zu essen?"

„Beides", antwortete Xenia kurz. „Diese Pfandleiher sind allesamt Halsabschneider. Sie haben mir ein Spottgeld für Großmamas Diadem gegeben, und meinen anderen Schmuck hätten sie am liebsten noch als Zubrot genommen. Aber den Gefallen habe ich ihnen nicht getan."

„Sag mir, wo du das Diadem hingebracht hast. Ich löse es für dich aus."

Xenia runzelte die Stirn. „Ich will kein Geld von Leonid Soklow, auch nicht auf indirektem Wege!"

„Ach komm, sei kein Kindskopf. Erinnere dich, was ich dir vor meiner Abreise gesagt habe: daß ich dir helfen werde, wo ich kann. Und du hast mir als Äquivalent versprochen, mich später mein Leben lang kostenlos zu behandeln."

Erleichtert sah Swetlana, daß Xenias Gesicht sich ein wenig entspannte. Die Verschlossenheit wich daraus, und um ihren hübschen Mund erschien ein Lächeln.

„Das halte ich auch. Aber es wird noch ein paar Jahre dauern. Ich kann nicht alle Vorlesungen besuchen, weißt du, und auch zu Hause nicht so viel lernen, wie ich möchte, weil ..." Sie stockte und setzte dann trotzig hinzu: „Ich muß arbeiten gehen, weil ich nicht mein ganzes Geld ausgeben und später auf dem trockenen sitzen will. Dadurch verliere ich natürlich Zeit."

Swetlana zog sie an sich. „Was arbeitest du denn?“

„Pjotr hat mir die Stelle besorgt. Er ist etwas besser dran als ich, denn er hat es im Nikolski-Spital immerhin schon zum Hilfspfleger gebracht. Er ist eben ein paar Semester weiter als ich, und Professor Durnow hat sich für ihn verwandt. Ich arbeite dort in der Küche.“ Xenia streifte ihre Handschuhe ab. „Man sieht es übrigens ...“

Ihre Hände sahen schlimm aus, rot, rissig und mit abgebrochenen Nägeln. Eine schlecht verheilte Wunde zog sich über den rechten Daumen.

„Woher hast du das?“ fragte Swetlana, und Xenia streifte den Handschuh wieder über.

„Von einem Küchenmesser. Es ist mir ausgerutscht. Du ahnst nicht, wie dumm man sich anstellt, wenn man Gemüse putzen oder Kartoffeln schälen soll und so etwas noch nie gemacht hat.“

Swetlana begriff, daß sie jetzt auf keinen Fall etwas Mitleidvolles sagen durfte. Statt dessen drückte sie Xenia an sich. „Du bist sehr tapfer, Malenka. Und wer ist Pjotr?“

Xenia warf ihr einen provozierenden Blick zu. „Ich lebe mit ihm. Wir haben uns eine kleine Wohnung genommen, das ist billiger, als wenn jeder für sich wirtschaftet.“

„Ich verstehe“, sagte Swetlana. „Und dieser Pjotr studiert ebenfalls?“

Xenia nickte. „Ich kenne ihn schon lange. Er ist sehr gut zu mir.“

„Und du? Liebst du ihn?“

Xenia hob die Schultern. „Ich habe einmal jemanden geliebt ... aber er ist tot. Seitdem bin ich vorsichtig geworden, was meine Gefühle anbelangt. Ich will keinen Kummer mehr haben.“

Wie gut sie sie verstand! Swetlana spürte, wie ihr die Augen feucht wurden. Der Schmerz um Georg war leiser geworden und manchmal sogar ganz fern gerückt, so, als habe sich alles, was ihr widerfahren war, in einem anderen Leben zugetragen.

Aber die Furcht war geblieben, etwas Ähnliches noch einmal durchmachen zu müssen. Das hatte sie bis heute daran gehindert, trotz Leonids Gemeinheiten und Demütigungen jemals mehr als flüchtige Sympathie für einen Mann zu empfinden, obwohl es viele gab, die der schönen Fürstin Soklowa den Hof machten.

Swetlana lächelte traurig. „Wir Lasarow-Mädchen haben nicht viel Glück in der Liebe, was?“

„Kann schon sein“, entgegnete Xenia. „Obwohl ich mir für dich oft gewünscht habe, daß du noch einmal einen Mann findest, der dir genauso viel bedeutet wie Georg Alexandrowitsch. Mir selbst ist das nicht so wichtig. Du weißt ja, was ich für Ziele habe. Pjotr versteht das. Eigentlich ist er ein Geschenk des Himmels für mich. Ich brauche ihm nichts vorzumachen, und er stellt keine Forderungen an mich. Aber er ist immer da, wenn ich ihn brauche.“

Sie lachte ein wenig. „Jetzt glaub aber nicht, daß ich seine Zuneigung ausnutze und ihn womöglich schlecht behandle. Wir leben sehr friedlich miteinander, und wer weiß – vielleicht heirate ich ihn auch eines Tages. Aber das hat noch Zeit. Erst will ich Ärztin sein.“

„Du wirst es schaffen, ganz bestimmt“, sagte Swetlana herzlich. „Und bitte, laß mich dir dabei helfen. Warum sollst du es unnötig schwer haben?“

„Aber ich will nichts von deinem Mann“, beharrte Xenia, und Swetlana winkte ab.

„Hast du vergessen, daß Papa mir bei meiner Hochzeit unser Landgut Tschornaja Semlja und einige Anteile an der Mohilewer Porzellanmanufaktur überschrieben hat? Das Gut wirft eine Menge ab und die Manufaktur gleichfalls. Ich finde es nur recht und billig, wenn ich dir einen Teil davon zukommen lasse.“

Sie zog ein Bündel Rubelscheine aus ihrer Handtasche.

„Hier, nimm das fürs erste. Und dann sag mir, wohin du das Diadem gebracht hast, ich will es zurückkaufen."

„Ach, das tue ich lieber selbst", sagte Xenia etwas verlegen. „Der Pfandleiher wohnt in einer unmöglichen Gegend, jedenfalls für eine Fürstin Soklowa. Du kannst da nicht hingehen. Du würdest auf der Stelle die Krätze bekommen."

„Und du nicht?" fragte Swetlana neckend. Sie war froh darüber, daß Xenia wieder ein wenig von ihrem ursprünglichen trockenen Humor an den Tag legte.

Die jüngere Schwester hob die Schultern. „Ach, ich bin inzwischen einiges gewöhnt. Als Ärztin darf ich auch nicht zimperlich sein."

Sie strich über Swetlanas Arm. „Ich habe dich vermißt. Schön, daß du mich gesucht hast. Von mir aus hätte ich nämlich keinen Kontakt zu dir aufgenommen."

„Immer stolz und verbohrt, was? Oder hattest du Angst, ich würde schnurstracks zu unseren Eltern laufen und ihnen berichten, wo du bist?"

„Nein, eigentlich nicht. Ich hoffe nur, sie kommen eines Tages nicht gleichfalls auf den Gedanken, sich nach mir umzuhören und mich dann womöglich mit Gewalt nach Hause zurückzuholen."

Swetlana schüttelte den Kopf. „Sicher nicht. Du kennst doch Papa. Er gefällt sich darin, eisenhart zu sein. Und dazu gehört in deinem Fall, daß er sich von dir losgesagt hat."

Xenia lehnte sich zurück und schloß die Augen. „Merkwürdig, ich vermisse ihn und Mama überhaupt nicht. Vermutlich bin ich wirklich eine ungeratene Tochter. Aber ich habe mich in meinem ganzen Leben noch nicht so frei gefühlt wie jetzt. Daheim war ich immer eingeengt. All diese Vorschriften, diese ständigen Ermahnungen: Tu dieses, laß jenes. Und wie du dich wieder anziehst ..."

Sie öffnete die Augen und blickte Swetlana an.

„Manchmal habe ich aus lauter Trotz meine unkleidsamsten Röcke und Blusen hervorgesucht und mir die Haare wie Akulina gekämmt."

„Stimmt", sagte Swetlana und betrachtete den dunkelbraunen, mit Wolfsfell gefütterten Mantel ihrer Schwester, zu dem sie ein grünes Wolltuch trug. „Aber jetzt brauchst du doch nicht mehr mit so etwas zu opponieren. Also kannst du dich ruhig ein bißchen hübscher anziehen."

„Das schon. Aber es paßt nicht zu einer, die in einer Krankenhausküche Geschirr wäscht und Gemüse putzt."

„Willst du das nicht aufgeben und dich mehr auf dein Studium konzentrieren?"

Xenias Augen leuchteten auf. „Um so eher könnte ich damit fertig sein, aber ... Nein, ich möchte lieber so weitermachen wie bisher. Sei mir nicht böse, Swetlana, es hat nichts mit dir zu tun. Ich will es eben hauptsächlich aus eigener Kraft schaffen."

„Das wirst du sowieso, weil alles, was du wissen und können mußt, in deinen Kopf hinein muß, nicht in meinen." Swetlana lächelte. „Aber ich will dich nicht drängen. Du kannst es dir ja noch überlegen. Sag mir Bescheid, wenn du dich anders besonnen hast, ja?" Sie zog ihren Pelz ein wenig enger um sich. „Es wird kalt. Wollen wir nicht irgendwo einen Tee trinken?"

„Wir können zu mir fahren", schlug Xenia vor. „Pjotr ist heute nachmittag zu Hause. Es wird warm sein, und Tee hat er bestimmt auch schon gekocht."

Sie wohnte in der Uliza Katjoll, einer düsteren, engen Gasse hinter dem Moskowskij-Prospekt. Aber die Wohnung im Hinterhof, zu der eine knarrende, baufällige Holztreppe hinaufführte, war sauber und recht annehmbar eingerichtet.

„Das ist Pjotr Bogdanowitsch Dobrowjew", stellte Xenia den Freund vor, der an einem Tisch saß und gelesen hatte. „Und das ist meine große Schwester Swetlana."

Pjotr bedachte Swetlana mit einem halb mißtrauischen, halb unsicheren Lächeln. „Guten Tag“, erklärte er ein wenig steif. Er wandte sich Xenia zu. „Oder kann ich willkommen sagen?“

„Kannst du“, erwiderte sie fröhlich. „Swetlana ist hier, weil sie sich unnötigerweise Sorgen um mich gemacht hat. Also hilf ihr aus dem Mantel und biete ihr Tee an. Sie ist halb erfroren, denn es herrscht wieder eine Hundekälte draußen.“

Er warf einen Blick zu dem kleinen Fenster, von dem aus man ein Stück des bleifarbenen Himmels sah. „Es wird auch wieder Schnee geben.“

Swetlana blieb über eine Stunde in der bescheidenen Wohnung in der Uliza Katjoll.

Während Xenia darauf bestand, ein paar heiße Fleischpiroggen zu holen, die es zum Tee geben sollte, war sie eine Weile mit Pjotr allein. Sie wartete, bis Xenias Schritte auf der Holztreppe verklungen waren. Dann sah sie Pjotr an.

„Ich glaube, es ist gut für meine Schwester, daß sie nicht allein leben muß. Sie ist zwar sehr resolut und weiß, was sie will. Aber sie ist natürlich auf diese Art Leben, das sie jetzt führt, überhaupt nicht vorbereitet.“

Pjotr nickte bedächtig. „Das stimmt. Ich bin auch sehr froh, daß ich ein wenig auf sie achtgeben kann. Ich habe sie sehr gern, und ich möchte um nichts in der Welt, daß sie es noch schwerer hat, als es ohnehin der Fall ist. Sie arbeitet zuviel und schläft dann zuwenig, wissen Sie ...“

Er war ihr sympathisch, auch wenn sie zunächst bei seinem Anblick gedacht hatte: Was für ein linkischer, unscheinbarer Mann! Mama würde auf der Stelle in Ohnmacht fallen, wenn sie wüßte, daß er Xenias Freund ist.

Aber er hatte kluge, gute Augen, dieser Pjotr Bogdanowitsch, und er schien Xenia aufrichtige Zuneigung entgegenzubringen. Das war sicherlich mehr wert als ein blendendes Aussehen und elegantes Auftreten.

„Sie wollen ebenfalls Arzt werden?“ fragte Swetlana, und er nickte.

„In zwei Jahren werde ich meine Examina abgelegt haben, und dann hoffe ich, als Assistent bei Professor Durnow arbeiten zu können. Vielleicht haben Sie schon einmal von ihm gehört, Fürstin? Er ist ein hervorragender Arzt, und man kann viel von ihm lernen.“

„Er ist Gynäkologe, nicht wahr? Dann wollen Sie sich vermutlich ebenfalls auf dieses Fachgebiet spezialisieren?“

„Nicht nur. Mein Ziel ist es, eine sehr vielseitige medizinische Ausbildung zu erlangen. Ich möchte auch eine Zeitlang in der Chirurgie arbeiten, ebenso in einer Abteilung für Lungenkranke und andere innere Leiden. Und dann möchte ich eine Praxis haben, in der ich möglichst vielen Menschen nützlich sein kann. Das Gesundheitswesen liegt in Rußland noch völlig im argen. Gehen Sie nur in die Arbeiterviertel oder in die Dörfer. Dort sind Ärzte Mangelware, vor allem solche, die wirklich umfassende Kenntnisse haben. Der eine kann nur Knochenbrüche und ähnliche Verletzungen behandeln, der andere versteht etwas von Geburtshilfe, der dritte hat Ahnung von der Schwindsucht, aber keine, wie man Seuchen bekämpft, Magen- und Darmleiden oder Kinderkrankheiten kuriert. In Ihren Kreisen, Fürstin, ist das kein Problem. Man geht dann eben zu drei oder vier Ärzten. Aber wie sollen die armen Leute so etwas bezahlen?“

Er war während seiner Worte immer lebhafter geworden, und Swetlana spürte, daß er mit ganzem Herzen bei dem war, was er sich vorgenommen hatte. Das gefiel ihr und machte ihn ihr noch sympathischer.

„Sie werden sicherlich ein sehr guter Arzt werden, Pjotr Bogdanowitsch“, sagte sie herzlich. „Und ich denke, Xenia ebenfalls.“

„O ja ...“ Seine Augen leuchteten auf. „Sie ist sehr begabt, das kann man schon jetzt sehen, obwohl sie gerade erst mit dem Studium begonnen hat. Vielleicht werden wir eines Tages eine gemeinsame Praxis haben. Das wäre eine großartige Lösung."

Ihr Gespräch wurde durch Xenias Rückkehr unterbrochen. Ihr Mantel und das Umschlagtuch waren voller Schneeflocken, denn es hatte tatsächlich wieder zu schneien begonnen. Jetzt schmolzen sie in der Wärme des Zimmers.

„Himmel, ich bin hungrig!" verkündete sie und holte ein großes Holzbrett, um die mitgebrachten Piroggen ausgepackt darauf anzurichten. Dann gab sie Swetlana einen raschen Kuß auf die Wange. „Heute hätte es nur Kohlsuppe gegeben, wenn du nicht gekommen wärst. Aber Piroggen sind viel besser."

Als sie ihren Mantel auszog, sah Swetlana erst richtig, wie mager Xenia geworden war. Die Schultern stachen spitz aus der Wolljacke hervor, und ihre Taille war so schmal, daß ein kräftiger Mann sie mit seinen Händen umspannen konnte.

Aber Swetlana sagte nichts darüber, um ihre Schwester nicht zu verletzen. Insgeheim aber nahm sie sich vor, dafür zu sorge, daß Xenia und auch Pjotr in Zukunft immer genügend zu essen hatten.

Schon am nächsten Tag schickte Swetlana ihren Kutscher mit einem großen Korb voller Lebensmittel in die Uliza Kajoll. Sie hatte ein paar Zeilen dazugeschrieben.

> *Leider kann ich Euch nicht selbst die Sachen vorbeibringen. Ich habe Hofdienst, und heute abend findet ein Maskenball im Winterpalais statt. Aber ich komme, sobald ich kann.*

Sie machte ihr Versprechen wahr und ließ sich in der Regel ein- bis zweimal in der Woche bei Xenia sehen. Diese hätte es gerne gehabt, daß sie auch Fjodor mitbrächte, denn sie war ganz vernarrt in den Kleinen. Doch das wagte Swetlana nicht aus Sorge, das Kind könne sich irgendwann bei Leonid oder ihren Eltern verplappern.

Andererseits mochte sie ihn nicht zum Verheimlichen oder Lügen anhalten. Fjodor war noch so ganz und gar arglos, und jede Verstellung war ihm fremd, denn in seiner kindlichen Welt gab es noch keine Unfreundlichkeit, keine Furcht vor Strafen und daraus resultierende Heuchelei.

Swetlana wußte, daß sie ihren Sohn nicht immer davor bewahren konnte. Je älter er wurde, um so mehr würde er erfahren müssen, daß man nicht immer alles sagen konnte, was man dachte, nicht alles tun, was man für recht erachtete, und daß man seiner Aufrichtigkeit und Anständigkeit halber gelegentlich sogar bekämpft und gehaßt wurde.

In dem Leben, für das Fjodor heranwuchs, brauchte man hin und wieder ein Visier zum Schutz und eine gewisse Geschmeidigkeit, um nicht das Opfer von Menschen zu werden, die mit weniger Skrupeln behaftet waren als man selbst.

René Mounet, Fjodors französischer Hauslehrer, war glücklicherweise ein recht liebenswerter Mensch, still, zurückhaltend und von großer Geduld mit dem lebhaften Kind.

„Er ist lahmarschig", hatte Soklow erst kürzlich über den jungen Franzosen gesagt und dabei angewidert den Mund verzogen. „Vermutlich habe ich einen Fehlgriff mit ihm getan. Doch den kann man korrigieren. Vielleicht genügt es auch, wenn Fjodor im nächsten Jahr einen Reit- und Fechtlehrer bekommt, der ihn nicht mit Samthandschuhen anfaßt. Ich will, daß er ein richtiger Kerl wird, kein Muttersöhnchen, das Französisch parliert und sich im übrigen an deine Röcke klammert."

Swetlana hatte nichts darauf erwidert, wohl wissend, daß jeder Einspruch von ihr ihn nur dazu bewogen hätte, seine Absichten noch eher in die Tat umzusetzen.

Aber ihre Sorge um ihr Kind wuchs. Wie konnte sie Soklow nur daran hindern, allzu großen Einfluß auf Fjodor zu nehmen?

Die Wintersaison in Petersburg war wiederum eine Kette von Festivitäten, Paraden und Vergnügungen. Es gab Troikarennen auf der zugefrorenen Newa, Maskenbälle und Redouten in den großen Adelspalästen, in denen die Zigeunerkapellen erst am Morgen, wenn eine fahle Helligkeit über dem finnischen Meerbusen aufzog, zu spielen aufhörten und die Lichter erloschen.

Man trank Champagner mit Wodka, tanzte und spielte, amüsierte sich mit den Choristinnen und Balletteusen der kaiserlichen Theater, warf Rubelstücke unter das Volk, das am Straßenrand gaffte, wenn die Prunkschlitten mit den in kostbare Pelze gehüllten Lebedamen, Adligen und Offizieren vorüberfuhren.

Die Leute klaubten das Geld auf, und es gab immer noch welche, die demütige Segenswünsche hinter den davonstiebenden Schlitten herriefen. Aber diejenigen, die Verwünschungen murmelten und die Hände zu Fäusten ballten, während sie in den Schnee spuckten, wurden immer mehr.

Er war hart, der Winter des Jahres 1904, lang und eisig, und in den Armenquartieren starben viele an Hunger oder erfroren in ihren elenden Rattenlöchern, weil sie kein Holz zum Heizen hatten und nichts, um ihren leeren Magen zu füllen.

„Aber das", sagte Pjotr Bogdanowitsch, „kümmert die feinen Herrchen nicht, wenn sie bis zum Morgengrauen Mazurka tanzen und dem Zigeunerprimas einen Hundertrubelschein mit Spucke an die Stirn kleben, damit er weiterspielt. Und wenn sie betrunken in ihre seidenbezogenen Betten fallen, denken sie, daß sie doch wahrlich Auserwählte des Schicksals sind, weil sie sich alles erlauben können und niemand ihnen Einhalt gebietet."

Swetlana, die auf einen Sprung bei ihm und Xenia vorbeigekommen war, warf ihm einen nachdenklichen Blick zu.

„Für viele trifft es zu, was Sie sagen, Pjotr Bogdanowitsch. Aber nicht für alle. Natürlich gibt es die unbelehrbaren Dummköpfe, die die Zeichen der Zeit nicht sehen wollen. Doch mindestens ebenso viele wünschen sich eine vernünftige Reformpolitik, dank der es mehr soziale Gerechtigkeit in Rußland geben wird."

„Aber der Zar hört nicht auf diese Leute", warf Xenia ein. „Er hat geradezu panische Angst vor irgendwelchen Neuerungen, und wer ihm zu lange damit in den Ohren liegt, wird einfach durch einen anderen ersetzt, der Rußland am liebsten in die Zeit Iwans des Schrecklichen zurückführen möchte."

Swetlana wußte indessen, daß beide, Xenia und Pjotr, glühende Befürworter eines neuen sozialistischen Rußlands waren. Manches, was sie darüber sagten, erschien Swetlana vernünftig. Auch wenn sie selbst zu der privilegierten Oberschicht gehörte, deren Mitglieder seit langem jede Freiheit für sich in Anspruch nahmen, war sie nicht blind für die Unterdrückung des Volkes, die in den letzten Jahren ständig zunahm. Aber man konnte das Freiheitsbedürfnis der Menschen nicht immerfort mit Gewalt niederschlagen. Solche Aktionen lösten Gegenaktionen aus, und davor fürchtete Swetlana sich.

Wenn Zar Nikolaus doch endlich auf die Liberalen unter seinen Ratgebern hören wollte! Aber er und mehr noch Alexandra Fjodorowna hielten unerschütterlich an ihrer Überzeugung fest, daß jede Form von Liberalismus früher oder später zu einem revolutionären Chaos führen müsse und daß Nikolaus' Thron ins Wanken geriet, wenn er freiwillig einige seiner autokratischen Rechte aufgab.

Daß das Land indessen einem brodelnden Topf glich, der jeden Augenblick überlaufen konnte, sahen sie nicht, sondern trugen in ihrer Blindheit noch dazu bei, daß es eines Tages zu einem blutigen Umsturz kommen mochte.

Aber ein Rußland ohne Zaren – das konnte und wollte Swetlana sich nicht vorstellen.

Wie hatte Boris Barschewskij es einmal vor langer Zeit ausgedrückt, als er und Swetlana über die Gefahr einer Revolution gesprochen hatten?

„Dann wird vermutlich auch alles zerstört werden, was gut und schön ist an unserem Leben. Die alten Ideale, der Zauber, der jetzt noch über allem liegt, auch wenn sich viel Brüchiges darunter verbirgt ..."

Rußland sei krank, hatte er gesagt, aber es könne genesen, wenn der Zar es wolle, denn er allein hätte die Möglichkeit, Neues und Altes zu einem sicheren Gefüge zusammenzuschmieden.

Swetlana hatte diese Worte nie vergessen.

Sie wußte, daß Pjotr und Xenia eine friedliche Veränderung anstrebten, und es gab viele, die so dachten wie sie. Aber die anderen, die Bomben warfen und ihre politischen Gegner ermordeten, die lauthals schrien: „Friede den Hütten! Krieg den Palästen!" waren inzwischen an der Überzahl, und es kam Swetlana vor, als würden es täglich mehr.

Sie predigten den bewaffneten Aufstand und wollten blutige Rache für alle Not und Ungerechtigkeit. Sie wollten alles zerstören und drängten im Grunde nur selbst an die Macht.

Wenn sie sie erlangten, würde Boris Barschewskij recht behalten und das alte Rußland mit seiner leuchtenden Schönheit für immer dahin sein.

Gott, schütze den Zaren, dachte Swetlana oftmals. Gib ihm die rechten Männer zur Seite, damit er tut, was die Not der Stunde gebietet. Denn sonst, Gott, wirst du unserer Mutter Rußland sehr gnädig sein müssen.

13. Kapitel

Aber es gab noch einen Aufschub in jenen letzten Januartagen des Jahres 1904. Die Tatsache, daß die Japaner es gewagt hatten, die diplomatischen Gespräche mit Rußland abzubrechen und ihren Botschafter nach Tokio zurückzurufen, erhitzte nicht nur in St. Petersburg und Moskau die Gemüter.

Von Litauen bis zur Donkosakensteppe, vom Kaukasus bis Sibirien, vom Eismeer bis zur Krim brandete Entrüstung auf, die sich in hellen Zorn wandelte, als bekannt wurde, daß japanische Torpedos die russische Flotte bei Port Arthur angegriffen und sieben große Einheiten außer Gefecht gesetzt hatten.

Derlei Ereignisse weckten nationale Gefühle. Und als die Nachricht eintraf, daß die gelben Schlitzaugen nicht einmal davor zurückgeschreckt waren, Port Arthur zu bombardieren, schrie man laut nach Vergeltung. Niemand durfte ungestraft das große heilige Rußland angreifen, niemand auf diese Weise den Zaren beleidigen!

Am 27. Januar fand die traditionelle Prozession des Hofes vom Winterpalais zur Isaaks-Kathedrale statt, in der ein feierlicher Gottesdienst abgehalten wurde. Die Straßen waren dicht gesäumt von Menschen, und als man der Zarenfamilie ansichtig wurde, ertönten laute Hochrufe. Hüte und Arme flogen in die Luft, die Leute schrien: „Gott segne den Zaren! Gott segne unser Väterchen und strafe Japan!“ und etliche begannen aus voller Kehle die kaiserliche Hymne zu singen.

Bei der Rückkehr in den Palast war der Jubel noch

größer. Viele knieten nieder und küßten die Erde, über die der feierliche Zug schritt, und Nikolaus II. dachte glücklich, während er auf die gebeugten Köpfe blickte und das Kreuz über sie schlug: Meine Russen! Mein gutes, treues Volk! Wie konnte man mir nur jemals einreden wollen, es sei zwischen ihm und mir eine gefährliche Entfremdung eingetreten! Ein paar politische Wirrköpfe sind nicht Rußland. Man wird sie zum Schweigen bringen, und das Volk wird es mir danken.

Auch in anderen Städten fanden spontane Sympathiekundgebungen für den Zaren statt, und am 30. Januar zog sogar eine riesige Studentenmenge vor das Winterpalais, diesmal ohne rote Fahnen und revolutionäre Parolen.

Statt dessen schwenkten die jungen Leute die Nationalfahne und sangen aus voller Kehle: *‚Boshe Zarje charnij ...‘*

Der Gesang endete mit ohrenbetäubenden Hochrufen, als Nikolaus, Alexandra und ihre Töchter sich an einem Palastfenster zeigten und den Demonstranten zuwinkten.

Später sagte die Zarin mit leuchtenden Augen zu Swetlana: „Ach, ich habe es immer gewußt: Sie lieben Seine Majestät. In der Stunde der Not kommt das wahre, gute Wesen des russischen Menschen zum Vorschein, und die Schlacken fallen ab. Diese Welle der Zuneigung, die Seiner Majestät auf einmal entgegenschlägt, ist wundervoll, finden Sie nicht, meine liebe Swetlana Pawlowna?“

Swetlana nickte. „Ganz gewiß, Euer Majestät.“ Aber sie dachte: Ob es wohl so bleibt? Die Menschen sind wandelbar. Heute entwickeln sie glühende patriotische Gefühle, und morgen schreien sie von neuem: „Nieder mit dem Zarentum!“

Immerhin, der Kriegsausbruch mit Japan bewirkte, daß das Land von einer Welle neu erwachter Vaterlandsliebe erfaßt wurde.

Die jungen Gardeoffiziere baten darum, an die Front geschickt zu werden, die Zivilbevölkerung spendete Geld, und die meisten russischen Zeitungen stellten den japanischen Feldzug als ein denkbar einfaches, siegreiches Unternehmen dar, das schnell beendet sein würde.

Diejenigen, die daran erinnerten, daß Japan über eine ausgezeichnet ausgerüstete, mit modernen Waffen versehene Armee verfüge, die sofort einsatzbereit sei, während die russischen Soldaten an die neuntausend Werst zum Kriegsschauplatz zurückzulegen hätten, wurde von lautem nationalistischen Jubel übertönt, und wer es in diesen Tagen wagte, den Krieg mit Japan als ein unnützes militärisches Hasardspiel zu bezeichnen, nur um die Geldgier einer Handvoll Glücksritter zu befriedigen, wurde niedergeschrien.

Zar Nikolaus war überzeugt davon, daß seine Soldaten in kürzester Zeit einen grandiosen Sieg erfechten würden. Nicht nur Korea, auch die Mandschurei würden russisches Hoheitsgebiet werden, und vielleicht könnte man anschließend sogar Tibet erobern ...

Gott war mit ihm, Gott war mit Rußland!

Während der Mobilmachung der Truppen reiste der Zar in die einzelnen Distrikte, nahm überall Paraden ab, segnete die Soldaten und ließ an die knienden Männer Aberhunderte von Ikonen verteilen.

Mitte Februar reiste auch Leonid Soklow als General der Artillerie an den Kriegsschauplatz. Der Zar hatte ihn General Kuropatkin, dem Oberkommandierenden der Armee, unterstellt.

In der Nacht vor seinem Aufbruch kam Leonid betrunken heim, in Begleitung einer Horde lärmender Offiziere und Frauenzimmer. Er befahl, daß man Swetlana weckte und in den Speisesaal holte, wo Baron Launitz, der neue Haushofmeister, bereits veranlaßte, daß die Neuankömmlinge mit Essen und Trinken versorgt wurden.

Diener schleppten große Platten mit kaltem Braten,

Geflügel, Pasteten und Räucherfisch herbei, während andere Champagner und Wodka brachten, die in Silberkübeln mit Schnee gekühlt wurden.

Als Swetlana den Speisesaal betrat, schlugen ihr Lärm, Balalaikamusik und das laute Kreischen einiger Frauen entgegen, die von den Offizieren im Tanz herumgeschwenkt wurden.

Andere klatschten den Takt dazu und grölten mit trunkenen Stimmen durcheinander.

Leonid Soklow war unter den Tanzenden. Er ging in die Hocke, warf die Beine und schlug den Mädchen die Röcke hoch, sobald sie an ihm vorüberwirbelten. Als er Swetlana in der Tür erblickte, kam er schwankend auf die Füße und torkelte zu ihr hin.

„Ah, da ist sie ja, meine schöne Soklowa!" rief er. „Willkommen in dieser nicht unbedingt erlauchten Runde! Ich weiß es wohl zu schätzen, daß du mit mir und meinen Freunden Abschied feiern willst."

Er roch nach Schweiß und Alkohol, doch als Swetlana einen Schritt zurückwich, griff er nach ihr und zog sie tiefer in den Saal hinein.

„Komm, trink mit uns! Stoß mit mir auf eine siegreiche, glückliche Heimkehr an, wie es einer liebenden Gattin geziemt. Mitja, schenk meiner Frau ein Glas ein."

Ein bleichgesichtiger junger Rittmeister in der Uniform der Garde-Ulanen reichte ihr ein Glas, in das er zuvor ein wenig Champagner und einen großen Schuß Wodka gekippt hatte. Swetlana wollte nur daran nippen, aber Leonid setzte ihr das Glas an die Lippen, bog ihren Kopf zurück und zwang sie so, es ganz zu leeren.

„Bravo!" schrie er dann und applaudierte. „Sie säuft wie eine durchgefrorene Straßenhure! Auf einen Zug ex! Mitja, noch ein Glas!"

Dieses Mal schaffte es Swetlana, den Kopf zur Seite zu drehen, so daß ein Großteil der Champagner-Wodka-Mixtur danebenlief und über ihr Kleid tropfte.

„Macht nichts", sagte Soklow mit bösartig glitzernden Augen. „Der Fummel ist sowieso nichts wert. Du hättest dir etwas Besseres für meinen Abschied anziehen sollen, meine Teuerste. Geh hinauf und laß dir in die Ballrobe helfen, die du kürzlich im Winterpalais zur Cour getragen hast. Du weißt schon, diese violette aus Brüsseler Spitze, mit schwarzer Seide unterlegt."

„Nein, Leonid Iwanowitsch", erwiderte sie so ruhig wie möglich. „Das wäre übertrieben. Bitte, sei vernünftig."

Sie spürte, wie ihr der Alkohol zu Kopf stieg. Ihr war ein wenig wirbelig zumute, und alles schien irgendwie unwirklicher zu werden. Unwirklich auch Leonids Gesicht, das sich in jäher Wut verzerrte, seine Hand, die vorschoß und ihr Kleid mit einem harten Ruck bis zur Taille aufriß.

Als nächstes zerfetzte er das Miederhemd, das sie darunter trug, zerrte ihr den Stoff von den Schultern, und als sie schützend die Hände vor ihre Brüste legen wollte, drehte er ihr die Arme auf den Rücken.

„Seht her!" rief er mit einem rohen Lachen. „Habe ich nicht eine wunderschöne Frau? Eine Haut wie Seide, volle Brüste, die Taille eines jungen Mädchens ..."

Swetlana schüttelte so wild den Kopf, daß sich ihr flüchtig aufgestecktes Haar löste. Es war lang und reichte ihr bis knapp zu den Hüften, so daß die blonde Flut ihre Blöße notdürftig bedeckte.

Das Gefühl der Unwirklichkeit wich, verwandelte sich in Scham und rasende Wut. „Lassen Sie mich auf der Stelle los!" preßte sie zwischen den Zähnen hervor. „Auf der Stelle, Leonid Iwanowitsch – oder bei Gott, es geschieht ein Unglück."

Er reagierte nicht, sondern machte Anstalten, sie weiter in den Speisesaal zu schieben. „Schaut sie euch an, die schöne Soklowa! Gibt es jemanden in St. Petersburg, der eine reizvollere Frau hat?"

Mit der einen Hand hielt er ihre Arme auf dem Rükken fest, mit der anderen versuchte er, ihr Haar beiseite zu streifen. Zwei seiner Kumpane hinderten ihn daran.

Sie waren zwar allesamt betrunken, aber nun war ihnen doch peinlich, was hier geschah. Einer der jungen Offiziere zog hastig seinen Uniformrock aus und legte ihn Swetlana um die Schultern. Ein anderer riß Soklow von Swetlana weg.

„Laß sie in Ruhe, Leonid", sagte er mit schwerer Zunge. „Du bist total besoffen. Du weißt nicht mehr, was du tust."

Leonid schwankte und hielt sich an ihm fest. „Was denn, was denn? Sie ist meine Frau. Ich kann mit ihr machen, was ich will. Ich kann sie sogar wie eine Hure behandeln, denn das ist sie in Wirklichkeit. Eine eingebildete, größenwahnsinnige Hure!"

Er torkelte zu einem Sofa an der Wand und ließ sich schwer hineinfallen. „Komm her, du Hure ... Oder soll ich dich mit der Peitsche hierherprügeln?"

Derjenige, der Swetlana seine Jacke gegeben hatte, führte sie zur Tür. „Kommen Sie, Fürstin, ich bringe Sie hinaus. Die anderen werden sich schon um ihn kümmern."

Er begleitete sie in die Halle, übergab sie dort einem livrierten Diener, der gerade frischen Champagner bringen wollte, und trug ihm auf: „Bring Ihre Gnaden in ihr Schlafzimmer." Dann verbeugte er sich schwankend vor Swetlana. „Vergessen Sie den Vorfall, Fürstin. Sehr peinlich, das Ganze, wahrhaftig ..."

Sie gab ihm seinen Uniformrock zurück und raffte die Fetzen ihres Kleides über der Brust zusammen. „Ich danke Ihnen", sagte sie mit steifen Lippen. „Gute Nacht."

Dann floh sie in ihr Schlafzimmer hinauf, so rasch, daß der Diener ihr kaum folgen konnte, verriegelte die Tür hinter sich und warf sich auf das Bett.

Sie wünschte sich, weinen zu können, doch sie war nicht fähig dazu. So lag sie in den Kissen, hieb in ohnmächtigem Zorn auf den Seidenstoff ein und grub die Zähne in die Lippen, um nicht zu schreien.

Am nächsten Morgen war Leonid fort. Swetlana, die kaum geschlafen hatte, weil sie fürchtete, er werde in der Nacht noch einmal zu ihr kommen, hörte, wie er in der Halle nach Kolja, seinem Leibdiener, rief, der ihn an den Kriegsschauplatz begleiten sollte, vernahm das Gepolter, wie die Hausdiener Leonids Gepäck hinausschafften, und dann, wie er selbst den Palast verließ. Mit einem dumpfen Knall schlug das schwere Portal hinter ihm zu.

Draußen wieherten Pferde, der Kutscher knallte mit der Peitsche, dann vernahm Swetlana nur noch das Klingeln der Schlittenglöckchen, das sich rasch entfernte.

Sie fiel in die Kissen zurück. Mit geschlossenen Augen lag sie da und dachte immer wieder: Er ist weg. Ich bin allein. Gott im Himmel, ich danke dir!

Am 30. Juli 1904 morgens gegen drei Uhr hallten gewaltige Kanonenschläge von der Peter-und-Paul-Festung über St. Petersburg. Schläfer schraken in ihren Betten hoch und rissen die Fenster auf, um die Salutschüsse mitzuzählen.

In den Adelspalästen, den eleganten Nachtlokalen, den Clubs, Theatern, Zigeunerkneipen und Varietés, in denen die Nachtschwärmer noch auf waren, stürzten die Menschen auf die Straße. Sie zählten laut, und als der hundertste Kanonenschlag verhallt war, hielten viele den Atem an. Gleich würde man es wissen, ob Alexandra Fjodorowna endlich den Thronfolger geboren hatte.

„Hunderteins ...", riefen die Leute, warteten, und dann ertönte nach einem weiteren Kanonenschlag der Jubelschrei aus unzähligen Kehlen: „Hundertzwei!"

Es war ein Sohn, dieses neue Kind von Rußland, das da zur Welt gekommen war, der Erbe des Zarenreiches!

Mehrere Tage hindurch war Petersburg, ja, das ganze Land ein Meer der Freude. Man sang und tanzte auf den

Straßen, die zarentreuen Adligen speisten das Volk, es gab genug zu essen und Tee und Wein für jedermann, und in den Häusern der Reichen knallten die Champagnerkorken: „Es lebe Alexej Nikolajewitsch! Es lebe unser künftiger Zar!“

Kaum drei Tage alt, wurde der zarte, schmächtige Säugling zum Hetman der russischen Kosakenregimenter ernannt, und seine feierliche Taufe auf den Namen Alexej fand im Beisein der höchsten geistlichen Würdenträger und des gesamten Hofes statt.

Den Zeitungen aber wurde untersagt, in diesen Tagen schlechte Nachrichten vom japanischen Kriegsschauplatz zu verbreiten.

Und deren gab es viele, nicht erst seit dem Sommer.

Bereits im Januar hatten die Japaner durch ihren siegreichen Angriff auf die russische Flotte weitgehend die Oberherrschaft über das Meer erlangt. Sie landeten in Korea und besetzten das ganze Land. Im April überquerte die japanische Armee den Fluß Yalou, zwang die Russen, ihre dortigen Stellungen aufzugeben, und drang bis zur Halbinsel Liaotung vor. Von dort aus begann sie mit der Belagerung von Port Arthur.

Die dortige russische Garnison, die lediglich aus zwei Infanteriedivisionen bestand, war dadurch vom Rest der Armee abgeschnitten. Oberbefehlshaber General Kuropatkin wartete, etwa dreihundert Werst entfernt, auf Nachschub, der nur sehr langsam eintraf.

So blieb Kuropatkin vorerst nichts anderes übrig, als den japanischen Vormarsch aufzuhalten zu versuchen, indem er seine Soldaten immer wieder in blutigen Scharmützeln den Armeen des Tenno entgegenwarf.

Doch der russische Kampfgeist wurde zunehmend geringer, und das unablässige Vordringen der Japaner bewirkte, daß immer mehr russische Stellungen in ihre Hände fielen.

Aber davon stand nichts in den Zeitungen, ebensowenig von den Kämpfen auf See, in denen die Japaner elf russische Schiffe außer Gefecht setzten und ihr Oberbefehlshaber, Admiral Witheft, den Tod fand.

Die Ermordung von Innenminister Plehwe, der der Bombe eines Terroristen zum Opfer fiel, konnte zwar nicht vollständig verschwiegen werden, aber es erschien nur eine kurze Notiz darüber in der Presse. Dann ging man zu den freudigeren Ereignissen um die Geburt des Thronfolgers über.

Rußland sollte erfahren, daß der kleine Zarewitsch gedieh und ein selten schönes Kind war, blond und blauäugig, mit einem süßen, zarten Gesicht. Er entwickele einen gesunden Appetit, hieß es, weine wenig und lächle seine Umgebung bereits an.

Bilder der Zarenfamilie wurden veröffentlicht, in denen Alexandra Fjodorowna ihren Sohn mit einem Blick unaussprechlicher Liebe in den Armen hielt. Die vier kleinen Großfürstinnen, die sich in hübschen Spitzenkleidchen, mit Schleifen in den Haaren um ihre Eltern und den Bruder scharten, vervollständigten das Bild einer glücklichen Familienidylle.

Aber dieses Glück war trügerisch.

Es war am Vormittag des 8. September, als Swetlana durch einen kaiserlichen Adjutanten nach Zarskoje Selo gerufen wurde, wohin die Zarenfamilie sich indessen wieder zurückgezogen hatte.

Swetlana war für ein paar Tage vom Hofdienst beurlaubt worden, da sie verschiedene häusliche Angelegenheiten zu erledigen hatte, doch das Billett, das Rittmeister Mitjagin von der Zarin überbrachte, klang so alarmierend, daß Swetlana keine Sekunde zögerte, sofort mit Fjodor aufzubrechen.

Bitte, kommen Sie schnell, meine liebe Fürstin Soklowa, hatte Alexandra Fjodorowna geschrieben, offenbar in großer Aufregung, wie es ihre zittrige

Schrift verriet. Sie war teilweise verwischt, als wären Tränen darauf gefallen. *Ich brauche Ihren Trost, denn ich hege eine grauenvolle Befürchtung. Von Ihnen weiß ich, daß Sie sich an meinem Unglück, wenn es denn von Gott verordnet sein sollte, nicht weiden werden.*

In Zarkoje Selo ließ Swetlana ihren Sohn in der Obhut seiner Kinderfrau zurück und begab sich sofort zur Zarin.

Sie fand sie am Bett des kleinen Zarewitsch, totenbleich, mit wirrem Haar und einer so unsäglichen Angst in den übergroßen blauen Augen, daß es Swetlana das Herz abdrückte.

„Was ist geschehen, Euer Majestät?" fragte sie, nachdem sie den üblichen Hofknicks gemacht hatte.

Die Zarin setzte ein paarmal zum Sprechen an. „Der Zarewitsch ... Er blutet seit heute morgen in der Nabelgegend. Sehen Sie selbst."

Als Swetlana an das Bettchen des Säuglings trat, schlug seine Kinderfrau Maria Wischnjakowa, die sich bis jetzt im Hintergrund gehalten hatte, die reich bestickte Bettdecke zurück.

Der kleine Körper war von einer Nabelbinde bedeckt, und Swetlana bemerkte gleich, daß sie von Blut durchtränkt war. Aber das Kind lag rosig und lächelnd da und verriet in keiner Weise, daß es sich elend fühlte oder gar Schmerzen hatte.

„Eine kleine Nachblutung vermutlich von der Wunde, die durch das Abtrennen der Nabelschnur entstanden ist", sagte Swetlana, und die Zarin nickte fahrig.

„Das behauptet Doktor Korowin auch ... Wir haben ihn natürlich gleich heute morgen rufen lassen. Aber die Blutung dauert so lange an. Ach, Swetlana Pawlowna, ich bin halb wahnsinnig vor Sorge. Es kann ... es darf doch nicht sein, daß ich meinen Sohn ... Nein, so unbarmherzig wird Gott nicht sein!"

„Ich verstehe nicht, Euer Majestät", erwiderte Swetlana verwirrt.

Die Zarin wechselte ins Englische über, das die Kinderfrau nicht verstand. „Hat man Ihnen denn nie erzählt ... Ach, es gibt so viele bei Hof, die derlei Geschichten mit Freuden verbreiten, weil sie mich hassen. Sie müssen einfach davon gehört haben!"

„Ich schwöre Ihnen, Majestät, ich habe keine Ahnung", versicherte Swetlana, und die Zarin zog sie zum Fenster.

„Die Eltern meines Gatten, der verstorbene Zar Alexander III. und seine Gemahlin waren von Anbeginn an gegen mich. Sie wollten nicht wieder eine deutsche Prinzessin als Thronfolgerin haben, doch das war nur einer der Gründe. Der wichtigste war, daß in meiner Familie ..." Sie verstummte und schlug die Hände vor das Gesicht. Es dauerte eine Weile, ehe sie imstande war, weiterzusprechen.

„Meine Mutter ist, wie Sie vielleicht wissen, die zweitälteste Tochter der Queen Viktoria von England. Ihr Bruder Leopold starb vor etwa zwanzig Jahren – an einer unstillbaren Blutung. Und ihre Schwester, meine Tante, hat zwei Söhne, die ebenfalls an dieser ... dieser entsetzlichen Krankheit leiden. Sie leben noch – aber man weiß nicht, wie lange. Verstehen Sie jetzt? Es ist eine Erbkrankheit, die Hämophilie, und ich kann sie meinem Kind vererbt haben. Die Mütter übertragen sie – und seltsamerweise immer nur auf die Söhne. Die Töchter sind gesund."

Swetlana war die Kehle wie ausgedörrt. Langsam nur begriff sie, was die Zarin ihr da anvertraut hatte. Konnte es wirklich möglich sein, daß der kleine Zarewitsch an der Bluterkrankheit litt, gegen die man, soweit Swetlana wußte, noch kein wirksames Mittel gefunden hatte?

„Euer Majestät", stammelte sie schließlich hilflos, „bitte, Sie sollten sich jetzt noch keine Sorgen darum machen. Seine Kaiserliche Hoheit, der Zarewitsch, ist ein so gesundes Kind. Und überhaupt – auch wenn in Ihrer Familie mütterlicherseits einige Krankheitsfälle aufgetreten sind, so sind es doch sehr wenige. Nur drei ..."

Die Zarin ließ die Hände sinken und blickte sie mit einem solch trostlosen Gesichtsausdruck an, wie Swetlana ihn noch nie an ihr gesehen hatte.

„Es sind nicht nur drei. Mein Bruder, Prinz Friedrich von Hessen, ist mit drei Jahren nach einem Fenstersturz verblutet. Meine Schwester Irene hat erst vor wenigen Wochen ihren jüngsten Sohn verloren – durch eine Gehirnblutung, und ihr Ältester ist ebenfalls an Hämophilie erkrankt."

„Aber Doktor Korowin hat doch gesagt ...", setzte Swetlana an in dem verzweifelten Bemühen, die völlig aufgelöste Frau zu trösten. Außerdem sträubte sich alles in ihr gegen die Vorstellung, dieses bezaubernde und so sehr ersehnte Kind dort drüben in seinem Bettchen könne mit einem dermaßen grausamen Schicksal geschlagen sein.

Was für ein Leben wartete dann auf den kleinen Großfürsten Alexej Nikolajewitsch? Ein Dasein unter einer Glasglocke, ständig von der Gefahr bedroht, sich irgendwo zu verletzen, hinzufallen, sich zu stoßen und dann eine vielleicht unstillbare Blutung zu bekommen, an der er unter großen Qualen sterben mußte.

„Ich bitte Sie, Euer Majestät, nehmen Sie nicht gleich das Schlimmste an. Wenn Korowin die Sache für harmlos hält, ist sie es auch."

„Er belügt uns", sagte die Zarin dumpf. „Ich habe es ihm angesehen. Er war so furchtbar erschrocken und suchte nach einer beruhigenden Erklärung."

„Weiß Seine Majestät, der Zar, inzwischen darüber Bescheid?" erkundigte Swetlana sich, und Alexandra Fjodorowna nickte.

„Er war bis vor kurzem noch hier. Aber dann wurde er durch einige wichtige Depeschen abberufen. Er ... er ist genauso entsetzt wie ich. Wir haben es beide gefühlt, daß unser Kind dieses schreckliche Leiden in sich trägt. Und es hat es von mir geerbt. Ich bin schuld daran."

„So etwas dürfen Sie nicht sagen. Sie dürfen es nicht einmal denken!" bestürmte Swetlana sie erschrocken. „Ich bitte Sie, Majestät, ziehen Sie noch weitere Ärzte hinzu. Vielleicht ... nein, bestimmt stellen sich Ihre Befürchtungen als Irrtum heraus."

„Seine Majestät hat einen Kurier zu Doktor Fjodorow nach St. Petersburg geschickt", berichtete die Zarin mit in Tränen schwimmenden Augen. „Sie haben sicherlich von ihm gehört. Er ist Chirurg und soll sehr tüchtig sein. Er hat auch viele Auslandsreisen unternommen, um sich beruflich zu vervollkommnen. Vielleicht weiß er einen Rat."

Sie kehrte zum Bett ihres Sohnes zurück, der still und zufrieden in den Kissen lag und seine Grübchen zeigte, als er die vertraute Gestalt seiner Mutter erkannte. Lange blickte sie auf das kleine rosige Gesicht mit den hellblonden Locken hinunter.

„Werde wieder gesund, Alexej", flüsterte sie tonlos. „Bitte, bitte! Deine Mama will Tag und Nacht dafür beten."

Als sie sich zur Tür wandte, wollte Swetlana sie begleiten, doch die Zarin winkte ab. „Lassen Sie nur, ich will jetzt eine Weile allein sein. Ich gehe in die Kapelle im Fjodorowskij Sabor. Und bitte, erzählen Sie niemandem, was Sie jetzt wissen. Kein Mensch darf auch nur ein Wort davon erfahren."

Der Chirurg kam am frühen Nachmittag. Doktor Korowin hatte ihn in Empfang genommen und zu Alexej gebracht. Das Zarenpaar war anwesend, als Fjodorow die kleine, stark blutende Wunde des Zarewitsch untersuchte.

„Nun?" fragte Zar Nikolaus nach einer Weile beängstigender Stille. „Sind Sie schon zu einer Diagnose gelangt, Herr Doktor?"

Korowin antwortete an Fjodorows Stelle. „Mein verehrter Kollege wird nichts anderes sagen können als ich. Es handelt sich um eine Nachblutung, allerdings um eine nicht unerhebliche. So etwas kommt gar nicht so selten vor, Euer Majestät."

Nikolaus stieß den angehaltenen Atem aus. „Ist das wahr, Doktor Fjodorow?"

Der Chirurg, ein großer schlanker Mann mit vollem weißen Haar, wich seinem Blick aus. „Ja, gewiß. Man muß einen Druckverband anlegen, dann ist morgen vielleicht alles wieder in Ordnung."

„Aber es klang, als glaubte er selbst nicht daran", berichtete die Zarin kurz nach der Konsultation der beiden Ärzte Swetlana. „Und ich glaube es auch nicht. Sie wagen nicht, uns die Wahrheit zu sagen, weil sie wissen, wie sehr wir uns Alexej gewünscht haben – und wie viele Hoffnungen mit seiner Existenz verknüpft sind. Wer kann schon einer Mutter das Todesurteil für ihr Kind ins Gesicht sagen?"

Doch es war kein Todesurteil, jedenfalls nicht in diesen Septembertagen des Jahres 1904. Am nächsten Vormittag kam die Blutung zum Stillstand, und Zar und Zarin, die die ganze Nacht am Bett ihres Kindes gewacht hatten, fielen einander weinend vor Glück in die Arme.

Doktor Korowin, der dabei war, brachte es nicht über sich, ihnen zu sagen, daß der kleine Zarewitsch vermutlich dennoch an der Bluterkrankheit litt. Erst als Doktor Fjodorow gegen Mittag noch einmal nach Zarskoje Selo geholt wurde und die indessen leicht verschorfte Wunde betrachtete, dämmerte es Alexandra und Nikolaus, daß ihre grenzenlose Erleichterung verfrüht gewesen war.

Sie sahen es an der Miene des Chirurgen, und auf Alexandra Fjodorownas eindringliche Frage, warum er so bedenklich wirke, entschloß er sich, ihnen wenigstens teilweise die Wahrheit zu sagen.

„Der Schorf sieht anders aus als bei einer normal zum Stillstand gekommenen Blutung. Überzeugen Sie sich selbst, Euer Majestät. Er ist heller, immer noch ein wenig blutig und sehr dünn."

„Und was bedeutet das?" fragte der Zar. Er räusperte sich. „Ich bitte Sie, schonen Sie uns nicht. Wir müssen die Wahrheit kennen, um zukünftig dafür gewappnet zu sein."

Fjodorow spürte Korowins Blick. Der Leibarzt der Zarenfamilie starrte ihn geradezu beschwörend an. Sag nichts, laß ihnen noch eine Weile die Illusion, daß alles in Ordnung ist, signalisierten seine Augen. Hab Mitleid ...

Aber Doktor Fjodorow war anderer Meinung. „Es hat keinen Sinn, etwas bagatellisieren zu wollen", erwiderte er auf Nikolaus' Frage. „Wie Euer Majestät sehr richtig bemerkten – Sie müssen auf eine Wiederholung solcher Spontanblutungen vorbereitet sein. Darum ist es dringend erforderlich, daß der Zarewitsch ständig beaufsichtigt wird. Er darf sich nicht stoßen, keine willkürlichen Bewegungen machen, und später, wenn er zu laufen anfängt, niemals hinfallen. Man muß ihn behandeln wie eine sehr zerbrechliche Kostbarkeit."

Der Zar schloß einen Moment lang die Augen. Alexandra flüchtete sich an seine Brust, und er legte in einer beschützenden Geste beide Arme um sie.

So standen sie lange. Dann sagte Nikolaus mit brüchiger Stimme: „Alex, meine Liebste, es ist eine Prüfung, die Gott uns auferlegt. Wir müssen sie annehmen und nicht nach dem ‚Warum' fragen. Beugen wir uns unter Seinen Willen, auch wenn es bitter schwer ..."

Er verstummte und konnte nicht weitersprechen. Seine Lippen bebten, und die beiden Ärzte wandten erschüttert das Gesicht zur Seite.

Der Zar streichelte die Schultern seiner Frau, dann fuhr er, an Fjodorow gewandt, fort: „Auf jeden Fall danke ich Ihnen, daß Sie aufrichtig waren, Herr Doktor. Es ist Ihnen vermutlich schwerer gefallen, als eine barmherzige Lüge auszusprechen. Aber es wäre ja dennoch eine Lüge gewesen ..."

Fjodorow verneigte sich. „Die Sie ohnehin eines Tages durchschaut hätten, Euer Majestät. Dennoch wünschte ich aus tiefstem Herzen, daß ich eine andere Diagnose hätte stellen können."

„Ich darf mich doch auf Ihr Stillschweigen verlassen?" fragte Nikolaus. „Und auch auf das Ihre, Herr Doktor Korowin? Von dem, was heute hier geredet worden ist, darf nichts aus diesem Zimmer dringen."

Korowin verbeugte sich gleichfalls. „Das ist selbstverständlich, Euer Majestät." Aber er dachte: Wie wollen sie denn diese Tragödie auf die Dauer geheimhalten?

14. Kapitel

Rodjon Andrejewitsch Masslejew sah Swetlana zum ersten Mal an einem sonnigen Tag Anfang Oktober in den Gärten von Liwadja, der kaiserlichen Sommerresidenz auf der Krim. Sie stand neben dem Rollstuhl, in dem Zarin Alexandra Fjodorowna saß, und trug ein lindgrünes Kleid mit einer dazu passenden Federboa und einen breitrandigen Strohhut mit breiten grünen Chiffonbändern, die der Wind, der vom Meer heraufstrich, hinter ihr herflattern ließ.

Die Zarin litt an einem ihrer gefürchteten Ischiasanfälle und konnte sich nur mühsam am Stock fortbewegen. Deshalb zog sie auf längeren Wegen den Rollstuhl vor.

Rodjon Masslejew war von einer Ordonnanz am Schilderhaus der weitläufigen Palastanlage abgeholt worden, nachdem der Wachtposten seine Ankunft telefonisch gemeldet hatte.

„Kommen Sie mit", hatte der ältere Offizier gesagt, nachdem er den jungen Maler prüfend gemustert hatte. „Ihre Kaiserliche Majestät, die Zarin, erwartet Sie."

Jetzt ging er ein paar Schritte vor, salutierte militärisch und meldete: „Herr Masslejew ist gekommen, Euer Majestät."

Alexandra Fjodorowna, das Gesicht im Schatten ihres spitzenbesetzten Sonnenschirms, winkte Rodjon, näher zu treten, und nickte ihm mit einem halben Lächeln zu.

„Man hat Sie mir empfohlen, Herr Masslejew – genauer gesagt, die Großfürstin Militza Nikolajewna hat es getan. Sie haben im vorigen Jahr in ihrer hiesigen Sommerresidenz Djulber so bezaubernde Bilder von ihr und ihren Kindern gemalt, daß ich auf den Gedanken gekommen bin, Sie um einige Porträts meiner Töchter und des Zarewitsch zu bitten. Wir werden bis zum Einbruch des Winters hierbleiben, und ich hoffe, daß Ihnen diese Zeit ausreicht."

Rodjon war ein wenig aufgeregt, denn es war das erste Mal, daß er in den kaiserlichen Palast gerufen wurde. Seine Verneigung vor der Zarin fiel darum etwas linkisch aus, und seine Stimme – eine sehr hübsche, weiche Baritonstimme – gehorchte ihm nicht ganz.

„Der Wunsch Eurer Majestät ist eine sehr große Ehre für mich. Natürlich würde ich gern ... ich meine, es wäre eine ungeheuer reizvolle Aufgabe, Ihre Hoheiten, die jungen Großfürstinnen, und den Thronfolger zu malen ..."

Alexandra, die, seit sie in Liwadja weilte, trotz ihrer körperlichen Beschwerden viel ausgeglichener war als in Zarskoje Selo oder St. Petersburg, wandte sich zu Swetlana um. „Täusche ich mich, meine liebe Swetlana Pawlowna, oder klang trotzdem ein Aber aus seinen Worten?"

„Kein Aber, Kaiserliche Majestät", beeilte Rodjon sich zu antworten. „Nur ein paar Fragen, die mir, verzeihen Sie meine Voreiligkeit, sogleich durch den Kopf gingen. Wünschen Euer Majestät, daß ich die Kaiserlichen Hoheiten einzeln porträtiere – oder lieber gemeinsam? Und in welcher Technik stellen Sie sich die Bilder vor? Öl oder Aquarell ..."

Das Lächeln der Zarin vertiefte sich. „Das überlasse ich Ihnen. Lernen Sie die kleinen Großfürstinnen und den Zarewitsch erst einmal kennen, und dann entscheiden Sie, wie Sie sie malen wollen. Wir trinken nachher Tee miteinander, Herr Masslejew, an dem auch Ihre Hoheiten teilnehmen werden."

Sie wendete ihren Rollstuhl und winkte Swetlana ab, die das leichte Gefährt schieben wollte. „Lassen Sie nur, meine Liebe, das kann ich selbst. Vielleicht zeigen Sie

Herrn Masslejew indessen ein wenig vom Park. Möglicherweise entdeckt er dabei schon einige Motive, die ihn inspirieren. Wir sehen uns dann in einer halben Stunde im arabischen Zimmer."

Vier Wachtposten, die in der Nähe gewartet hatten, begleiteten die Zarin, als sie den Weg zum Palast einschlug.

Swetlana lächelte Rodjon an. „Gehen wir zum Meer hinunter? Es ist ein sehr hübscher Weg, von allen möglichen blühenden Strauchern gesäumt, mit Springbrunnen und Statuetten. Vielleicht gefällt Ihnen auch der Achatpavillon. Er ist noch ganz von Rosen überwuchert."

Der junge Maler, er war achtundzwanzig Jahre alt, betrachtete sie mit einem Blick aus seinen dunklen, fast schwarzen Augen, der ihr unwillkürlich einen kleinen angenehmen Schauer über den Körper jagte. Was für ein bildhübscher Mann, dachte sie. Er war sehr groß, und sie mußte den Kopf in den Nacken legen, um ihn anzusehen.

„Gern", erwiderte Rodjon Masslejew. Er stockte und setzte hinzu: „Vergebung, ich weiß nicht, wie ich Sie anreden soll. Die Zarin hat Sie nur Swetlana Pawlowna genannt."

„Ich bin die Fürstin Soklowa", holte Swetlana die versäumte Vorstellung nach. „Ehrendame Ihrer Majestät."

Sie klappte ihren Sonnenschirm zu und deutete auf einen Laubengang, der von dem Rasenrondell mit den Marmorbänken abzweigte, auf dem die Zarin ihn erwartet hatte. „Hier entlang, Herr Masslejew."

Eine Weile gingen sie schweigend nebeneinander her, und Swetlana merkte, daß Rodjon sie von der Seite ansah. Als sie ihm das Gesicht zuwandte, lächelte er.

„Ich muß Ihnen gestehen, daß ich Sie ebenfalls schrecklich gern malen würde. Genau so, wie Sie jetzt aussehen. Sie müßten nur vielleicht Ihren Hut abnehmen, weil Ihr schönes Haar dann besser zur Geltung käme."

Sie lächelte zurück. „Nun, vielleicht bestelle ich einmal ein Bild bei Ihnen, wenn Sie mit den Porträts für Ihre Majestät fertig sind. Ich würde mich gern zusammen mit meinem Sohn malen lassen. Fjodor ist vier – und genauso blond wie ich. Allerdings fürchte ich, daß er vom Stillsitzen nicht viel hält."

Sein Gesicht hatte sich verschattet. „Sie sind also verheiratet ..."

„Ja", erwiderte sie kurz. „Fürst Soklow ist im Augenblick an der russisch-japanischen Front."

„Das tut mir leid. Es ist sicherlich sehr schmerzlich für Sie, von Ihrem Gatten getrennt zu sein und ihn womöglich in Gefahr zu wissen."

„Die letzte Nachricht von ihm kam aus dem inzwischen belagerten Port Arthur. Deswegen habe ich vermutlich schon eine ganze Weile nichts mehr von ihm gehört." Swetlana blieb stehen, als der Laubengang sich auf einen weiten Platz öffnete.

Immergrüne Sträucher und hohe Zypressen begrenzten ihn an drei Seiten. Die vierte schloß mit einer weißen Marmorbrüstung ab, und dahinter konnte man das Meer sehen.

Von einem sogenannten ‚maurischen Rasen' umgeben, stand in der Mitte des Platzes der völlig von Rosen überwucherte Achatpavillon. Die Blumen leuchteten in allen Farbschattierungen, und ihr Duft mischte sich mit dem Geruch nach Salz und Wasser, der vom Strand herüberwehte. Der maurische Rasen war kreisrund, mit niedrigen, üppig blühenden Blumen angelegt, die wie ein bunter, dicker Teppich aussahen, und Rodjon Masslejew stieß einen bewundernden Seufzer aus.

„Das ist wunderschön! Man sollte Ihre Kaiserlichen Hoheiten einmal hier auf dem Rasen spielen lassen. Dabei kann ich die ersten Skizzen anfertigen, ohne daß langes Stillsitzen nötig ist. Ich habe schon viele Kinder gemalt und weiß, daß man sie damit nicht überfordern darf. Sonst wirken sie steif und mißmutig."

„Ihre Majestät liebt diesen Platz ebenfalls", sagte

Swetlana. „Deshalb denke ich, daß sie Ihren Vorschlag gern aufgreifen wird. Aber nun kommen Sie, damit Sie Ihre zukünftigen Modelle kennenlernen."

Es wurde eine behagliche Teestunde in dem hellen achteckigen Raum im Südflügel des Schlosses, der herrliche Wandmalereien aufwies und im arabischen Stil eingerichtet war.

Zunächst waren außer der Zarin und Swetlana nur noch Anna Wyrubowa, Mademoiselle Schneider, die deutsche Privatsekretärin Alexandras, und die vier kleinen Großfürstinnen zugegen. Der Zarewitsch war, wie seine Kinderfrau meldete, noch nicht aus seinem Mittagsschlaf erwacht.

Sie waren bildhübsch, die Zarentöchter, die beiden älteren blond, die jüngeren dunkelhaarig, und von reizender ungekünstelter Lebhaftigkeit.

Olga, die Erstgeborene, inzwischen fast neun Jahre alt, achtete wie eine kleine Gouvernante darauf, daß ihre jüngeren Geschwister, besonders die dreijährige Anastasia, nicht über die Stränge schlugen.

„Iß nicht so viel", mahnte sie die Jüngste, die bereits nach dem vierten Mandeltörtchen griff und es sich in den Mund stopfen wollte. „Und vor allem fragt man vorher, ob man sich noch etwas nehmen darf."

„Aber ich darf doch!" rief Anastasia. „Nicht wahr, Mama, ich darf!"

Tatjana, die Zweitälteste, kicherte. „Iß nur, mein Schwänchen", ahmte sie auf drollige Art ihre Kinderfrau Maria Wischnjakowa nach. „Dann wirst du so fett werden, daß Monsieur Masslejew eine doppelt große Leinwand benötigt, um dich darauf abzubilden."

Die Mädchen lachten, doch die Zarin warf Tatjana einen verweisenden Blick zu. „Pfui, Tanja, das war häßlich! Unser Kobold hat eben noch Babyspeck. Das ist normal mit drei Jahren."

Tatjana strich sich über ihre kindlich mageren Hüften. „Phhh", machte sie. „Bestimmt war ich nie so ..." Sie wollte wieder ‚fett' sagen, besann sich aber anders und vollendete: „Ich war auf keinen Fall wie ein prall gestopftes Sofakissen. Und überhaupt – Alexej ist noch viel kleiner als Anastasia und hat auch keinen Babyspeck."

Sekundenlang verschattete sich das Gesicht der Zarin – wie immer, wenn von ihrem Sohn die Rede war.

Tatjana hatte recht, Alexej war so klein und zart, und er hatte diese furchtbare Krankheit ... Das Herz tat Alexandra weh, wenn sie daran dachte, und sie hätte, wenn sie gekonnt hätte, ihr Leben für die Gesundheit ihres Sohnes gegeben.

Alexejs Krankheit war das bestgehütete Geheimnis am Zarenhof. Nur einige wenige wußten davon, und diese schwiegen eisern. Dennoch blieb natürlich nicht verborgen, daß der Zarewitsch von einer, wie viele meinten, übertriebenen Fürsorge umgeben war.

Swetlana, die auch schon einige Male darauf angesprochen worden war, pflegte dann zu erwidern: „Wundert Sie das? Schließlich haben Ihre Majestäten sehr lange auf einen Sohn und Thronfolger warten müssen. Da ist es doch begreiflich, wenn man nun besonders darauf achtet, daß er alles bekommt, was solch ein kleiner Mensch braucht, um sich gesund zu entwickeln."

Das Kind hatte seit jenem Schreckenstag im September keine neue Blutung mehr erlitten, und seine Eltern scheuten sich, eine solche Möglichkeit auch nur anzusprechen, in der abergläubischen Furcht, damit ein neues Unglück heraufzubeschwören. Vor allem aber waren sie ängstlich darauf bedacht, nach außen hin das Bild eines sorglosen, durch nichts getrübten Familienlebens zu bieten.

Deshalb hatte vor allem Alexandra Fjodorowna darauf gedrungen, daß man, wie geplant, nach Liwadja übersiedelte, wenngleich sie bei der langen Reise insgeheim ständig darum gezittert hatte, der Zarewitsch könne irgendeine Verletzung davontragen, einen Stoß oder Schlag, der eine weitere Blutung auslöste.

Seit sie hier war, war die Zarin regelrecht aufgeblüht. Die Schönheit der Landschaft und des weißen Palastes, die immer noch spätsommerliche Wärme und das Zusammensein mit Mann und Kindern, fern von den Intrigen St. Petersburgs und des Hofes, taten ihr wohl und machten die Last ein wenig leichter, die auf ihr lag. Sie wußte, sie war hier von Freunden umgeben, und das ließ die Verkrampftheit und die fälschlich als Hochmut ausgelegte Unsicherheit von ihr abfallen.

Olga hatte ihre Schokolade ausgetrunken und fragte höflich, ob sie sich umkleiden gehen dürfe, da sie noch Reitunterricht hätte. Alexandra Fjodorowna nickte ihr zu.

„Geh nur, mein Herzchen. Aber sei vorsichtig und riskiere nicht wieder solche waghalsigen Sprünge mit deinem Sneschok. Dafür sitzt du doch noch nicht fest genug im Sattel."

Olga protestierte. „Aber Papa sagt, daß ich die geborene Reiterin bin. Er hat mir gestern eine Weile zugesehen und mich sehr gelobt."

Maria, die Zweitjüngste, rutschte von ihrem hohen Kinderstuhl. „Ich will mit. Ich will zusehen. Darf ich?" Sie liebte Pferde über alles und war trotz ihrer vier Jahre absolut furchtlos im Umgang mit ihnen.

„Es heißt nicht ‚ich will', sondern ‚ich möchte' ", verbesserte ihre Mutter sie liebevoll, und Maria Nikolajewna schob die Unterlippe vor.

„Ich bin eine Großfürstin von Rußland. Maria Wischnjakowa hat gesagt, daß im Schloß und auch draußen jeder tun muß, was ich will!"

„O nein, kleine Mademoiselle!" Die Zarin lachte. „Oder würde es dir gefallen, wenn ich sagte: Ich will, daß du hierbleibst?"

Maria kam zu ihr und legte ihr die Arme um die Taille. „Du willst es ja nicht wirklich, nicht wahr?"

Sie machte Anstalten, auf den Schoß ihrer Mutter zu klettern, doch da verzog Alexandra das Gesicht, weil die Belastung ihr Schmerzen verursachte. „Geh nur“, sagte sie rasch. „Aber bedränge Herrn von Djankowskij nicht wieder, dich auf ein Pferd zu setzen. Er ist Olgas und Tatjanas Reitlehrer - vorläufig.“

Maria rannte zur Tür. „Versprochen!“ rief sie und blieb noch einmal stehen. „Mama, wie lange dauert ‚vorläufig‘?“

„In deinem Fall, bis du deinen sechsten Geburtstag feierst“, erwiderte die Zarin, und alle lachten.

Rodjon Masslejew hatte während der fröhlichen Unterhaltung einen Zeichenblock aus der Tasche seines Anzugjacketts gezogen und begonnen, einige Skizzen auf das Papier zu werfen.

Als die Zarin jetzt Olga und Maria aufforderte, sich von ihm zu verabschieden, kamen beide Mädchen sogleich der Anordnung nach. „Auf Wiedersehen, Herr Masslejew“, sagte Olga, und Maria echote: „Auf Wiedersehen. Wann kommen Sie denn wieder?“

Rodjon hob die Schultern. „Wann Ihre Kaiserliche Majestät es befiehlt.“

Olga reckte den Hals, um einen Blick auf den Skizzenblock zu werfen, und stieß einen kleinen entzückenden Aufschrei aus. „Oh, das bin ja ich!“

„Ja“, sagte Rodjon und blätterte jeweils eine Seite zurück. „Und hier sind Ihre Hoheiten, die Großfürstinnen Tatjana, Anastasia und Maria.“

Es waren sehr gelungene Skizzen, und die Zarin meinte: „Großfürstin Militza Nikolajewna hat wirklich nicht zuviel versprochen. Sie sind ein Meister Ihres Faches. Wenn es Ihnen recht ist, können Sie gleich morgen wiederkommen und mit der Arbeit beginnen. Das Wetter ist noch so schön, das sollten Sie ausnutzen. Und für trübere Tage oder die Abende werden Sie ein Atelier brauchen. Die Fürstin Soklowa ist gewiß so freundlich,

Ihnen einige Räume im Parterre des Südflügels zu zeigen. Wählen Sie aus, was Ihnen am geeignetsten erscheint, und fertigen Sie eine Liste der Dinge an, die Sie benötigen. Meine gute Mademoiselle Schneider wird sich um die Besorgung kümmern."

Von da an kam Rodjon täglich in den kaiserlichen Palast. In Liwadja herrschte keine strenge Etikette, und die Mahlzeiten fanden in der Regel in kleinem Kreise statt. Darum saß auch der junge Maler häufig mit an der Mittagstafel, und die Zarin kam, inzwischen ohne Rollstuhl und nur auf einen Stock gestützt, an den Nachmittagen gern zum Achatpavillon, um ihm bei seiner Arbeit zuzusehen.

Solange das Wetter sonnig und warm war, malte er dort am liebsten. Von den Zarenkindern, auch von Alexej, hatte er indessen ganze Stapel von Skizzen angefertigt, ebenso von den verschiedenen Hintergründen, vor denen er die fünf malen wollte.

Rodjon hatte sich für die Pastelltechnik entschieden, und das erste Bild, das fertig wurde, zeigte Olga, wie sie ihren kleinen Bruder im Arm hielt. Sie saß auf einer Marmorbank, und Rodjon hatte ihren zärtlich-besorgten Gesichtsausdruck, mit dem sie sich über das Kind beugte, so lebendig eingefangen, daß Swetlana hellauf begeistert war.

Sie war in sein Atelier im Südflügel gekommen, um ihn im Auftrag der Zarin zu einem abendlichen kleinen Konzert zu bitten, und Rodjon trat lächelnd von der Staffelei zurück.

„Gerade habe ich die letzte Korrektur angebracht. Sie sind also die erste, die meine fertige Arbeit sieht."

„Oh, hätte das nicht besser Ihre Majestät sein sollen?" erwiderte Swetlana, doch er schüttelte den Kopf.

„Nein, es freut mich, daß gerade Sie es sind, Swetlana Pawlowna." Es war das erste Mal, daß er sie so ansprach, und er entschuldigte sich sofort dafür. „Das war sicherlich ungehörig in Ihren Augen. Aber in Gedanken nenne ich Sie schon seit langem so. Trotzdem – verzeihen Sie."

Er war ihr nie mit einer Geste oder einem Wort zu nahe getreten, dennoch wußte sie, daß er sie bewunderte und gern mit ihr zusammen war. Und Swetlana hatte sich, seit Rodjon in den Palast kam, dabei ertappt, daß sie weitaus mehr Wert auf ihre Garderobe und ihr Aussehen legte als vordem.

Wann hatte sie früher schon einmal ihre Zofe veranlaßt, ihr mehrere Kleider herauszuhängen, zwischen denen sie sich dann kaum zu entscheiden vermochte? Wann hatte Jeanette sie so oft neu frisieren müssen? Und wann hatte sie zum letzten Mal eine so prickelnde Vorfreude empfunden, wie seit sie wußte, daß sie ihn gleich wiedersehen würde?

Swetlanas frauliche Empfindungen hatten brachgelegen seit dem Tag, an dem Georg Alexandrowitsch gestorben war. Danach war sie in ihrer Ehe durch eine Hölle gegangen, die sie nur ertragen hatte, weil sie Fjodor besaß. Aber ein Kind genügte nicht immer ...

„Ich habe Ihnen nichts zu verzeihen", sagte Swetlana leise, „denn auch ich habe Sie in meinen Gedanken schon oft Rodja Andrejewitsch genannt."

„Und woher wußten Sie, daß meine Familie und meine Freunde mich Rodja nennen?"

Sie lächelte. „Ich dachte es mir." Dabei verschränkte sie die Hände, um den jähen Impuls zu bezwingen, ihm über die Wange zu streicheln, mit dem Finger seine Lippen zu berühren ... Hastig trat sie einen Schritt von ihm fort und wandte sich der Staffelei zu. Lange betrachtete sie das Bild, dann sagte sie: „Ich wußte, daß es wunderschön werden würde. Das hat man schon gesehen, während Sie daran arbeiteten. Aber es ist mehr als das. Es ist ein wirkliches Kunstwerk, Rodja Andrejewitsch. Ihre Majestät werden sich sehr darüber freuen."

„Es ist leicht, diese bezaubernden Kinder zu malen", erwiderte er. „Sie sind so hübsch und so lebendig. Und sie strahlen etwas aus, das jedem das Herz wärmt." Er zögerte und setzte dann hinzu: „Aber am liebsten würde ich noch immer Sie malen, Swetlana Pawlowna."

Sie spürte seinen Atem in ihrem Nacken und drehte sich ihm zu. „Warum nicht? Wenn Sie Ihre anderen Arbeiten vollendet haben und wir dann noch hier sind ..."

„Wann werden Sie denn nach Petersburg zurückkehren?" fragte er beklommen, und sie hob die Schultern.

„Das müssen Ihre Majestäten entscheiden. Aber irgendwann im kommenden Monat wird es wohl sein."

„Natürlich, ich hätte es wissen müssen", sagte er leise und griff nach ihren Händen. „Aber ich habe überhaupt keinen Gedanken mehr daran verschwendet. Es gab so vieles andere, das mir im Kopf herumging."

„Nun", sagte sie leichthin, „St. Petersburg ist nicht aus der Welt. Vielleicht kommen Sie einmal dorthin? Ich kann mir vorstellen, daß Sie sich dort bald vor Aufträgen nicht mehr retten können. Nachdem Sie die Zarenkinder gemalt haben, wird man sich darum reißen, Ihnen Modell zu sitzen. Das ist immer so, wenn ein Künstler die Protektion des Herrscherpaares genießt."

„Und Sie?" fragte er und hielt noch immer ihre Hände fest. „Würde es Sie denn freuen, wenn ich einmal nach Petersburg käme?"

„Ja, sehr", erwiderte sie einfach und lächelte ihm zu.

Er nahm ihre Finger und legte seine Lippen darauf, und die kleine Berührung weckte eine Wärme in ihr, die sich in ihrem ganzen Körper ausbreitete.

„Hören Sie auf, mich so anzusehen", sagte Rodja gepreßt. „Bitte, sonst ..."

Sie wußte, daß sie jetzt nur ihre Finger aus den seinen lösen und einen Schritt zurücktreten mußte, und er würde sie gehenlassen. Er war kein Mann, der eine Frau bedrängte.

Aber Swetlana blieb stehen. „Was sonst?“ fragte sie fast flüsternd, und da neigte er den Kopf und küßte sie auf den Mund.

Sie spürte das Beben, das ihn überlief, und irgend etwas in ihr dachte sehr klar und deutlich: Es ist verrückt, es ist ganz und gar hoffnungslos. Eines Tages wird Leonid aus dem Krieg zurückkehren, und ich werde noch unglücklicher als zuvor sein. Aber ich will jetzt nicht danach fragen.

Sie hob die Arme und umfaßte Rodjas Gesicht, um seinen Kuß länger und intensiver zu spüren. Sie lehnte sich an seinen festen, muskulösen Körper, und er stieß einen kleinen stöhnenden Laut aus, als er sie umfaßte und an sich drückte. Es war so schön, und es war das, was Swetlana gewollt hatte, seit sie diesem Mann begegnet war.

Rodja murmelte irgend etwas, das sie nicht verstand, und auf ihre Frage hin gestand er: „Rosen und Perlen; habe ich gesagt.“ Er bemerkte ihren verständnislosen Blick und fügte hinzu: „Daran habe ich denken müssen, so oft ich dich sah. Lach nicht, aber wenn ich dich hätte beschreiben müssen, dann hätte ich gesagt: Sie ist wie Rosen und Perlen.“

Sie lachte trotzdem, hell und glücklich, und Leonid und all die Qualen, die sie durch ihn erlitten hatte, waren auf einmal weit fort. Statt dessen erfüllten sie Wärme und Lebensfreude – und eine unsagbare Zärtlichkeit.

„Ich bin aber aus Fleisch und Blut“, flüsterte sie und begann von neuem, ihn zu küssen. „Ach, Rodja, ich hab’ dich so lieb!“

Hinter dem Atelier gab es noch einen schmalen einfenstrigen Raum, in dem sich ein Diwan und einige andere Möbelstücke befanden, die Mademoiselle Schneider hatte herbringen lassen, falls Rodja sich während seiner Arbeit ein wenig ausruhen wollte.

Dort fand Swetlana sich wenig später wieder, von seinen Armen gehalten, während seine Lippen über ihr Gesicht glitten, dann tiefer über die anmutige Linie ihres Halses bis zu dem Ansatz ihrer Brüste.

Sie erschauerte, als sie spürte, wie seine Hand die sanften Rundungen umschloß und zu streicheln begann, und drückte seine Finger fester dagegen.

Ach, sie wollte ihn so sehr, und sie wollte ihn jetzt und hier!

Es dunkelte bereits, als sie aus dem Rausch erwachten, der sie umfangen gehalten hatte, und noch immer mochten sie sich nicht voneinander lösen.

Irgendwann richtete Rodja sich halb auf und blickte Swetlana an. „Ich bin so glücklich. Du auch?"

Sie nickte stumm und küßte seine Halsgrube. Sie wußten es beide, daß die Augenblicke, in denen sie einander geliebt hatten, sie auf immer verwandelt hatten.

„Ich habe es noch nie so erlebt", gestand Rodja und streichelte ihre nackte Schulter. „Aber es war auch noch nie Liebe, wenn ich eine Frau umarmt habe. Es war Verlangen, manchmal Verliebtheit, manchmal auch nur der Wunsch, nicht allein zu sein, sondern einen anderen Menschen ganz nahe bei mir zu haben. Aber Liebe ist es nur bei dir. O Swetlana, ich gebe dich nie wieder her!"

„Ich dich auch nicht, mein Liebster", antwortete sie inbrünstig. Sie war endlich wieder eine glückliche Frau. Sie liebte und wurde wiedergeliebt. Nie mehr wollte sie darauf verzichten.

Von da an trafen sie einander jeden Tag, manchmal im Atelier, manchmal spät abends am Strand. Ungesehen verließ Swetlana den Palast, und ungesehen schlüpfte sie Stunden später wieder hinein.

„Du wirst alle Tage schöner", flüsterte Rodja ihr zu, als sie einmal mit den kleinen Großfürstinnen, ihrer Gouvernante Fräulein Tjutschewa und Fjodor nach Djulber fuhren, dem in der Nähe gelegenen Landsitz von Großfürst Pjotr Nikolajewitsch, einem Onkel des Zaren, der mit der Großfürstin Militza verheiratet war. „Wie machst du das nur?"

„Es liegt an dir", gab Swetlana ebenso leise zurück und drückte verstohlen seine Finger. „Ich bin verliebt. Nein, ich liebe ..."

Inzwischen war es beschlossene Sache, daß Rodja ihr nach Petersburg nachreisen würde. Als Zarin Alexandra Fjodorowna von seiner Absicht erfahren hatte, eine Zeitlang in der russischen Hauptstadt zu leben, war sie überrascht und erfreut gewesen.

„Dann müssen Sie aber auch mehrere Wochen in Zarskoje Selo wohnen", hatte sie gesagt. „Ich hatte ohnehin vor, Ihnen noch einige Bilder in Auftrag zu geben, freilich damit gerechnet, daß Sie sie erst im nächsten Herbst anfertigen können, wenn wir wieder in Liwadja sind. Um so besser, wenn ich nun nicht so lange darauf warten muß. Wirklich, mein lieber Rodjon Andrejewitsch, ich freue mich sehr über Ihren Entschluß."

Swetlana wußte, daß die Zarin Rodja aufrichtig zugetan war. Gewiß würde sie alles tun, um ihn in der Petersburger Gesellschaft und in Hofkreisen als hervorragenden Künstler einzuführen. Aber wer hätte Rodja nicht gern gehabt?

Er sah nicht nur gut aus, er besaß Charme und eine angeborene Liebenswürdigkeit, die es ihm leichtmachte, die Menschen für sich einzunehmen. Außerdem war er klug und gebildet. Als Sohn eines Arztes aus Jalta hatte er ausgezeichnete Schulen besucht und zuletzt in Moskau, Wien und Florenz Malerei studiert.

Er hing sehr an seinen Eltern und seinen beiden jüngeren Schwestern, und einmal hatte er Swetlana und Fjodor nach Jalta zu seiner Familie mitgenommen.

Sie alle hatten Swetlana sehr freundlich willkommen geheißen, und nachdem sich die anfängliche Befangenheit einer Ehrendame der Zarin gegenüber gelegt hatte, war es ein sehr fröhlicher, harmonischer Nachmittag geworden. Man spürte, daß diese fünf Menschen einander zugetan waren, und Swetlana hatte auf der Heimfahrt ein wenig traurig gesagt: „Ich wünschte, ich hätte auch solch ein Elternhaus gehabt, in dem es so viel Herzlichkeit und Verständnis füreinander gibt."

Rodja und sie hatten sich indessen vieles aus ihrem Leben erzählt. Er wußte, wie sie aufgewachsen war und warum sie Leonid Soklow geheiratet hatte. Nur wie unglücklich ihre Ehe in Wahrheit war, hatte sie auch ihm verschwiegen, denn sie wollte Rodja nicht unnötig das Herz schwer machen.

Swetlana war es bewußt, daß sie eine Art Selbstbetrug beging, dennoch machte sie sich nicht viele Gedanken über die Zukunft. Ihre Liebe zu Rodja hatte sie verändert. Leonid würde sie nicht mehr in dem Maße beherrschen können, wie er es getan hatte. Sie würde ihm Widerpart bieten – und sie würde auch nicht zulassen, daß er ihr ihren Sohn fortnahm!

Fjodor war nicht Leonids Kind, und notfalls würde sie die Wahrheit publik machen, bevor sie Fjodor diesem Mann auslieferte. In einem solchen Fall, dessen war Swetlana sicher, würde sie auch die Unterstützung der Zarin erhalten.

Von Xenia erhielt Swetlana manchmal Post. Die Schwester lebte nach wie vor mit Pjotr Bogdanowitsch zusammen, und wie sie schrieb, kam sie mit ihrem Studium gut voran.

Dank Deiner Unterstützung, Swetlana. Ich wollte ja eigentlich keine regelmäßigen Geldzuwendungen von Dir, aber jetzt bin ich doch froh, daß ich dadurch nicht mehr in der Krankenhausküche arbeiten muß. Irgendwann, so hoffe ich, werde ich Dir alles vergelten können.

„Du wirst meine kleine tüchtige Schwester kennenlernen, wenn du nach Petersburg kommst", sagte Swetlana zu Rodja. Sie waren zum Strand hinuntergewandert. Es war noch immer fast sommerlich warm und der Himmel von einem so intensiven Blau, daß es fast in den Augen schmerzte.

Die späten Trauben an den Hängen des Aj-Petri und des Bajdar-Passes waren abgeerntet und schmeckten süß und fruchtig, und in den kunstvoll angelegten Gärten von Liwadja blühten wie eh und je die Rosen, außerdem Astern und Chrysanthemen in verschwenderischer Farbenpracht.

Sie saßen im Schatten eines wilden Nußbaums, Rodja hatte seine Jacke als Decke für Swetlana ausgebreitet, und sie lag halb darauf und halb in seinen Armen.

Spielerisch fuhr sie mit dem Zeigefinger über die Linien seines Gesichts, und er hielt ihre Hand fest und drückte rasch einen Kuß in die Innenfläche. Dann beugte er sich über sie, öffnete den weiten Ausschnitt ihrer Bluse und streifte ihr das Hemd ab, das sie darunter trug.

Als seine Lippen ihre Brustspitzen umfaßten, stöhnte Swetlana auf. „Nicht", murmelte sie. „Es ist so schön, aber es könnte uns jemand sehen."

Er lachte leise. „Hier ist niemand. Wir sind ganz allein, meine Liebste, und ich bin so verrückt nach dir. Ich könnte dich immerzu streicheln und küssen."

Sie versuchte, ihn wegzuschieben, doch er hielt sie fest und fuhr fort, mit seiner Zunge ihre Brüste zu liebkosen.

Und es war wie immer, wenn sie mit ihm zusammen war: Rodja weckte eine Glut in ihr, die auch nur er wieder löschen konnte. Mit staunendem Entzücken gab Swetlana sich seiner Zärtlichkeit hin, fühlte, wie sie ganz weich und sehnsüchtig wurde, und blickte in den Himmel über sich, der blau zwischen dem Laub des Nußbaumes hindurchschimmerte. Das Sonnenlicht flirrte auf den Blättern, und Swetlana ließ es zu, daß Rodjas

Hände tiefer glitten, ihren Gürtel öffneten und den leichten Sommerrock über ihre Hüften streiften.

„O pardon", sagte in diesem Augenblick eine Stimme hinter ihnen. Anna Wyroubowa stand etwas oberhalb auf dem schmalen, gewundenen Pfad und starrte sie aus ihren jettschwarzen Augen an. „Ich wußte nicht ... Verzeihen Sie, Swetlana Pawlowna."

Hastig wandte sie sich ab und ging davon, ohne sich noch einmal umzublicken.

Die Zarin ließ Swetlana noch am selben Tag rufen. Sie war allein in ihrem Boudoir, und an ihrer Miene sah Swetlana, daß sie alle wußte.

Aber war etwas anderes zu erwarten gewesen? Die Wyrubowa hatte sie noch nie ausstehen können. Die dickliche, unscheinbare Frau neidete ihr ihre Schönheit, ihren Titel – und vor allem die Zuneigung der Zarin. So oft Anna Alexandrowna eine Gelegenheit gefunden hatte, Swetlana zu kritisieren oder mit einer hämischen Bemerkung bloßzustellen, hatte sie es getan. Und sie hatte ständig auf der Lauer gelegen, um ihr irgendwie zu schaden!

Die Zarin zerknüllte nervös ein Spitzentaschentuch zwischen den Händen. Wie immer, wenn sie erregt war, hatte sie rote Flecken im Gesicht und am Hals, und Swetlana begriff, daß Alexandra Fjodorowna das bevorstehende Gespräch viel peinlicher war als ihr selbst.

Die Zarin bot Swetlana keinen Platz an, sondern sagte ohne Umschweife: „Anna Alexandrowna hat mir da etwas erzählt ... Ich hoffe, Sie können auf irgendeine Weise den häßlichen Verdacht entkräften, den sie gegen Sie ausgesprochen hat, Fürstin."

Swetlana hatte nicht vor, zu Lügen und Ausflüchten zu greifen. Sie blickte die Zarin an und entgegnete: „Aber es ist wahr. Rodjon Masslejew und ich – wir lieben uns, Euer Majestät. Wir wollen zusammenbleiben."

„Sind Sie wahnsinnig? Ihr Gatte ist an der Front, und

Sie machen sich kein Gewissen daraus, ihn zu betrügen?“ Die Lippen der Zarin zitterten. „Wie konnten Sie so handeln, Fürstin, und damit auch mich dermaßen enttäuschen?“

Sie stand auf und ging mit ihren kurzen, schwerfälligen Schritten zum Fenster. Als Swetlana ihr folgen wollte, fuhr sie herum.

„Nein, lassen Sie mich! Sie kennen meine Einstellung zu Frauen, die leichtfertig ihre Ehe brechen! Und so gern ich Sie hatte, Swetlana Pawlowna, so entsetzt bin ich nun. Packen Sie Ihre Sachen und kehren Sie auf der Stelle nach St. Petersburg zurück. Ich möchte Sie nicht mehr wiedersehen.“

„Wie Euer Majestät befehlen“, sagte Swetlana gepreßt. „Aber vielleicht darf ich noch um die Gnade bitten, daß Eure Majestät mich für ein paar Minuten anhören. Jeder Verurteilte hat schließlich das Recht zu seiner Verteidigung.“

„Was gibt es da zu verteidigen?“ fuhr die Zarin auf, kehrte aber zu ihrem Sessel zurück und machte eine auffordernde Handbewegung. „Immerhin – sagen Sie, was Sie glauben, vorbringen zu müssen.“

„Ich habe mit keinem Menschen bisher über mein Zusammenleben mit Leonid Soklow gesprochen“, begann Swetlana. „Ich wollte es auch nie tun, und Eure Majestät ist die einzige, die jemals die Wahrheit erfahren soll. Ich tue es auch nur, weil ich hoffe, daß Sie dann ein wenig milder über mich urteilen werden.“

Sie sprach ruhig und vollkommen unsentimental, aber sie schilderte ihre Ehe mit Leonid so, wie sie wirklich war, ohne Umschreibung und ohne Beschönigung.

Alexandra Fjodorowna hörte anfangs mit unbewegter Miene zu, aber ihre schmale, trotz der fünf Geburten noch immer mädchenhafte Gestalt schien in sich zusammenzusinken, und schließlich legte sie das Gesicht in die Hände und begann zu weinen.

„Das ist entsetzlich! Bitte, hören Sie auf. Ich kann solche Dinge nicht hören."

„Aber sie sind geschehen", erwiderte Swetlana, „und sie werden wieder geschehen, wenn Leonid Soklow zurückkommt und ich es zulasse. Und nun habe ich mich in einen anderen Mann verliebt, der bewirkt hat, daß ich mich nicht mehr beschmutzt fühle, nicht mehr mißbraucht, und daß ich keine Angst mehr habe. Dieser Mann ist gut zu mir und gibt meinem Leben wieder einen Sinn. Das soll ich von neuem für den Sumpf aufgeben, in dem ich zuvor gelebt habe? Nein, Euer Majestät, ich kann es nicht – und ich will es auch nicht."

Die Zarin schwieg lange. Dann ließ sie die Hände sinken und blickte Swetlana an. In ihren großen Augen lag Hilflosigkeit.

„Ich habe schon einmal gegen meine Prinzipien gehandelt – damals, als Großfürst Georg Alexandrowitsch mir ans Herz legte, ich solle mich Ihrer annehmen. Aber Sie haben mir so leid getan, und ich wußte, daß Sie aus Liebe vergessen haben, was Ihnen Anstand und Herkunft abverlangten ..."

Sie stockte und schüttelte den Kopf. „Aber ich kann Sie kein zweites Mal schützen. Sie haben ein Kind. Es gilt als Fürst Soklows Sohn, und im Falle einer Scheidung wird er Anspruch darauf erheben."

„Ich weiß", sagte Swetlana. „Damit hat er mir schon mehrfach gedroht. Andererseits – wie kann ich meinen und Georg Alexandrowitschs Sohn jemandem wie Soklow überlassen? Ich wäre dann gezwungen, die Wahrheit aufzudecken, Euer Majestät."

Die Zarin sprang auf. „Ich bitte Sie, das ist unmöglich!"

Swetlana trat einen Schritt auf sie zu. „Euer Majestät sind selbst Mutter. Würden Sie nicht alles tun, um eines Ihrer Kinder jedem verderblichen Einfluß zu entziehen? Oder könnten Sie um irgendwelcher Konventionen willen zusehen, wie dieses Kind unglücklich gemacht wird?

Wie es mit allem Schmutz und aller Niedertracht konfrontiert wird, die ein bösartiges, verkommenes Gehirn auszubrüten vermag? Sie kennen meinen Sohn, und Sie haben ihn lieb, wie Sie mir oft versichert haben. Er ist ein kleiner Mensch mit einem fröhlichen, liebevollen Herzen, voller Unschuld und ..."

„Hören Sie auf!" rief die Zarin gepeinigt. „Sie haben ja recht! Das darf man nicht zulassen, aber ... O Gott, gibt es denn keinen gangbaren Ausweg? Swetlana Pawlowna, ich bitte Sie, trennen Sie sich von Masslejew! Dann kann man vielleicht das Schlimmste abwenden."

„Nein", sagte Swetlana ruhig. „Euer Majestät mögen mir verzeihen, aber das werde ich niemals tun."

„Dann weiß ich nicht, was werden soll", murmelte die Zarin. „Bitte gehen Sie jetzt. Ich muß ein Weilchen allein sein und nachdenken. Mir schwirrt der Kopf von allem, was ich heute erfahren habe."

Swetlana versank in einer Verneigung. „Auf jeden Fall scheint es ratsam, daß ich nach Petersburg zurückkehre. Ich werde Anweisung geben, meine Sachen zu packen. Morgen früh verlasse ich Liwadja, zusammen mit meinem Sohn." Sie blickte die Zarin an und fügte mit erstickter Stimme hinzu: „Gott schütze und segne Eure Kaiserliche Majestät."

Nun weinte auch sie, und die Zarin kam zu ihr und hob sie aus ihrer gebeugten Haltung auf, um sie zu umarmen.

„Meine liebe, liebe Swetlana ..." Sie schlug das Kreuz über sie und küßte sie auf beide Wangen. „Ich hoffe, daß wir uns bald wiedersehen. Irgendeine Lösung muß mir einfallen."

Swetlana verbrachte die letzte Nacht bei Rodja. Er hätte sie am liebsten auf ihrer Reise begleitet, doch er mußte erst den Auftrag der Zarin erfüllen und die Porträts ihrer Kinder vollenden.

„Aber ich folge dir, sobald ich kann", versprach er, als er sie und Fjodor am nächsten Morgen in aller Frühe mit dem Wagen nach Sewastopol brachte. Ihre Zofe, Fjodors Kinderfrau und sein Französischlehrer würden mit dem ganzen Gepäck mit einem späteren Zug nachkommen.

Swetlanas Sohn weinte, weil er so gerne noch in Liwadja geblieben wäre. Und als Rodja ihn auf dem Bahnsteig in den Zug hob, klammerte er sich an ihn und fragte: „Und Sie kommen ganz bestimmt nach Petersburg, Monsieur Rodjon?"

Er küßte das Kind und drückte es an sich. „Ganz bestimmt. Wenn es in Petersburg zu schneien anfängt, bin ich wieder bei dir und deiner Mama." Er setzte das Kind ab und wandte sich Swetlana zu. „Paß auf dich auf, mein Herz. Ich liebe dich!"

Ihre Augen schwammen in Tränen. „Ich werde jeden Tag zum Himmel aufschauen, ob es nicht endlich Schnee gibt."

Sie umarmten einander, und als Rodja sie losließ, hatte Swetlana das Empfinden, als nähme er alles mit sich fort, was hell und schön geworden war in ihrem Leben.

Er sprang aus dem Waggon, und sie umklammerte die Fenstergriffe, um die Scheibe hinunterzuschieben, aber sie klemmten und gaben nicht nach.

Rodjas Gesicht verschwamm in den dichten Rauchwolken, die die Lokomotive ausstieß. Es sah aus, als würde er von den Schwaden verschluckt. Swetlana preßte die Stirn gegen das Glas der Fensterscheibe und biß sich auf die Lippen, um nicht laut aufzuweinen.

Erst als Fjodor seine kleine Hand in ihre schob, während der Zug ratternd und fauchend anfuhr und den Bahnhof von Sewastopol verließ, wandte sie sich zu ihm um.

„Nicht weinen, Matuschka", sagte er auf russisch und lächelte mit seinem tränenverschmierten Gesichtchen. „Er hat versprochen, daß er zu uns kommt. Und das hält er auch."

Sie setzte sich und nahm ihren Sohn auf den Schoß. „Ja, mein Liebling. Deine Matuschka ist dumm, daß sie sich so viele Gedanken macht. Es wird alles gut werden."

Die Depesche wurde Swetlana in Kiew überbracht. Sie stammte von Zar Nikolaus.

> *Wir haben soeben die tief betrübliche Nachricht erhalten, daß Ihr Gatte, General Leonid Soklow, bei den Kämpfen um Mukden vermißt wurde. Kawaschin, einer seiner Ordonnanzoffiziere, hat gesehen, wie er von einer feindlichen Kugel getroffen wurde. Nachdem man lange vergeblich nach dem General geforscht hat, steht zu befürchten, daß er nicht mehr am Leben ist. Ich drücke Ihnen, Madame Soklowa, auch im Namen Ihrer Majestät, meine tiefempfundene Teilnahme aus.*

Swetlana saß lange da und starrte auf das Papier. Sie empfand zunächst gar nichts – weder Schrecken noch Trauer noch Erleichterung. Leonid war tot? Er würde nicht wieder zurückkehren? Irgendwie konnte sie das nicht fassen. Zu lange hatte er als übermächtiger bedrohlicher Schatten ihr Dasein verdunkelt.

Sie faltete die Depesche zusammen und steckte sie in ihre Handtasche. Fjodor lag auf der Polsterbank gegenüber und schlief, todmüde von der langen Reise.

Der Zug stand noch in Kiew. Sie hatten dort fast eine Stunde Aufenthalt, wie man Swetlana vorhin mitgeteilt hatte. Irgendwelche Militärtransporte blockierten die Weiterfahrt.

Auf Zehenspitzen, um ihren Sohn nicht zu wecken, verließ Swetlana das Abteil und trat auf den Bahnsteig hinaus. Der Himmel über Kiew war verhangen, und es wehte ein kalter Wind.

Der Kondukteur sah, wie sie auf dem Bahnsteig auf und ab ging, und kam hastig zu ihr. „Haben Euer Gnaden irgendeinen Wunsch?"

„Nein", sagte sie und hüllte sich fester in ihren Mantel, den sie vorsorglich mit nach draußen genommen hatte. „Vielen Dank, ich möchte nur ein wenig Luft schnappen."

„Aber es ist schon recht kalt. Euer Gnaden sollten lieber im Warmen bleiben. Sicherlich bekommen wir einen frühen Winter. Wer weiß, vielleicht fällt schon bald der erste Schnee."

„Ja, gewiß."

Verwundert sah der Mann, daß die schöne vornehme Dame plötzlich lächelte. Es erhellte ihr ganzes Gesicht, dieses Lächeln, und vertrieb die Spuren der Müdigkeit.

Hatte sie nicht gerade eine Depesche bekommen? Ein Offizier der Garnison hatte sie gebracht – von Seiner Majestät, dem Zaren, wie er wichtigtuerisch verkündet hatte.

Nun, dann mußte es eine sehr gute Nachricht gewesen sein, die die Gospodina da erhalten hatte.

Der Schaffner tippte an seine Mütze. „Hoffentlich können wir bald weiterfahren. So ein langer Aufenthalt ist sicherlich sehr unbequem für Euer Gnaden."

„Ach, das macht mir nichts aus", erwiderte Swetlana und nickte ihm verabschiedend zu.

Der Wind fuhr in ihr Haar, und es schien ihr, als ob er tatsächlich schon ein wenig nach Schnee röche. Swetlana atmete tief ein.

Und nun endlich begriff sie, was geschehen war, und das Gefühl einer Freiheit, die sie nie gekannt hatte, weitete ihr Herz. Sie hätte lachen und weinen mögen und stand doch ganz still da und hob nur ihr Gesicht dem Wind entgegen.

Ja, laß es schneien, dachte sie. Ich warte so sehr darauf.

ENDE

Weitere Klassiker aus unserer Karl-Müller-Bibliothek

Bauer, Josef Martin **So weit die Füße tragen**
ISBN 978-3-940984-23-4

Bergius, C.C. **Das Medaillon**
ISBN 978-3-940984-18-0

Berthold, Will **Auf dem Rücken des Tigers**
ISBN 978-3-940984-81-4

Blobel, Brigitte **Die Hörigen**
ISBN 978-3-940984-84-5

Bulwer-Lytton, Edward **Die letzten Tage von Pompeji**
ISBN 978-3-940984-90-6

Burk, Michael **Keine Stunde ist zuviel**
ISBN 978-3-940984-20-3

Conrad, Michael **Die Tänzerin**
ISBN 978-3-940984-19-7

Dahn, Felix **Ein Kampf um Rom**
ISBN 978-3-940984-92-0

Danella, Utta **Der Maulbeerbaum**
ISBN 978-3-940984-94-4

Danella, Utta **Tanz auf dem Regenbogen**
ISBN 978-3-940984-93-7

Danella, Utta **Vergiss, wenn Du leben willst**
ISBN 978-3-940984-71-5

Doyle, Arthur Conan **Die Fälle des Sherlock Holmes**
ISBN 978-3-940984-75-3

Duncker, Dora **Die Geliebte des Sonnenkönigs**
ISBN 978-3-940984-87-6

Engel, Georg **Klaus Störtebeker**
ISBN 978-3-940984-73-9

Fischer, Marie-Louise **Alles was uns glücklich macht**
ISBN 978-3-940984-98-2

Fischer, Marie-Louise **Als wäre nichts geschehen**
ISBN 978-3-940984-70-8

Herlin, Hans **Das Erbe**
ISBN 978-3-940984-82-1

Hohlbein, Wolfgang **Der Inquisitor**
ISBN 978-3-940984-22-7

Hohlbein, Wolfgang **Die Moorhexe**
ISBN 978-3-940984-21-0

Horster, Hans-Ulrich **Die Toteninsel**
ISBN 978-3-940984-17-3

Hugo, Victor **Der Glöckner von Notre-Dame**
ISBN 978-3-940984-74-6

Konsalik, Heinz G. / Scheibler, Susanne **Das wilde Land**
ISBN 978-3-940984-97-5

Konsalik, Heinz G. **Heiß wie der Steppenwind**
ISBN 978-3-940984-95-1

Konsalik, Heinz G. **Im Auftrag des Tigers**
ISBN 978-3-940984-68-5

Konsalik, Heinz G. **Liebesnächte in der Taiga**
ISBN 978-3-940984-96-8

Konsalik, Heinz G. **Wer sich nicht wehrt …**
ISBN 978-3-940984-69-2

Lehnhoff, Joachim **Karibikfieber**
ISBN 978-3-940984-86-9

Leroux, Gaston **Das Phantom der Oper**
ISBN 978-3-940984-77-7

Meyrink, Gustav **Walpurgisnacht**
ISBN 978-3-940984-76-0

Palmer, Lilli **Wenn der Nachtvogel schreit**
ISBN 978-3-940984-83-8

Paretti, Sandra **Der Winter, der ein Sommer war**
ISBN 978-3-940984-99-9

Paretti, Sandra **Die Pächter der Erde**
ISBN 978-3-940984-54-8

Poe, Edgar Allan **Die Abenteuer des Arthur Gordon Pym**
ISBN 978-3-940984-72-2

Quast-Peregrin, Hellmuth **Der letzte Gladiator**
ISBN 978-3-940984-80-7

Scheibler, Susanne **Mazurka in St. Petersburg**
Die Lasarows – Eine russische Familien-Saga
ISBN 978-3-940984-85-2

Shelley, Mary **Frankenstein**
ISBN 978-3-940984-79-1

Sienkiewicz, Henryk **Quo vadis?**
ISBN 978-3-940984-88-3

Stoker, Bram **Dracula**
ISBN 978-3-940984-91-3

Wahl, Rudolph **Karl der Große**
ISBN 978-3-940984-78-4

Wallace, Lewis **Ben Hur**
ISBN 978-3-940984-89-0